海老名彈正関係資料

關岡一成 ● 編

教文館

解　説

　海老名彈正（1856.9.18-1937.5.22）は，日本におけるプロテスタント・キリスト教の最初期の代表的な指導者である。
　1917（大正6）年の夏，海老名が御殿場で避暑していた時のことである。内村鑑三も御殿場で避暑をしていて，二人は交流した。その時内村が海老名に語った言葉である。

　　内村と海老名とは切つても切れない縁があるものと見える，内村の名の出て来る処にはきつと海老名の名がある，海老名の名の出て来る処にはきつと内村の名がある，いつでもドツチか一方が書かれると必ず他の方も出て来る，まことに切つても切られない縁がある。

　今日の読者は，この内村の言葉に驚くのではなかろうか。というのは，内村の名前や思想が知られるほどに，海老名の名前や思想は今日では知られていないからである。
　海老名は，忘れ去られる人物になりつつある。その原因には，種々のことが考えられるが，一つの大きな原因は，全集・選集のたぐいがないことにある。
　海老名研究をしている筆者が残念に思うことは，あまりにも海老名に批判的な研究者の，批判的な観点からの言葉が次々に引用され，ますます海老名の実像から離れた海老名観が出来上がっていることである。
　今回の関係資料を編集するにあたって最重点をおいたのは，この書物の前半においた著書・論文のリストである。これも100％完全なものではないが，海老名の著書・論文をかなりカバーしているのではないかと思う。
　筆者としては，今後の海老名論が肯定的であれ批判的であれ，少しで

も，海老名の著書・論文に直接あたって頂く時の参考になればとの思いである。

以下に，それぞれの資料の出典などについて記す。
 Ⅰ．著書目録

 Ⅱ．論文目録
「著書目録」・「論文目録」には，それぞれ冒頭に詳細な凡例を掲載してあるので，そちらをみて頂きたい。

 Ⅲ．海老名関連の著書・論文・記事
筆者が海老名研究の過程で収集したものの一覧である。ただ，残念なことに，研究の当初よりこのような形で活字にすることが念頭になかったため，思い出せない文献がかなりあることである。
したがってこの項目では，これまでの海老名研究の書物・論文などを全て網羅することを意図したものでなく，筆者の海老名研究の過程で収集したものの一部であることを断っておきたい。

 Ⅳ．海老名による横浜・熊本・札幌バンドの特色
日本のプロテスタント・キリスト教の指導者の三源泉として「横浜バンド」「熊本バンド」「札幌バンド」があり，それぞれの特色として「横浜バンドは教会主義」，「熊本バンドは国家主義」，「札幌バンドは個人主義」という海老名の言葉が「日本プロテスタント史」を論ずる場合に，よく引用されている。
海老名は晩年の講演などで，この三バンドの特色の話が"受け"がよいこともありよく話題にしている。
筆者がこの度，この「関係資料」にこの話を取り入れた理由は，一つには，筆者が収集した限りでは，海老名が最初にこの話題に言及しているのは，1918（大正7）年でありそれ以前にはないのではないかと思う。しかも興味深いのは，この話に言及した最初と思われる講演では「熊本バン

ド」のキリスト教が「国民的キリスト教」であって,「国家主義キリスト教」ではないことである。

確かに,次回以降の講演では「国民的」は「国家主義」として,海老名自身は語っているので,熊本バンドを「国家主義」と海老名がしていることは間違いではない。しかし,この海老名の「国家主義」は「国民主義」や三バンドの共通として指摘した「精神主義」と結び付けて考える必要があり,批判的な海老名論者が引用するような,排他的な日本一国を中心とした愛国主義としての「国家主義」として考えることは,海老名の意図するところとは違うのではないかと思う。

海老名の「熊本英学校」校長時代,生徒として海老名に学び,終生海老名に師事した福田令寿が,「武士道的」としてこの話を引用しているのは興味深い。

本書では17例を収録しそれぞれに掲載した資料も記した。もっとも多く使用されているのが『植村正久と其の時代』(第1巻・第5巻)からのようである。

Ⅴ. 海老名の人物評

ここでは本多庸一・山路愛山・植村正久・内村鑑三の四人を選んだ。四人が死去後のもので,四人は海老名とは異なる宗派の人達であるが,親密な関係にあった人達である。

本多庸一(ほんだ よういつ)(1848-1912)は,メソジストの人である。日本人間の初めての本格的神学論争として「日本プロテスタント史」で位置づけられている「海老名・植村神学論争」の際,海老名を除名した福音同盟会の会長が本多庸一であった。本多は親友を除名にしたと,責任をとり会長を辞任している。

海老名と本多は所属の宗派がことなることもあり,二人は頻繁に交流する間柄ではなかったが,海老名は8歳年長の本多を「武士の長兄」として,本多の生存中親しく交流した。

資料は,(その1)が,本多が長崎で急死したのを受けて,その日の夜に「本多庸一君の長逝を悼む」と題して執筆したものを『新人』13巻4号の

「時評」欄に掲載したものである。

（その2）は、『新人』13巻5号（1912〈明治45〉年5月）がオリジナルである。

ここに掲載したものは、ルビが付された海老名の著書『世界と共に覚めよ』（1917年刊 pp.359-371）に収録されたものを用いた。

山路愛山（やまじあいざん）(1864-1917) は、メソジスト・静岡教会で入信した人で、メソジスト三派が合同して『護教』を出版した際の主筆であった人物である。当初はオーソドックスな信仰であったが、その後自由神学に変り、一時期海老名とも親密であったが、海老名が欧米旅行後「主筆〈海老名〉が余りに世界主義を主張するから、〈『新人』への〉執筆はいやになつたといつたさうである」との言葉を記している。

資料は、温山のペンネームで「山路愛山を追想す」の題で『新人』（18巻4号。1917〈大正6〉年4月）に掲載されたものである。

植村正久（うえむらまさひさ）(1857-1925) 評を二篇掲載した。植村は、「横浜バンド」を代表する指導者であるが、海老名が安中教会牧師時代から交流があった。

海老名が神学を確立、東京に進出し、『新人』誌上にその神学を主張すると、両者の間に神学論争が始まった。これが「海老名・植村神学論争」であり、1901（明治34）年海老名が45歳・植村が44歳の時である。

二人は神学の違いもあり、必ずしも親密であったとは言えないが、お互いに相手の立場をよく理解していたのではないかと思う。

資料の（その1）は、卜部幾太郎『植村先生の面影』（アルパ社、1925〈大正14〉年5月・8月〈4版〉）、pp.99-102からのものである。

（その2）は、「植村牧師を想ひて」『福音新報』（1893号、1932〈昭和7〉年1月）からのものである。

内村鑑三（うちむらかんぞう）(1861-1930) についても、二篇を掲載した。海老名が内村と初めて会ったのは、第3回「全国信徒大会大親睦会」か開催された1883（明治16）年春のことである。海老名26歳・内村22歳の時である。この大会で内村が「空の鳥と野の百合」と題する講演をしたが、海老名はそれに感激し内村に語りかけたのがきっかけであり「私はその時以来、内村君を忘れたことはない」と記す。

解説

　海老名・植村論争では，神学的には内村は植村の立場であったが，内村は海老名に「私はお前に同情する。議論ではない，ハートである」と語っている。内村は，この論争時に石川三四郎に対しても「神学上では植村を支持するが，心情においては，深く海老名に服す」と語っている。
　また，内村がキリストの「再臨」を主張したときには，海老名は反対し，内村は海老名の反対が応えたのか，アメリカのベル宛て書簡でも，海老名が反対しその「筆頭」（鈴木範久『内村鑑三日録』(10) p.35）であることを記している。
　にもかかわらず，海老名が同志社の総長時代の1926（大正15）年6月には，内村は海老名に会いに行き親しく話している。
　資料は，（その1）が，「内村君と私との精神的関係」『内村鑑三全集月報』12号（岩波書店，1933（昭和8）年3月）である。
　なお，岩波書店の内村鑑三選集の別巻として『内村鑑三を語る』（1990年）が刊行されたが，pp.172-181に海老名のものが収録されている。
　（その2）は，益本重雄・藤沢音吉，共著『内村鑑三伝』（内村鑑三伝刊行会，独立堂書房，1935〈昭和10〉年12月〈再版〉）からのものである。

VI. 他者の海老名評

　8人の海老名評を掲載した。多種多様，実にさざまな海老名評があるが，筆者自身興味深いものを選んだ。
　（1）「**A.B.生**」。この執筆者が誰か筆者も特定できない。掲載されたのが『東京毎週新誌』であることを考えると，「組合教会内部」で海老名をよく知る人物の一人であるようだ。執筆されたのが1901（明治34）年8月であり，この9月に「海老名・植村神学論争」が始まった。
　資料は，『東京毎週新誌』（938号，1901〈明治34〉年8月）の，A.B.生「海老名彈正氏」からである。
　（2）**石川三四郎**（いしかわさんしろう）（1876-1956）は，海老名から1902（明治35）年・25歳の時に受洗した人で，1905（明治38）年あたりには最も熱心にキリスト者として，「本郷教会」でも活躍した人物である。しかし筆禍事件で入獄した1907（明治40）年に，棄教している。海老名・内村の人物評は，熱心な

キリスト者であった1904（明治37）年に記されたものである。

資料は, 旭山生のペンネームで『平民新聞』(8号。1904〈明治37〉年1月3日) に「基督教界の二大人物」(内村氏と海老名氏) と題して掲載したものからである。

なお, 全文ではないが一部は『内村鑑三を語る』(岩波書店, 1990年, pp.41-43) に有る。

(3) 中里介山(なかざとかいざん)（1885-1944）は,『大菩薩峠(だいぼさつとうげ)』で著名な作家であるが, 少年時代キリスト教に接近し, 一時松村介石(まつむらかいせき)（1859-1939）に傾倒した。海老名・内村評では, 内村への高い評価が強くでている。

資料は,『中里介山全集』第20巻（筑摩書房, 1972年）所収の「本郷会堂と角筈楽櫟林 海老名弾正 内村鑑三 対表」からである。オリジナルの『今人古人』は, 1906（明治39）年5月で中里が21歳の時のものである。

なお,「『内村鑑三を語る』(岩波書店, 1990年, pp.54-62) にも有る。

(4) 山路愛山(やまじあいざん)（1864-1917）は, メソジスト教会で海老名は組合教会ということもあり, 海老名が東京で活躍するようになってから注目するようになった人である。山路は人物評には定評のある人なので, かなり海老名の本質を見抜いた人物評ともいえる。山路46歳の時の海老名評。海老名が本多評をしているので, 山路の本多評も掲載した。

資料は,「我が見たる耶蘇教会の諸先生」『太陽』16巻16号（1910〈明治43〉年12月）からのものである。『内村鑑三を語る』(岩波書店1990, pp.78-87) にも有る。

(5) 田辺元(たなべはじめ)（1885-1962）。本格的な海老名評ではないが, 海老名の最盛期, 一高・東大の学生が好んで海老名の説教を聞いた。「人生不可解(じんせいふかかい)」の言葉を残して華厳の滝(けごんのたき)より投身自死した藤村操(ふじむらみさお)（1886-1903）や「個人主義」を主張した魚住影雄(うおずみかげお)（折蘆(せつろ)・1883-1910）と同時代に一高生だった田辺の, 当時の時代とキリスト教についての思いが理解できる文章として選んだ。

資料は,『キリスト教の弁証』筑摩書房, 1948（昭和23）年。「序」からのものである。

(6) 賀川豊彦(かがわとよひこ)（1888-1960）。海老名の説教筆記をした鈴木文治(すずきぶんじ)（1885-

1946）と労働運動にも本格的に関与し，「神の国」運動で知られる。海老名を「神に魅<small>み</small>いられた人<small>ひと</small>」と高く評価しつつも，十字架の贖罪を信じない海老名とは異<small>こと</small>なるとの評。

資料は，『賀川豊彦全集』第4巻（キリスト新聞社，1964〈昭和39〉1月）からのものであるが，オリジナルは『天の心，地の心』（実業之日本社，1955〈昭和30〉年9月）で，賀川が67歳の時に記したものである。

（7）河上肇<small>かわかみはじめ</small>（1879-1946）。東大の学生時代，足尾鉱毒事件<small>あしおこうどくじけん</small>の演説会で感激した河上はコートを寄付し，翌日には衣類を送付するなどして，新聞にも「篤志<small>とくし</small>の大学生」として報じられたが，この河上らしい海老名評。

資料は，『河上肇全集』続7（岩波書店，1985〈昭和60〉年12月）からのものである。

（8）山口金作<small>やまぐちきんさく</small>（1876-1966）。海老名が死去した際の，「組合教会」の牧師を代表する典型的な海老名評。

資料は，「思想の人としての海老名先生」『基督教世界』（2777号，1937〈昭和12〉年6月3日）からのものである。

Ⅶ．『読売新聞』・『朝日新聞』記者による海老名の演説振り

海老名は，『新人』への執筆で，文筆家としても著名となったが，やはり文筆家としてよりも雄弁家として有名であった。

先ず，メソジスト教会の牧師で，たびたび海老名の講演をきいた日屋根<small>ひやね</small>安定<small>あんてい</small>（1892-1970）による，海老名の説教振りの一節を紹介すると，

> 彼が羽織は五つ紋付<small>もんつき</small>，袴は仙台平<small>せんだいひら</small>で，長身を提<small>ひっさ</small>げて講壇に立つや，この比喩をお許し願いたいが，九代目成田屋<small>なりたや</small>の登場を思わせた。能楽や講釈に，序・破・急という三段があるが，彼の雄弁も自らこの順序があったのは，話術として秘奥<small>ひおう</small>に達していた。その高調に昇るや，その銀声は冴<small>さ</small>えわたり，左手をもって長髯<small>ちょうひげ</small>を撫<small>な</small>でつつ，右手を高く挙げて獅子吼<small>ししく</small>するや，講壇にまで坐していた満場の聴衆は恰も酔えるが如くであったが，弾正自<small>おの</small>らも己が弁舌に酔っていたらしい。青年会館で開かれた何の集会であったか忘れたが，基督教界からは海老名ただ一

人で，他から五六人がおのおの代表して，演説したことがあった。しかし幾らひいきせずとも，彼の風采と弁舌とは，他を圧して，彼に送る拍手は最も盛んであった（『教界三十五人像』日本基督教団出版部，pp.45, 46）。

　本書では，さまざまな各界の名士による演説・講演を聞きなれた，新聞記者二人の海老名の演説についての評を掲載した。

　資料は，一つは，『読売新聞』からのもので，「零雨生」のペンネームが記した「当代名士の演説振―速記者の看たる―」と題するものである。1907（明治40）年11月5日（上）・6日（下）の記事である。

　もう一つは，『朝日新聞』からのもので，「て，れ生」のペンネームで「当世雄弁家気質」と題して，海老名の演説について記したものである。この記事は，1909（明治42）年2月23日（上）・24日（下）に掲載された。

　ただし，『朝日新聞』記者が，明治天皇が「熊本洋学校」を訪問した際に，天皇の前で海老名たちが，英語演説を披露した，と記しているのは誤りである。

　海老名は，明治天皇が巡行の際は洋学校の二期生として入学は決まっていたが，予備校ともいうべき「属亭」で準備をしていた。海老名自身がその時のことを「属邸に在学中，明治天皇は九州御巡行をなされ，属邸の門前を御通行となり，私は始めて馬上の天皇を拝した」（「幼少年時代の思い出」其2）と記しているからである。天皇は第一期生のみの授業を参観した。

Ⅷ. 海老名みや子の回想

　海老名みや子の回想は，最初期の同志社における女子教育の状況を知るのにも貴重な資料である。しかし，筆者がこの資料を本書に加えた最大の理由は，この回想記には，創立して1年余でまだ施設面でも貧弱であった同志社に，日本における最高の学府であった東京大学（1877年4月12日に「開成学校」は，東京医学校と合併して，「東京大学」となっている）を中退して，3人の学生が転学してきており，その中の一人の山崎為徳（やまざきためのり）（1859-

1881)の転学の経緯を記した手紙をみや子が紹介しているからである。その3人は，みや子の兄の横井時雄と山崎為徳・和田正幾である。

横井・山崎の2人は，「熊本洋学校」の第一期生である。海老名も柳川の人で，熊本の人ではないが，山崎は，水沢（岩手県南部）の人である。筆者は「熊本洋学校」卒業生の出身地を全て調べた訳ではないが，山崎は，恐らく熊本から一番遠方の地からの人ではないかと思う。ちなみに，なぜそのような遠方の地から「熊本洋学校」に学ぶことになったのかについては，次のような資料がある。

〈横井〉小楠門下で，当時水沢県令（知事）をしていた安場保和〈1835-1899〉が後藤新平〈1857-1929〉，斉藤実〈1858-1936〉とともに給仕から選抜した三人の俊才の一人で，安場保和は郷里熊本の洋学校に三人の中の一番よくできる山崎を遊学させ，後藤新平を医学校に，斉藤実を海軍兵学校におくったのであった。後藤は後に伯爵となり，斉藤は海軍大臣，総理大臣，内大臣を歴任し子爵となって各々成功した」（潮谷総一郎『熊本洋学校とジェーンズ』72ページ）。

山崎は，同志社卒業後も，同志社教員として同志社で教鞭をとり，大西祝（1864-1900）などにも多大の影響を与えたが，22歳の若さで病死した。

海老名は，熊本洋学校で3年間，同志社で2年間，共に寮生活をした学友で，卒業後も山崎がすでに病床にあった時，枕元で山崎の希望の英書を読んだり，山崎が岩手出身で幼い時にリンゴを食べて味を知っていたのか，リンゴが食べたいと海老名に言ったので，わざわざ神戸に行きリンゴを買ってきて，食べさせている。

ちなみに，3人の東大からの転学者のうち，山崎と横井は，熊本洋学校の出身者であるが和田正幾は「熊本洋学校」の出身者ではない。和田は，伝道者に向かないと考え1年間で同志社を退学した。かれは伝道者にはならなかったが青山学院・一高で教鞭をとり，忠実な信徒としての生涯を終えた。第一回の同志社の卒業生として，和田正修がおり，和田正幾と混同されて論じているものがあるが，別人である。

資料は，同志社全史資料（三）『同志社時報』235号（1925〈大正14〉年11月）からである。

IX．ジェーンズ再任の際の演説草稿

海老名が学んだのは，柳河藩の藩校「伝習館」・「熊本洋学校」・「同志社英学校」の3校である。海老名は，「熊本洋学校」時代にキリスト者になったこともあり，最もかれに影響を与えた学校は，「熊本洋学校」であった。また，海老名が「尊敬する人物」について記した時，実際に接触した人物としてはただ一人ジェーンズを選んでいる。

ジェーンズの「熊本洋学校」教師の契約は3年であったので，1874（明治7）年8月23日が満了日であった。ただし，ジェーンズの契約は3年であったが学校の修業年限やカリキュラムは創立時から4年であった。

生徒や学校関係者のジェーンズの契約続行の働きかけ，旧藩主細川護久（ほそかわもりひさ）（1839-1893）の経済的支援，なかんずくジェーンズ自身が給料減額（月額400円を300円に）を申し出て継続の意志を表明するなどもあり，さらに2年間の延長がなされることになった。

これを祝して，10月3日に3年前の開校式と同様盛大な式典があり，ジェーンズは喜びの演説をした。その時の演説は「洋学校教師祝文訳」として印刷して配布された。

海老名にとっては，丁度3年目の新学期を始めた時にあたる。この演説は，ジェーンズのその当時の教育方針をよく表現したものである。

資料は，『九州文学』（31号，1893年1月）からのものである。

伊勢（横井）時雄訳「洋学校教師祝文訳」の全文は，ジェーンス『熊本回想』熊本日日新聞社，1991年改定版の附録，pp.187-218に有る。

X．海老名・実母の祖父・足達八郎父子の豪傑振り

海老名は，実母を1865年5月に喪っている。継母も特に海老名につらく当たった人ではないが，海老名は生涯，実母を慕い生前の教えをくりかえし想起し続けた。

海老名の実母「駒」（こま）は，足達（あだち）家の出身で父は平凡な人であったが，叔父

の茂平と祖父八郎が撃剣の名手で知られていた。海老名は7歳の時に，母が「私が男に生れていたら，撃剣の名手になっていたが，女であるため，おさんどんをしている」と言うのを聞き，発奮して，自分が男に生れたのだから，母に代わって名をなそうと心秘かに思うという経験をしている。母から幼少時代に何度も，この母の祖父八郎，叔父の茂兵衛の豪傑談を聞いて育ったようである。母の実家は，実母の弟によって継承されたが，この叔父は「八郎」の名を継承し「足達八郎」となった。海老名の幼少年時代の良き理解者であった。

　海老名がクリスチャンになった時も，父には恐ろしくて言えなかったが，叔父の八郎には話している。

　本書に掲載した英雄談は，海老名の回顧録や足達家に伝わるものでなく，柳川で広く語り継がれたものである。掲載した資料は『旧柳川藩志』(下巻) 山門・三池教育会，1957年3月5日発行のものからである。

凡　例

1. 引用文献にある傍点・傍線などは削除した。
1. 極端に句読点がないもの，改行がすくないものは適宜句読点を付加し，改行を行った。
1. 引用文文中，誤字・誤記を「ママ」とせず，誤字・誤記を改めて記した。
1. 人名は，現存の人も敬称は略した。
1. 外国人名が資料では「ゼエンス」「デービス」等と表記されているが，筆者のものでは，「ジェーンズ」「ディヴィス」等と現在の表記とした。
1. 筆者の文章では，不快語・差別語は使用していないが，引用した文章には不快語・差別語がある。しかし，歴史的資料としての性格上そのままにして掲載した。
1. 漢字は，例外的なものもあるが新字体に改めて記してある。
1. 海老名彈正の表記には，「彈」と「弾」があるが，筆者が表記しているところでは，戸籍上の「彈」を用いた。また，Ⅲ．の「海老名関連の著書・論文・記事」に，筆者の苗字の關岡に，「関」と「關」があるが，1988年頃から，戸籍上の「關」を使用していることによる相違である。
1. カバーに使用した海老名の写真は，1900年（44歳）本郷教会牧師時代に撮影されたもので，同志社大学人文科学研究所所蔵のものである。

目 次

　　解　説 …………………………………………………… 3
　　凡　例 …………………………………………………… 14

Ⅰ．著書目録 ………………………………………………… 17
Ⅱ．論文目録 ………………………………………………… 53
Ⅲ．海老名関連の著書・論文・記事 ……………………… 135
Ⅳ．海老名による横浜・熊本・札幌バンドの特色 ……… 189
Ⅴ．海老名の人物評 ………………………………………… 205

　　（1）本多庸一　　207
　　（2）山路愛山　　213
　　（3）植村正久　　214
　　（4）内村鑑三　　220

Ⅵ．他者の海老名評 ………………………………………… 231

　　（1）A.B. 生　　233
　　（2）石川三四郎　　235
　　（3）中里介山　　237
　　（4）山路愛山　　244
　　（5）田辺元　　251
　　（6）賀川豊彦　　252
　　（7）河上肇　　261

(8) 山口金作　　262

VII. 『読売新聞』『朝日新聞』記者による海老名の演説振り ……… 265

　　(1) 『読売新聞』　　267
　　(2) 『朝日新聞』　　269

VIII. 海老名みや子の回想 …………………………………………… 275

IX. ジェーンズ再任の際の演説草稿 ……………………………… 285

X. 海老名・実母の祖父・足達八郎父子の豪傑振り …………… 293

　　略伝（年表）……………………………………………………… 303
　　あとがき ………………………………………………………… 307

装丁　熊谷博人

Ⅰ. 著書目録

凡　例

1. 海老名彈正著書目録は，海老名彈正の著書を，一覧，細目の二部に分けて整理したものである。
1. ここで言う著書とは，奥付に著者，共著，編者として海老名彈正の名が明記されている単行書を指している。
1. 著書一覧は，渉猟した海老名彈正を，年代を追って列記したものであり，未見のものは，書名末尾にその旨を記した。
1. 著書細目は，著書の原本または複写本によってその構成・内容を示したものである。なおその際，次のような整理を行なった。
   (1) 著書の内容を列挙する際，表題は目次ではなく，本文のそれに基づいた。
   (2) 著書の各章や節として収められている初出論文の原題（同一表題は省略），典拠文献，発行年月日を［　］内に示した。
   (3) 典拠とした版数を，［　］で示した。
   (4) 発行年は，原則として，西暦で統一し（　）で明治は M，大正は T，昭和は S で表した。
   (5) 筆者の注記は〈　〉で表した。

著書一覧

(1)　1887年08月00日　　　　彼得前後書注釈
(2)　1897年10月00日　　　　日本宗教の趨勢（未見）
(3)　1898年08月15日　　　　宗教の定義
(4)　1898年00月00日　　　　基督教の観たる黒住教の真理
(5)　1900年03月24日　　　　聖山の夕　人格論
(6)　1900年12月23日　　　　耶蘇基督
(7)　1902年04月08日　　　　基督論集
(8)　1902年05月09日　　　　帝国之新生命
(9)　1903年01月24日　　　　耶蘇基督伝
(10)　1903年07月18日　　　　勝利の福音
(11)　1903年12月05日　　　　基督の大訓注釈
(12)　1903年12月29日　　　　基督教本義
(13)　1904年07月04日　　　　人道―日本民族の責任―
(14)　1904年07月00日　　　　人道―人道の勝利―
(15)　1904年07月05日　　　　宗教教育観
(16)　1904年10月00日　　　　神観の発展（未見）
(17)　1906年04月08日　　　　基督
(18)　1906年04月00日　　　　神観（未見）
(19)　1906年11月25日　　　　霊海新潮
(20)　1906年11月28日　　　　本郷教壇
(21)　1907年05月12日　　　　第二本郷教壇
(22)　1907年12月20日　　　　第三本郷教壇
(23)　1909年11月08日　　　　人間の価値
(24)　1909年00月00日　　　　本郷教壇第四（未見）
(25)　1910年08月15日　　　　断想録
(26)　1910年09月21日　　　　新国民の修養

(27)	1912年02月03日	国民道徳と基督教
(28)	1914年00月00日	吾人が本領の勝利
(29)	1915年04月25日	山上の説教
(30)	1915年08月04日	向上清話
(31)	1915年08月15日	宇宙の生命
(32)	1915年09月20日	修養の枝折　其三
(33)	1915年11月15日	基督教十講
(34)	1916年07月16日	戦後文明の研究
(35)	1916年11月15日	選民之宗教
(36)	1916年12月01日	志道の友
(37)	1917年11月10日	世界と共に覚めよ
(38)	1918年06月25日	基督教新論
(39)	1918年11月18日	静的宗教と動的宗教
(40)	1930年03月10日	基督教大観
(41)	1933年01月20日	日本国民と基督教
(42)	1933年11月04日	日本精神の本質と基督教
(43)	1933年12月20日	片言居要
(44)	1934年12月25日	新日本精神
(45)	1936年12月20日	基督教読本
(46)	1937年07月25日	新日本精神に就て
(47)	1937年09月15日	基督教概論未完稿　我が信教の由来と経過
(48)	1937年09月25日	新日本精神に就て
(49)	1937年11月25日	新日本精神に就て
(50)	1944年05月30日	日本精神と基督教

著書目録

(1) 彼得前後書註釈
1887（M20）年8月　江藤書店
総論9　彼得前後書・彼得前書目録8　本文133　彼得後書目録・総論9
本文55［初版］
彼得前後書註釈　総論
彼得前書　ペテロ略伝
彼得前書註釈
　第一章
　第二章
　第三章
　第四章
　第五章
彼得後書　総論
彼得後書註釈
　第一章
　第二章
　第三章

(2) 日本宗教の趨勢　―附　忠君愛国と博愛―　（未見）
1897（M30）年10月　自由国民社
本文　56
　〈『六合雑誌』掲載の「忠君愛国と博愛」161号,「日本宗教の趨勢」
　191・192・193・195・196号を内容としていると思われる〉

(3) 宗教の定義 予が懺悔（福音同盟会演説集，第五集）
1898（M31）年8月15日　教文館

本文24［初版］
宗教の定義
予が懺悔（立川雲平）

(4) **基督教の観たる黒住教の真理**（海老名弾正君草案の写）
1898（M31）年
本文59
〈黒住教研究資料第壱編・換謄写・非売品として復刻版が出されているが，発行所・発行年月日などはない。黒住教教主・黒住宗晴は「この著書が発行されたのは明治四十年三月ですが，その翌年に海老名弾正師はイギリスのエジンバラで開かれたキリスト教世界会衆派大会に出席し，東洋の代表的宗教として黒住教を紹介，講演されました。その要旨が先の復刻本です」（『道ごころ』著作集第三集，黒住教日新社，1988年，111ページ）としている。しかし大会での海老名の演説を記した詳細な大会記録や海老名自身の旅行日記にその事実は記されておらず誤りである。海老名は，本文で「来る明治三十二年三月二十五日」と記しているので，執筆時期はそれ以前と思われる。ここでは，仮に発行年は1898年としておく〉

(5) **聖山の夕　人格論**
1900（M33）年3月24日　福音社
聖山の夕　本文23　人格論　本文28　［初版］
〈「聖山の夕」2月18日午後3時，大阪教会での説教，山田都一郎，速記。「人格論」2月18日午後7時，大阪教会での説教，山田都一郎，速記。1901年3月25日に「人格論」のみで再版〉

(6) **耶蘇基督**
1900（M33）年12月23日　基督教世界社
序3　本文33［再版，1905年3月8日］
〈「耶蘇基督」『学窓余談』3巻4号，1899年11月1日，に加筆したもの〉

（7）基督論集 （海老名氏の基督論及び諸家の批評文）

1902（M35）年4月8日　警醒社書店
例言2　目次2　本文180　［初版］

第一篇　基督論の発端
　　福音新報記者に与ふるの書　　　［『新人』2巻3号　1901年10月1日］
　　海老名彈正君に答ふ（植村正久・『福音新報』）
　　植村氏の答書を読む　　　　　　［『新人』2巻4号　1901年11月1日］
　　再び福音新報記者に与ふ　　　　［『新人』2巻5号　1901年12月1日］
　　海老名氏の信仰告白（植村正久「海老名彈正氏の説を読む」・『福音新報』）

第二篇　現時の基督論
　　三位一体の教義と予が宗教的意識　　　海老名彈正
　　　　　　　　　　　　　　　　［『新人』2巻6号　1902年1月1日］
　　附言　ロゴス論の一斑　［「約翰伝講義・附言　ロゴス論の一斑」『新人』2巻6号　1902年1月1日］
　　海老名彈正氏の告白を紹介す　　福音新報社説
　　福音新報の紹介文を読む　　　　新人社説
　　　　　　　　　　　　　　　　［『新人』2巻7号　1902年2月1日］
　　彼我相違の説を明らかにす　　　福音新報社説
　　基督に関する論争を読む　　　　三並良
　　福音新報記者の基督論　　　　　三並良
　　海老名彈正氏の三位一体論を読む　　　小崎弘道
　　基督教的意識と神に関する三位一体の教義　　　アルブレクト
　　海老名彈正氏の三位一体論　　　高木壬太郎

（8）帝国之新生命

1902（M35）年5月9日　警醒社書店
例言（編輯者）2　緒言5　目次1　序20　本文188　［初版］
序論

我活ける神　　　　　　　［『新人』1巻6号　1901年1月1日］
世界平等力　　　　　　　［『新人』1巻9号　1901年1月1日］
宇宙に於ける我［「吾人の修養」（第一回）『新人』1巻7号　1901年2月1日］
元気の源泉　　［「吾人の修養」（第三回）『新人』1巻12号　1901年7月1日］
知行の一致
フィヒテの信念　　　　　［『新人』1巻11号　1901年6月1日］
レッシングの宗教思想　　［『新人』1巻10号　1901年5月1日］
新人の三識　　　　　　　［『新人』1巻2号　1900年8月1日］
永遠の生命　　　　　　　［「永生」『新人』2巻3号　1901年10月1日］
　〈1900年以降，東京・大阪での説教の速記・要領筆記。筆記者は，三沢糾と吉野作造，見出しなどをつけたのは小山東助。「序論」は自筆原稿〉

(9) 耶蘇基督伝
1903（M36）年1月24日　文明堂
序12　目次2　地図1　本文258　付録9　［初版］
第一章　イエスの時代
第二章　ヨルダンの洗礼
第三章　ゲリジム探検
第四章　イエスの出現
第五章　神国の宣伝
第六章　イエスと其周囲
第七章　メシヤ団体
第八章　民衆の態度
第九章　論争時代
第十章　イエスとメシヤの概念
第十一章　イエスの最後
第十二章　史上に於けるイエスの地位
　〈ハウスラートの著書『新約時代』の中から，イエス伝に関係する部分を三沢糾が訳し，二人で協力して編集。第7版に際しては，「第七

版に際して」と題する22頁を加筆。また,「前川文栄閣」発行のものが有る〉

(10) 勝利の福音
1903（M36）年7月18日　新人社事務所
序12　目次3　本文224　［初版］
序
新武士道　　　　　　　　　　［『新人』2巻10号　1902年5月1日］
士の宗教　　　　　　　　　　［『新人』2巻11号　1902年6月1日］
霊的生命の勝利　　　　　　　［『新人』2巻12号　1902年7月1日］
天真の声　　　　　　　　　　［『新人』2巻6号　1902年1月1日］
神の顕現　　　　　　　　　　［『新人』2巻10号　1902年5月1日］
基督観（其一）　　　　　　　［『新人』2巻8号　1902年3月1日］
基督観（其二）　　　　　　　［『新人』2巻9号　1902年4月1日］
基督復活の内容　　　　　　　［『新人』2巻4号　1901年11月1日］
神殿とは何ぞや　　　　　　　［『新人』2巻5号　1901年12月1日］
聖オーゴスチンの信念　　　　［『新人』3巻1号　1902年8月1日
　　　　　　　　　　　　　　　　　　3巻2号　1902年9月1日］

付録
大哲フィヒテー　　　　　　　［『新人』2巻1号　1901年8月1日］
シュライエルマッヘル　　　　［『新人』1巻8号　1901年3月1日
　　　　　　　　　　　　　　　　　　1巻9号　1901年4月1日］

(11) 基督之大訓註釈
1903（M36）年12月5日　文明堂
序論13　目次1　本文176
序論
第一章　天然の教壇
第二章　十福
第三章　クリスチャンの使命

第四章　憲法（五ケ条）の序
第五章　憲法五ケ条
第六章　善行三例
第七章　主の祈
第八章　生活と信仰
第九章　社交道徳
第十章　奨励警告聴衆の感想
　　　〈『新人』1巻5号・7号―12号，2巻1号―3号，に連載した「聖書講義」
　　　　マタイ伝5-7章，山上の垂訓註釈を訂正増補したもの〉

(12) 基督教本義
1903（M36）年12月29日　日高有隣堂
序4　目次4　本文234　［初版］

序論　　　　　　　　　［「基督教の本義」『新人』2巻8号　1902年3月1日］
第一章　　　　　　　　［第一・第二章「基督教の本義」（本論）
第二章　　　　　　　　『新人』2巻10号　1902年5月1日］
第三章　　　　　　　　［第三・第四章「基督教の本義」（本論其二）
第四章　　　　　　　　『新人』2巻12号　1902年7月1日］
第五章　　　［「基督教の本義」（本論其三）『新人』3巻1号　1902年8月1日］
第六章　　　　［「基督教の本義」（其四）『新人』3巻2号　1902年9月1日］
第七章　　　　［「基督教の本義」（其五）『新人』3巻3号　1902年10月1日］
第八章　　　　［「基督教の本義」（其六）『新人』3巻4号　1902年11月1日］
第九章　　　［「聖オーゴスチンの信念」（上）『新人』3巻1号　1902年8月1日］
第十章　　　　［「聖オーゴスチンの信念」『新人』3巻2号　1902年9月1日］
第十一章　　　　［「マルチン・ルーテルの基督教」（基督教の本義其七）
　　　　　　　　『新人』4巻1号　1903年1月1日］
第十二章　　　　　　　［「約翰の基督教」（基督教の本義其八）
　　　　　　　　『新人』4巻2号　1903年2月1日］
第十三章　　　　　　　［「オリゲネスの基督教」（基督教の本義其九）
　　　　　　　　『新人』4巻3号　1903年3月1日］

第十四章　　[「シユライエルマツヘルの基督教（一）（基督教の本義其十）
　　　　　　　　　『新人』4巻4号　1903年4月1日]
第十五章　　[「シユライエルマツヘルの基督教（二）（基督教の本義其十一
　　　　　　　　　『新人』4巻5号　1903年5月1日]
第十六章　　　[「基督教の本義の結論」『新人』4巻6号　1903年6月1日
　　　　　　　　　4巻7号　1903年7月1日]

(13) 人道―日本民族の責任―
1904（M37）年7月4日　日高有隣堂
本文38　［初版］

(14) 人道―人道の勝利―
1904（M37）年　日高有隣堂　〈1頁が160字の小冊子〉
　〈(13)(14)を合冊したものが『人道』と題して刊行されている。〉
日本民族の責任　1-38頁
人道の勝利　　　39-98頁
　〈1904年7月4日　初版　1万部印刷。9月2日　再版　5千部印刷。1905年2月10日　3版　5千部印刷。1905年6月30日　4版　1万部印刷。この書については，戦時叢書として「人道」（第一篇・日本民族の責任。第二篇・人道の勝利）が教会員である日高有隣堂より発行。数万部を印刷し軍隊その他の伝道用に配布したと『新人』に記されている。（5巻7号44ページ））

(15) 宗教教育観
1904（M37）年7月5日　日高有隣堂
小引3　目次1　本文199　［再版1904年8月10日］
序論
第一章　基督教と個人
第二章　基督教と家庭
第三章　基督教と国家

第四章　基督教と科学（其一）
第五章　基督教と科学（其二）
第六章　基督教と倫理（其一）
第七章　基督教と倫理（其二）
第八章　人観
第九章　世界観
第十章　神観

（16）神観の発展（未見）
（第21回倉敷日曜講演）
1904年10月
本文23

（17）基督
1906（M39）年4月8日　新人社
本文23　［初校］

（18）神観（未見）
1906（M39）年　新人社
　〈『新人』7巻5号の広告に『基督』『神観』を伝道用に刊行したとあるので，『基督』と同時期に発行されたものと思われる〉

（19）霊海新潮
1906（M39）年11月25日　金尾文淵堂
序2　目次2　本文293　［初版］
健全なる人生観（其一）　　　　　［『新人』4巻9号　1903年9月1日］
健全なる人生観（其二）　　　　　［『新人』4巻10号　1903年10月1日］
楽観と悲観とを超絶したる生活　　［『新人』6巻9号　1905年9月1日］
信仰生活の発展　　　　　　　　　［『新人』5巻3号　1904年3月1日］
神子の情操　　　　　　　　　　　［「神子の成長」『新人』5巻2号　1904年2月1日］

吾人の出世間的生活　　　　　［『新人』7巻4号　1906年4月1日］
予が最も愛するもの　　　　　［『新人』6巻3号　1905年3月1日］
年を追うて新なるキリストの栄光［『新人』5巻9号　1904年9月1日］
基督の剣　　　　　　　　　　［『新人』6巻5号　1905年5月1日］
基督の同情　　　　　　　　　［『新人』4巻8号　1903年8月1日］
真のパン　　　　　　　　　　［『新人』4巻4号　1903年4月1日］
放蕩子　　　　　　　　　　　［『新人』4巻5号　1903年5月1日］
世に勝つの信　　　　　　　　［『新人』4巻3号　1903年3月1日］
我等の安心立命　　　　　　　［『新人』6巻6号　1905年6月1日］
個人の価値　　　　　　　　　［『新人』4巻1号　1903年1月1日］
家庭の宗教　　　　　　　　　［『新人』5巻8号　1904年8月1日］
我が女性観　　　　　　　　　［『新人』5巻5号　1904年5月1日］
貞操論（其一）　　　　　　　［『新人』6巻4号　1905年4月1日］
貞操論（其二）［「再び男女の貞操を論ず」『新人』7巻8号　1906年8月1日］

(20) 本郷教壇（『新人』第7巻第11号臨時増刊）
1906（M39）年11月28日　新人社
目次1　例言1　本文67　雑報2　［初版］
儒教に対する基督教の使命
権威と奉仕
神の国の秘義
人格の根本的革新
基督の人体観
〈海老名の説教を鈴木文治が筆記したもの〉

(21) 第二本郷教壇
1907（M40）年5月12日　新人社
目次1　本文60　雑報2　［初版］
基督の偉大
後進者としての基督

荒野の基督
霊的生命の特性
予が信仰の告白（安部磯雄）

(22) 第三本郷教壇（『新人』十二月号臨時増刊）
1907（M40）年12月20日　新人社
目次1　本文60　雑報2　［初版］
霊活の宗教
実在の神
霊界の使者
霊的識見
人生と宗教（浮田和民）〈本郷教会10年記念講演会での講演筆記〉

(23) 人間の価値
1909（M42）年11月8日　広文堂書店
序文6　目次4　本文608
人間の教養
教養の範囲
人格の価値　　　　　　　　　［『新人』10巻10号　1909年10月1日］
豊富なる人生　　　　［「豊富なる人生観」『新人』7巻11号　1906年11月1日］
光輝ある生涯　　　　［「希望の生活」『新人』10巻9号　1909年9月1日］
信仰の生活　　　　　　　　［『新人』7巻11号　1906年11月1日］
光明の世界観　　　　［「救済的霊能」『新人』8巻7号　1907年7月1日］
犠牲と奉仕　　　　　［「犠牲の進化」『新人』8巻8号　1907年8月1日］
自然界の征服
自己の実現
　　　　　［「基督教より観たる自己実現」『新人』9巻4号　1908年4月1日］
修養の妙趣　　　　［「精神修養の妙趣」『新人』8巻9号　1907年9月1日］
精神と肉体との調和　［「霊と肉との大和」『新人』8巻6号　1907年6月1日］
聖俗の打破　　［「宗教家の社会手的地位」『新人』6巻9号　1905年9月1日］

国民の教養
　　　　　　　［「敢て帝国の教育家に勧告す」『新人』7巻7号　1906年7月1日］
人生と宗教　　　　［「人生に於ける宗教」『新人』8巻3号　1907年3月1日］
神聖の新義　　　　［「神聖の真義」『新人』7巻9号　1906年9月1日］
堅実なる精神　　　［「基督者の骨髄」『新人』9巻6号　1908年6月1日］
人類の媒介者　　　［「中保者」『新人』8巻4号　1907年4月1日］
真実の大悟　　　　［「基督の自覚」『新人』7巻2号　1906年2月1日］
基督の自覚　　　　［「基督の自覚」（其二）『新人』7巻3号　1906年3月1日］
霊界の英雄　　　　［「基督者の自覚」『新人』9巻7号　1908年7月1日］
偉人の権威　　　　［「基督の権威」『新人』7巻1号　1906年1月1日］
活動と慰安　　　　［「神の慰霊」『新人』8巻2号　1907年2月1日］
奮闘と平安
新生命の発達　　　　　　［『新人』4巻7号1903年7月1日］
不朽の信仰　　　　［「不朽の信」『新人』10巻8号　1909年8月1日］
永遠の生命　　　　［「不朽の生命」『新人』7巻6号　1906年6月1日］
復活の福音　　　　　　［『新人』8巻5号　1907年5月1日］
処世の二大主義　［「基督処世の二大主義」『新人』9巻1号　1908年1月1日］
公徳教育
土人根性の脱却　［「土人根性を脱却せよ」『新人』6巻3号　1905年3月1日］
日本魂の新意義
　　　　　　　［「日本魂の新意義を想ふ」『新人』6巻1号　1905年1月1日］
国民教育の発展　［「国民教育主義の発展」『新人』6巻5号　1905年5月1日］
日本民族の大経営　［「戦後の最善経営」『新人』5巻8号　1904年8月1日］

（24）**本郷教壇第四**（未見）
1909（M42）年
英文（明治四十一年七月英国エデンバラ市組合教会世界大会に於ける講演）
英文（同年十月米国アメリカンボールド年会に於ける講演）
独逸及欧大陸に於ける精神界の問題

英国自治教会の使命
米国精神界の大問題
吾国精神界の将来
　〈『新人』10巻3号の広告に，この目次と3月15日発行とある。10巻4号に，4月に延引するとの記事。10巻5号の広告記事中に印刷中とある。10巻7号に海老名が多忙で校閲に隙どり今尚発行するを得ず読書諸君の御了察を乞ふ，との広告有り。英文・エデンバラでの講演は，論文リストに掲載した John Brown Ed., Volume of Proceedings of the Third International Congregational Council 所収のものと思われる〉

(25) 断想録

1910（M43）年8月15日　北文館
緒言3　目次13　本文182　［初版］
断想録
　予の見神　　　　　　　　　　　［『新人』7巻3号　1906年3月1日］
　梁川逝く　　　　　　　　　　　［『新人』8巻10号　1907年10月1日］
　喜悦の基督　　　　　［「喜悦のキリスト」『新人』9巻5号　1908年5月1日］
　エルサレム城の静寂　　　　　　［『新人』9巻12号　1908年12月1日］
　メシヤの自覚と荒野の試錬　　　［『新人』8巻12号　1907年12月1日］
　流人のなげき
　霊の性情
　〈本書の半分余を占める「教壇余響」は，『新人』6巻1号から10巻6号まで掲載された「教壇余響」からのものがほとんどである。「教壇余響」は，この時代の『新人』編集者であり，海老名の説教の筆記者であった鈴木文治が説教の要点などを記したものである。その他に従来の説教からの要約と，海老名が瞑想して得たものを加えて一冊の書物としたもの〉

(26) 新国民の修養

1910（M43）年9月21日　実業之日本社

著者写真1　序4　目次4　本文308　［初版］
序論
　　国民の教育と宗教
上篇
　　一　新日本の精神的国是　　　［『新人』4巻1号　1903年1月1日］
　　二　土人根性を脱却せよ　　　［『新人』6巻3号　1905年3月1日］
　　三　帝国主義の真義　　　　　［『新人』4巻5号　1903年5月1日］
　　四　日露戦争の厳粛なる教訓　［『新人』5巻5号　1904年5月1日］
　　五　愛国心の最高潮　　　　　［『新人』5巻6号　1904年6月1日］
　　六　戦後の最善経営　　　　　［『新人』5巻8号　1904年8月1日］
　　七　戦争の帰趨と差別観の打破　［『新人』5巻10号　1904年10月1日］
　　八　ツアール教並にカイゼル主義の打破と神の国の顕現
　　　　　　　　　　　　　　　　［『新人』6巻6号　1905年6月1日］
　　九　基督教の帝国主義　　　　［『新人』6巻10号　1905年10月1日］
　　十　日本国民の自覚　　　　　［『新人』7巻1号　1906年1月1日］
　　十一　国民の洗礼　　　　　　［『新人』7巻4号　1906年4月1日］
　　十二　世界的精神の鼓吹　　　［『新人』10巻5号　1909年5月1日］
中篇
　　一　宗教と教育との調和　　　［『新人』4巻4号　1903年4月1日］
　　二　理想の復活　　　　　　　［『新人』4巻6号　1903年6月1日］
　　三　国運の伸長と国民の品性　［『新人』5巻9号　1904年9月1日］
　　四　敢て帝国の教育家に勧告す　［『新人』7巻7号　1906年7月1日］
　　五　国民教育と基督教　　　　［『新人』7巻8号　1906年8月1日］
　　六　旧式道徳の頽敗　　　　　［『新人』7巻9号　1906年9月1日］
　　七　孝道の新義　　　　　　　［『新人』7巻10号　1906年10月1日］
　　八　国民教育論　　　　　　　［『新人』8巻6号　1907年6月1日］
下篇
　　一　自家の権威に立ち神の権威に立て［『新人』4巻8号　1903年8月1日］
　　二　時代の精神を想ふ　　　　［「時代の精神に鑑みて基督の降誕を祝す」
　　　　　　　　　　　　　　　　『新人』7巻12号　1906年12月1日］

三　何を以て現代の求道者に応ふべき［『新人』8巻2号　1907年2月1日］
四　基督の時代と現代　　　　［『新人』8巻4号　1907年4月1日］
五　進歩思想の影響　　　　　［『新人』8巻5号　1907年5月1日］
六　基督の救済教について求道者に望む
　　　　　　　　　　　　　　［『新人』8巻8号　1907年8月1日］
七　基督教の五大危機を論じて無窮の復活に及ぶ
　　　　　　　　　　　　　　［『新人』8巻12号　1907年12月1日］
八　日本国民の霊能と基督教の進運　［『新人』9巻1号　1908年1月1日］
九　基督教に対する学者の公明なる積極的態度を望む
　　　　　　　　　　　　　　［『新人』9巻2号　1908年2月1日］
十　霊能の伝道　　　　　　　［『新人』9巻3号　1908年3月1日］
十一　憐むべき信仰の立場　　［『新人』9巻4号　1908年4月1日］
十二　日本国民の宗教的素養を論ず　［『新人』10巻9号　1909年9月1日］
十三　第三期の基督教　　　　［『新人』10巻11号　1909年11月1日］
十四　日本化かはた基督化か　［『新人』11巻3号　1910年3月1日］
十五　韓国の将来　　　　　　［『新人』11巻5号　1910年5月1日］
十六　国民の発展に於ける敵愾心と博愛心
　　　　　　　　　　　　　　［『新人』11巻6号　1910年6月1日］
結尾

(27) 国民道徳と基督教

1912（M45）年2月3日　北文館
序7　目次3　本文303　［初版］
前篇
（一）支那の内乱と帝国民の覚醒　［『新人』12巻12号　1911年12月1日］
（二）国民道徳の究境　　　　［『新人』12巻4号　1911年4月1日］
（三）国民道徳の根本を発揮せよ　［『新人』12巻6号　1911年6月1日］
（四）国民道徳の進化　　　　［『新人』12巻3号　1911年3月1日］
（五）神社崇敬の疑問　　　　［『新人』12巻7号　1911年7月1日］
（六）祖先崇拝か子孫崇拝か　［『新人』12巻10号　1911年10月1日］

Ⅰ. 著書目録　　　　　　　35

　（七）帝国教育家の反省を促す［『新人』11巻2号　1910年2月1日］
　（八）国民の発展に於ける敵愾心と博愛心
　　　　　　　　　　　　　　［『新人』11巻6号　1910年6月1日］
　（九）日本化か将た基督化か
　　　　　　　　　　　［『新人』11巻3号　11巻3号　1910年3月1日］
　（十）国情の変遷と基督教　　［『新人』12巻11号　1911年11月1日］
　（十一）教育勅語と基督教　　［『新人』12巻1号　1911年1月1日］
　（十二）列国大家族とその宗教　［『新人』11巻8号　1910年8月1日］
　（十三）朝鮮新同胞の将来
　　　　　　　　　　［「韓国の将来」『新人』11巻5号　1910年5月1日］
　（十四）朝鮮の教化　　［「朝鮮伝道」『新人』11巻10号　1910年10月1日］
　（十五）併合後の朝鮮
　　　　　　　　　［「朝鮮に於ける感想」『新人』12巻8号　1911年8月1日］
　（十六）朝鮮基督教徒の使命（一）［「朝鮮の基督教徒を歓迎するの辞」
　　　　　　　　　　　　　　『新人』11巻11号　1910年11月1日］
　（十七）朝鮮基督教徒の使命（二）［「朝鮮人の使命」
　　　　　　　　　　　　　　『新人』12巻9号　1911年9月1日］
　〈1933年1月発行の『日本国民と基督教』の「第一編」には，（一）
　（十三）─（十七）の六篇を除く，十一篇が収録されている〉

後篇
　（一）基督教の発展
　　　　　　　　　　［「第三期の基督教」『新人』10巻11号　1909年11月1日］
　（二）自力主義の基督教　　［「基督教の真髄は自力主義なり」
　　　　　　　　　　　　　　『新人』11巻9号　1910年9月1日］
　（三）基督教の二大根拠　　［「現代基督教の二大根拠
　　　　　　　　　　　　　　『新人』12巻2号　1911年2月1日］
　（四）霊界の飢饉　　　　　［『新人』11巻12号　1910年12月1日］
　（五）現代に対する基督教の使命　　［『新人』12巻4号　1911年4月1日］
　（六）神の自現　　　　　　［『新人』11巻4号　1910年4月1日］

（七）人格の価値	［『新人』10巻10号　1909年10月1日］
（八）知識と信仰	［『新人』10巻11号　1909年11月1日］
（九）罪悪の自滅	［『新人』11巻6号　1910年6月1日］
（十）希望の生活	［『新人』12巻10号　1911年10月1日］
（十一）利己主義の自滅	［『新人』10巻12号　1909年12月1日］
（十二）信仰と国民の品性	［『新人』11巻10号　1910年10月1日］
（十三）新道徳の基礎	［『新人』12巻7号　1911年7月1日］
（十四）新生の風光	［『新人』11巻1号　1910年1月1日］
（十五）信仰と忠君	［『新人』12巻2号　1911年2月1日］
（十六）自信	［『新人』12巻11号　1911年11月1日］

（28）吾人が本領の勝利

1914（T3）年　警醒社書店
本文15　［初版］

　　　　　　　［「吾人が本領の勝利」『新人』14巻12号　1913年12月1日］

（29）山上の説教

1915（T4）年4月25日　広文堂書店

　　〈『基督の大訓註釈』文明堂，1903年が『山上の説教』とタイトルが変更されて発行されたもので，内容・ページも同じ。なお，この書は「宗教倫理叢書全十巻」の「第二巻」として出された〉

（30）向上清話

1915（T4）年8月4日　大学館
巻頭言2　編者言（菊池暁汀）2　目次16　本文358　［初版］

国民的自覚を促す	［「学生の国民的自覚を促す」
	『新人』15巻1号　1914年1月1日］
国民教育の新要素	［『新人』15巻2号　1914年2月1日］
信念の動揺	
人格の獲得	［『新人』15巻1号　1914年1月1日］

宗教の本領
発展的日本人性格論
何を自覚せしや　　　　　　　［『新人』15巻4号　1914年4月1日］
復活の信仰　　　　　　　　　［『新人』15巻5号　1914年5月1日］
振興力の所在
宗教界の適種生存　　　　　　［『新人』15巻7号　1914年7月1日］
ペテロの告白　　　　　　　　［『新人』15巻6号　1914年6月1日］
健闘の霊　　　　　　　　　　［『新人』15巻8号　1914年8月1日］
宗教界に於ける同胞論
新文明の獅子吼者
己れに克ちし人
寧ろ平民的生活
敬虔の人　　　　　　　　　　［『新人』15巻7号　1914年7月1日］
有終の美を済さしめよ　　　　［『新人』15巻5号　1914年5月1日］
二重生活の愚
神聖なる恋愛に拠る結婚
現代社会の表面裏面
熊本時代の回顧
雄弁の修練
（付録）
　一　戦闘の教会　　　　　　［『新人』14巻9号　1913年9月1日］
　二　官民衝突の不詳　　　　［『新人』14巻10号　1913年10月1日］

(31) 宇宙の生命

1915（T4）年8月15日　朝鮮基督教時報社
序（松本雅太郎）3　目次1　本文72　［初版］
一，宇宙の生命
二，予が基督観
三，人格の獲得
四，救済の霊能

〈朝鮮での説教・講演速記，海老名未校閲〉

(32) 修養の枝折　其三
1915（T4）年9月20日　南満州鉄道株式会社総務部事務局庶務課（非売品）
肖像写真1　緒言（編者）2　目次2　本文539　［初版］
国民発展の理想〈目次では，発展的国民の理想（一）〉
　　〈pp.1-37　1915年6月7日　安東公会堂での講演。渡瀬常吉『海老名弾正先生』pp.370-388にも収録。但し，講演日は渡瀬では6月4日になっている〉
発展的国民の理想（二）〈pp.38-79　6月8日　本渓湖演武場での講演〉
大正維新の新意義〈pp.80-123　6月9日　奉天共同事務所楼上での講演〉
消極的態度より積極的へ〈pp.124-150　6月10日　営口小学校講堂での講演〉
自由と人格〈pp.151-189　6月10日　大石演武場での講演〉
奮闘努力の時代〈pp.190-221　6月11日　瓦房小学校講堂での講演〉
読書と修養〈pp.222-267　6月12日　大連満鉄本社食堂での講演〉
民族発展の第一義〈pp.268-307　6月12日　大連工業学校での講演〉
自覚と自断〈pp.308-353　6月15日　長春満鉄倶楽部での講演〉
和魂〈pp.354-391　6月16日　鉄嶺演武場での講演〉
基督教の精髄〈pp.392-428　6月17日　撫順基督教会での講演〉
満州の士君子〈pp.429-462　6月17日　撫順公会堂での講演〉
日本魂の領域〈pp.463-502　6月18日　遼陽演武場での講演〉
内的発展〈pp.503-539　6月19日　旅順基督教会での講演〉
　　〈1915年6月7日―20日，満州に滞在中に行った19講演の内，14講演の速記。海老名未校閲〉

(33) 基督教十講
1915（T4）年11月15日　警醒社書店
序言2　目次6　本文323
第一講　預言者より基督まで

[「預言者教概論」『新人』15巻3号　1914年3月1日
「基督と其時代」『新人』15巻4号　1914年4月1日]
第二講　原始基督教［「原始基督教」（上）『新人』15巻5号　1914年5月1日
　　　　　　　　　　　「原始基督」『新人』15巻6号　1914年6月1日］
第三講　教父時代の基督教
　　　　　　　　　　［「教父神学概論」『新人』15巻7号1914年7月1日］
第四講　中世期の基督教
　　　　　　　　　　　［「中世紀基督教」『新人』15巻9号　1914年9月1日］
第五講　プロテスタント教　　　［『新人』15巻10号　1914年10月1日］
第六講　新プロテスタント教　　［『新人』16巻1号　1915年1月1日］
第七講　近代哲学と基督教（蘆田慶治）
第八講　近代文芸と基督教（小山東助）
第九講　近代政治と基督教（吉野作造）
第十講　日本固有思想と基督教［『新人』16巻6号　1915年6月1日］
附録　近代進化説と基督教（コーサンド・日本同胞教会宣教師・
　　　　　　　　　　「近代生物学と基督教」『新人』16巻7号）

(34) 戦後文明の研究（編著）

1916（T5）年7月16日　洛陽堂
序文5　はしがき1　目次6　本文204　［初版］
国家主義の将来（阪谷芳郎）
史家の見たる世界文明の将来（浮田和民）
戦後に於ける社会的新形勢（吉野作造）〈『欧州戦局の将来』中のものと同じもの〉
戦後宗教道徳の大勢［「万国主義の高調」『新人』16巻3号　1915年3月1日
　　　　「戦後に於ける宗教道徳の大勢」『新人』16巻6号　1915年6月1日］
哲学思想の将来（桑木厳翼）
文芸思潮の将来（金子馬治）
戦後美術界の将来（岩村透）
劇壇の将来（中村吉蔵）

宗教思想の将来（中村長之助）
欧州大戦の教訓（内ケ崎作三郎）
平和運動の将来（綱島佳吉）

（35）選民之宗教
1916（T5）年11月15日　新人社
目次2　序8　本文165　［初版］

選民論（序にかへて）	『新人』17巻11号	1916年11月1日
永遠の希望	『新人』15巻11号	1914年11月1日
永遠の霊潮	『新人』16巻2号	1915年2月1日
信仰の試練	『新人』15巻10号	1914年10月1日
基督教の面目一新	『新人』16巻1号	1915年1月1日
近代文明の根底	『新人』16巻4号	1915年4月1日
全人創造の起点	『新人』15巻12号	1914年12月1日
教権の転化	『新人』16巻5号	1915年5月1日
国民性の精練	『新人』17巻11号	1916年11月1日
国民霊覚の時機	『新人』16巻3号	1915年3月1日
国民精神の転機	『新人』16巻12号	1915年12月1日
偉大なる国民の性格	『新人』17巻1号	1916年1月1日
民族発展の理想	『新人』16巻8号	1915年8月1日
精神界の新紀元	『新人』17巻3号	1916年3月1日
愛国心の聖化	『新人』16巻9号	1915年9月1日
神国の市民	『新人』17巻7号	1916年7月1日
極東の選民	『新人』17巻6号	1916年6月1日
選民の宗教	『新人』17巻9号	1916年9月1日

（36）志道者の友　第一巻（植村正久・小崎弘道・海老名彈正・共述）
1916（T5）年12月1日　宗教通信社
目次1　本文44　［初版］
（1）神と人（植村正久）

(2) 祈り（植村正久）
(3) 教会（植村正久）
(4) イエス・キリスト（小崎弘道）
(5) 基督教の教（小崎弘道）
(6) 基督教の倫理道徳（文末に「Y」とあり，海老名と思われる）
(7) 死後の事（植村正久）
(8) 食はず嫌へ（無署名）
(9) 回心美談（無署名）
(10) 聖語十句（無署名）
(11) 求道の諸兄姉に（無署名）

(37) 世界と共に覚めよ

1917（T6）年11月10日　広文堂書店
序3　目次4　本文452　［初版］
甲編　世界大戦を前にして
　　基督教の新なる使命　　　　　　［『新人』15巻12号　1914年12月1日］
　　万国主義の発揚　　　　　　　　［「吾人の霊夢（再び万国主義を高調す）」
　　　　　　　　　　　　　　　　　『新人』16巻4号　1915年4月1日］
　　大戦後の基督教　　　　　　　　［「欧州戦乱後の基督教（戦後の予想）」
　　　　　　　　　　　　　　　　　『新人』16巻5号　1915年5月1日］
　　世界的精神の実現　　　　　　　［『新人』17巻4号　1916年4月1日］
　　独逸の勝つ能はざる所以　　　　［「欧州戦乱の教訓」
　　　　　　　　　　　　　　　　　『新人』17巻8号　1916年8月1日］
　　唯物主義の仮面　［「唯物主義より覚醒せよ」
　　　　　　　　　　　　　　　　　『新人』17巻9号　1916年9月1日］
　　誤れる国家万能主義　［「国家の覚醒」『新人』17巻10号　1916年10月1日］
　　世界平和の根本義
　　　　　　　　　　［「戦乱後の平和問題」『新人』18巻2号　1917年2月1日］
　　民主々義の勝利と平和
　　　　　　　　　　［「欧州戦乱の末期」『新人』18巻4号　1917年4月1日］

神国の理想と国民の元気　　　［「神国の理想と東洋民族」
　　　　　　　　　　　　　　　　『新人』18巻5号　1917年5月1日］
　　旺なる世界的精神　　［「世界的精神の旺盛」
　　　　　　　　　　　　　　『新人』18巻6号　1917年6月1日］
乙編　新なる時代を望みて
　　大正時代の基督教　　　　　［『新人』13巻9号　1912年9月1日］
　　乃木大将の死を論ず　　　　［『新人』13巻10号　1912年10月1日］
　　新時代の曙光　　　　　　　［『新人』13巻11号　1912年11月1日］
　　永遠に変らざる吾人の主張
　　　　　　　　　　　　　［「吾人の主張」『新人』14巻1号　1913年1月1日］
　　新しき人と立憲政治　　　　［『新人』14巻2号　1913年2月1日］
　　大正維新の前途　　　　　　［「大正維新と国民の道義的素養」
　　　　　　　　　　　　　　　『新人』14巻3号　1913年3月1日］
　　祖先崇拝の時代去れり
　　平民の勃興　　　　［「吾国と基督教徒」『新人』14巻6号　1913年6月1日］
　　思想界に於ける吾人の立脚地　［「思想界の潮流と吾人の態度」
　　　　　　　　　　　　　　　『新人』14巻7号　1913年7月1日］
　　対外軟と対外硬　［「官民衝突の不詳」『新人』14巻10号　1913年10月1日］
　　新しき力の善導　　　　　　［『新人』14巻11号　1913年11月1日］
　　新日本魂　　　　　［「新しき日本魂」『新人』15巻3号　1914年3月1日］
　　明治時代の暗黒面　［「明治時代の欠陥」『新人』15巻4号　1914年4月1日］
　　唯物主義の破産　　　　　　［『新人』15巻6号　1914年6月1日］
　　更生すべき日本
　　将来の日本民族　　　　　　［「日本民族の現在及将来」
　　　　　　　　　　　　　　　『新人』16巻12号　1915年12月1日］
　　模倣より独創へ　　　　　　［「如何にして模倣時代を超越すべきか」
　　　　　　　　　　　　　　　『新人』17巻2号　1916年2月1日］
丙編　書斎の内と外
　　耶蘇の宗教意識に於ける自己実現　［『新人』13巻4号　1912年4月1日］
　　故本多庸一君　　　　［「本多庸一論」『新人』13巻5号　1912年5月1日］

人生の真義　　　　　　　　［『新人』13巻6号　1912年6月1日］
正統主義の批判　　　　　　［『新人』13巻7号　1912年7月1日］
回顧四十年　　　　　　［「伝道三十年」『新人』15巻7号　1914年7月1日］
近代文明に対するフスの貢献　［『新人』16巻7号　1915年7月1日］
加藤弘之博士を追想して　　［「加藤弘之博士を追想す」
　　　　　　　　　　　　　『新人』17巻3号　1916年3月1日］
詩人タゴールの文明批評を読みて　［「詩人タゴールの文明批評を読む」
　　　　　　　　　　　　　『新人』17巻7号　1916年7月1日］

(38) 基督教新論

1918（T7）年6月25日　警醒社書店
目次2　序文11　本文429　［初版］
自由意志論　　　　［「新自由意志論」『新人』17巻12号　1916年12月1日］
自由意志論（つづき）
　　　　　　　　［「新自由意志論」（二）『新人』18巻1号　1917年1月1日］
罪悪論　　　　　　　［「新罪悪論」『新人』17巻9号　1916年9月1日］
復生論　　　　　　　［「新復生論」『新人』17巻4号　1916年4月1日］
人格不滅論　　　　　［「新人格論」『新人』18巻2号　1917年2月1日］
有神論　　　　　　　［「新有神論」『新人』18巻5号　1917年5月1日］
有神論（つづき）　　［「新有神論」『新人』18巻9号　1917年9月1日］
三位一体論　　　　［「三位一体新論」『新人』17巻1号　1916年1月1日］
天啓論　　　　　　［「新天啓論」『新人』18巻11号　1917年11月1日］
奇跡論　　　　　　　［「新奇跡論」『新人』17巻7号　1916年7月1日］
基督論　　　　　　　［「新基督論」『新人』18巻3号　1917年3月1日］
贖罪論　　　　　　　［「新贖罪論」『新人』17巻2号　1916年2月1日］
復活論　　　　　　　［「新復活論」『新人』18巻4号　1917年4月1日］
予定論　　　　　　　［「新予定論」『新人』17巻3号　1916年3月1日］
世界観　　　　　　　［「新世界観」『新人』17巻5号　1916年5月1日］
基督再来論　　　　　　　［『新人』19巻4号　1918年4月1日］
終末論　　　　　　　［「新終末論」『新人』17巻6号　1916年6月1日］

（39）静的宗教と動的宗教
1918（T7）年11月18日　大鐙閣
序4　目次4　本文526　［初版］
前編　静的宗教
　　良心の宗教　　　　　　　　［『新人』18巻12号　1917年12月1日］
　　良心の自由　　　　　　　　［『新人』16巻6号　1915年6月1日］
　　良心の権威　　　　　　　　［『新人』17巻2号　1916年2月1日］
　　罪の自覚　　　　　　　　　［『新人』17巻8号　1916年8月1日］
　　罪の絶滅　　　　　　　　　［『新人』17巻10号　1916年10月1日］
　　純潔の理想　　　　　　　　［『新人』18巻2号　1917年2月1日］
　　霊能の要求
　　霊能の宗教　　　　　　　　［『新人』18巻4号　1917年4月1日］
　　救済の宗教　　　　　　［「基督教の救済」『新人』18巻7号　1917年7月1日］
　　真の神殿　　　　　　　　　［『新人』18巻8号　1917年8月1日］
　　復活の喜悦　　　　　　［「復活の福音」『新人』17巻5号　1916年5月1日］
　　復活の力　　　　　　　　　［『新人』18巻5号　1917年5月1日］
　　メシアの出現と律法　　　　［『新人』17巻12号　1916年12月1日］
　　メシアの出現と預言　　　　［『新人』18巻9号　1917年9月1日］
　　メシアの出現　　　　　　　［『新人』18巻1号　1917年1月1日］
　　世界の光なる基督　　　　［「世界の光」『新人』18巻11号　1917年11月1日］
　　永遠の救主なる基督　　　［「永遠の基督」『新人』18巻6号　1917年6月1日］
後編　動的宗教
　　永遠の希望　　　　　　　　［『新人』15巻11号　1914年11月1日］
　　永遠の霊潮　　　　　　　　［『新人』16巻2号　1915年2月1日］
　　信仰の試練　　　　　　　　［『新人』15巻10号　1914年10月1日］
　　基督教の維新　　　　［「基督教の面目一新」『新人』16巻1号　1915年1月1日］
　　近代文明の根底　　　　　　［『新人』16巻4号　1915年4月1日］
　　＊人類の新紀元　　　　　　［『新人』18巻3号　1917年3月1日］
　　全人創造の起点　　　　　　［『新人』15巻12号　1914年12月1日］

教権の転化	[『新人』16巻5号	1915年5月1日]
国民性の精練	[『新人』17巻11号	1916年11月1日]
国民霊覚の時機	[『新人』16巻3号	1915年3月1日]
＊精神界の危機　[「我国精神界の危機」		
	『新人』18巻10号	1917年10月1日]
国民精神の転機	[『新人』16巻12号	1915年12月1日]
偉大なる国民の性格	[『新人』17巻1号	1916年1月1日]
民族発展の理想	[『新人』16巻8号	1915年8月1日]
精神界の新紀元	[『新人』17巻3号	1916年3月1日]
愛国心の聖化	[『新人』16巻9号	1915年9月1日]
神国の市民	[『新人』17巻7号	1916年7月1日]
極東の選民	[『新人』17巻6号	1916年6月1日]
選民の宗教	[『新人』17巻9号	1916年9月1日]

〈「後編　動的宗教」は，殆ど『選民の宗教』と同じ。＊をつけた二つが『選民之宗教』になく，『選民之宗教』にある「選民論（序にかへて）」が，後編にはない〉

（40）基督教大観

1930（S5）年3月10日　先進社
序4　目次2　本文200
序文
序論
基督魂
ユダヤ基督教
原始基督教徒の生活
原始基督教の危機（其一）
原始基督教の危機（其二）
原始基督教の偉人
ギリシヤ民族の基督教
三位一体論の宗教的基礎

智的宗教の末路
ラテン民族の基督教
中世の基督教
第十六世紀の宗教改革
日本に於ける基督教
罪悪論
日本民族とプロテスタント教
基督教と社会改造
基督教の兄弟主義
基督教と社会問題
聖書の読直し
結論

（41）日本国民と基督教
1933（S8）年1月20日　北文館
序3　目次10　本文410
第一編　日本国民と基督教
　日本国民と基督教との縁故　〈これは，1933年に執筆したもの〉
　国民道徳の究境　　　　　　［『新人』12巻4号　1911年4月1日］
　国民道徳の根本を発揮せよ　［『新人』12巻6号　1911年6月1日］
　国民道徳の進化　　　　　　［『新人』12巻3号　1911年3月1日］
　神社崇拝の疑問　　　　　　［『新人』12巻7号　1911年7月1日］
　祖先崇拝か子孫崇拝か　　　［『新人』12巻10号　1911年10月1日］
　帝国教育家の反省を促す　　［『新人』11巻2号　1910年2月1日］
　国民の発展に於ける敵愾心と博愛心
　　　　　　　　　　　　　　［『新人』11巻6号　1910年6月1日］
　日本化か将た基督化か　　　［『新人』11巻3号　1910年3月1日］
　国情の変遷と基督教　　　　［『新人』12巻11号　1911年11月1日］
　教育勅語と基督教　　　　　［『新人』12巻1号　1911年1月1日］
　列国大家族と其宗教　　　　［『新人』11巻8号　1910年8月1日］

第二編　基督教教義
　　基督教の発展　　　　［「第三期の基督教」『新人』10巻11号　1909年11月1日］
　　自力主義の基督教　　　［「基督教の真髄は自力主義なり」
　　　　　　　　　　　　　『新人』11巻9号　1910年9月1日］
　　基督教の二大根拠　　　［「現代基督教の二大根拠」
　　　　　　　　　　　　　『新人』12巻2号1911年2月1日］
　　霊界の飢饉　　　　　　［『新人』11巻12号　1910年12月1日］
　　現代に対する基督教の使命　［『新人』12巻4号　1911年4月1日］
　　神の自現　　　　　　　［『新人』11巻4号　1910年4月1日］
　　人格の価値　　　　　　［『新人』10巻10号　1909年10月1日］
　　知識と信仰　　　　　　［『新人』10巻11号　1909年11月1日］
　　罪悪の自滅　　　　　　［『新人』11巻6号　1910年6月1日］
　　希望の生活　　　　　　［『新人』12巻10号　1911年10月1日］
　　利己主義の自滅　　　　［『新人』10巻12号　1909年12月1日］
　　信仰と国民の品格
　　　　　　　　　　［「信仰と国民の品性」『新人』11巻10号　1910年10月1日］
　　新道徳の基礎　　　　　［『新人』12巻7号　1911年7月1日］
　　新生の風光　　　　　　［『新人』11巻1号　1910年1月1日］
　　信仰と忠君　　　　　　［『新人』12巻2号　1911年2月1日］
　　自信　　　　　　　　　［『新人』12巻11号　1911年11月1日］
第三編　断想録
　　〈『断想録』と同じ内容。この書物は，基本的に『国民道徳と基督教』
　　と『断想録』を合冊したもの〉

(42) 日本精神の本質と基督教
1933（S8）年11月4日　中央会堂教務部
本文15　［初版］
　　〈この小冊子は，「中央講壇（4）」として出版されたもので，8月中旬
　　にメソジストの中央会堂で講演したものの筆記である。講演筆記者の
　　渡辺茂は，最後の15ページに以下のような言葉を記している。「以上

は海老名彈正先生が八月中旬の一夕，吾が中央会堂に於て為された御講演の内容である。先生はあの御老体にも不拘，一言一句，力に充ちた熱弁をふるはれ聴衆一同に往年の意気を髣髴せしめた。筆者は最大の配慮をもつて，其の講演内容の記録に誤謬乃至歪曲の無からん事を期した。されど，思はざる所に，思はざる誤謬，乃至歪曲の存するやも知れず，その点，海老名先生の御寛恕と読者諸君の御教示とを，お願ひ」すると共に，此の全文の責任は筆者に帰せられるべきものであることを付言する。　渡邊茂」〉。

（43）片言居要
1933（S8）年12月20日　東洋生命保険株式会社奉仕部（非売品）
海老名彈正先生小照及筆跡1　海老名先生自歴1　序2　目次4　本文78
［12版・1935年1月28日］
　〈「序」「著者来歴」以外は，『断想録』と同じ内容〉

（44）新日本精神
1934（S9）年12月25日　近江兄弟社出版部
著者写真1　目次1　序3　本文62　［初版］
序　〈『基督教研究』21巻4号，1945年9月1日発行，p.1に全文が転載〉
第一章　日本精神の本質と基督教
　〈1933年11月4日の「中央講壇（4）」『日本精神の本質と基督教』とほぼ同じ内容であるが，最後に3行ほどの付加がある〉
第二章　新日本精神の誕生　　　［「新日本精神の創生」
　　　　　　　　　　　　　　　『湖畔の声』261号　1934年11月1日］
第三章　日本精神の進化　　　　［『湖畔の声』262号　1934年12月1日］
第四章　国際精神の隆替　　　　［『湖畔の声』263号　1935年1月1日］
第五章　日本精神に於ける神の内在
　　　　　　　　　　　　　　　［『湖畔の声』266号　1935年4月1日］
　〈発行日が1934年12月25日になっているが，4・5章は『湖畔の声』誌（同じ近江兄弟社からの出版物）に刊行後に掲載されている。これは

『湖畔の声』261号の「編集室より」によると以下の事情によるものである。「本号から，日本組合キリスト教会の元老，海老名彈正博士の『新日本精神とキリスト教』と総称すべき，直筆の原稿を手に入れて，掲載することが出来たことを最も誇とするものである。他の二三の同業キリスト教雑誌には同博士の講演筆記を掲載されたが，何れも頗る同博士の不満足に思はれてをるもののみである。実は本誌も京都に於ける同先生の講演筆記を『文責在記者』で掲載するつもりで校閲を経べく，高円寺の先生の御宅を訪問して，同じくこの吾等の作つた原稿も不満足なる原稿なることを発見し，遂に海老名先生直筆の原稿あるを発見して，懇望遂に許されて以下数回『新日本精神の創生』をはじめ数編を発表するであらう。而して之を纏めて一冊の単行本として，近々上梓するであらうことを予告しておきます」（p.48）。この記事で明らかなように，第2章掲載時に3-5章の原稿がすでにあり，4・5章が刊行後になったもの。ちなみに，4・5章の原稿の最後には『新日本精神』の広告がある〉

（45）基督教読本

1936（S11）年12月20日　南光社
序2　目次4　本文312　［初版］
Ⅰ．基督教と日本人
Ⅱ．基督教とは何か
Ⅲ．イスラエル人の宗教（其の一）
Ⅳ．イスラエル人の宗教（其の二）
Ⅴ．イエスと彼の時代
Ⅵ．イエスのガリラヤ伝道（其の一）
Ⅶ．イエスのガリラヤ伝道（其の二）
Ⅷ．イエスのエルサレム伝道（其の一）
Ⅸ．イエスのエルサレム伝道（其の二）
Ⅹ．イエスの復活
Ⅺ．基督教の成立（其一）

XII．基督教の成立（其二）
〈序で次男・雄二との共著と書いているが，ほとんど雄二が執筆したもの〉

（46）新日本精神に就て（ひのもとパンフレット第一輯）
1937（S12）年7月25日　新日本精神研究会
はしがき4　本文70　［初版］
はしがき（渡瀬常吉）
新日本精神に就て
新日本精神の内容（渡瀬常吉）
〈「新日本精神に就て」は，1936年9月25日ラスキン館での講演筆記であり，海老名の校閲も経たものであることが，渡瀬の序文に記されている。徳永新太郎「海老名弾正―宗教的回心における文化の連続と非連続―」『横井小楠とその弟子たち』244, 5ページに，海老名「蕃山と仁斎」（昭和11.9.25. 講演）からの引用文があるが，内容的にこの時の講演からの引用であることはほぼ間違いない。ただし，内容的には同じであるが，そのままの引用文ではないので，「蕃山と仁斎」と題した別の講演筆記があることも考えられる。〉

（47）基督教概論未完稿　我が信教の由来と経過
1937（S12）年9月15日　発行者　海老名一雄　（非売品）
凡例2　目次1　写真8　写真について3　［初版］
基督教概論　〈『宗教公論』4巻2・3・5・7号，1935年，に執筆されたもの〉
我が信教の由来と経過
　　　　　　　〈「余が信教の由来」『新人』23巻7号　1922年7月1日
　　　　　　　「動揺期に於ける経験」『新人』23巻8号　1922年8月1日
　　　　　　　確信の根拠」『新人』23巻9号　1922年9月1日〉
〈「我が信教の由来と経過」のpp.50-53が，『植村正久と其の時代』第二巻のpp.3-5に収録されている。さらに，それからの一部が，雨宮栄一『若き植村正久』p.102に引用されている。〉

(48) 新日本精神に就て（ひのもとパンフレット第二輯）
1937（S12）年9月25日　新日本精神研究会
海老名の書1　目次1　はしがき7　本文84　[初版]
はしがき（渡瀬常吉）
第二講　新日本精神に就て―富永子源と広瀬淡窓の啓天思想―
新島襄先生と同志社並に組合教会（渡瀬常吉）

(49) 新日本精神に就て（ひのもとパンフレット第三輯）
1937（S12）年11月25日　新日本精神研究会
本文89　[初版]
＊はしがき〈執筆者が記されていないが，渡瀬常吉と思われる〉
第三講　新日本精神に就て―武士に現はれた日本精神―
時局の認識と東亜並に世界に対する日本の使命及び基督教徒の貢献（渡瀬常吉）

(50) 日本精神と基督教
1944（S19）年5月30日　同志社教会
本文15　[初版]
　〈1934年10月1日　平安教会での説教筆記・謄写版印刷〉

＊詳細が記せない,「未見」のものが4点あるが，そのほかに，発行が確認できないものとして,『新人』2巻8号　1902（M35）年3月1日発行，44頁の広告に「社告『海老名彈正君　説教集　第一輯』3月下旬発行」があるが，発行されたかどうかも不明なので,「未見」にも挙げていない。

＊同志社大学・人文科学研究所所蔵の，海老名資料の中に,「熊本洋学校時代」を「60年前」と話している晩年の名古屋で行われた「新日本精神の進展」と題する講演筆記がある。「名古屋経済界」と印刷された原稿用紙に118ページ（200字が1ページの原稿）のもので，海老

名の校閲もあり，印刷され発行されたと思われるが確認できない。

II. 論文目録

凡　例

1. 海老名彈正論文目録は，筆者が渉猟した海老名彈正の論文を，編年順に列挙したものである。
1. ここで言う論文とは，当時の雑誌・新聞（以下誌紙という）及び他者の著述・編集になる単行書に，海老名彈正の署名，あるいは「海老名喜三郎」「温山」「良峯」「（海老名）紫海」「（海老名）紫溟」「海老名生」の筆名で発表された論文，随想，講演筆記，談話筆記，序，跋などの総称であり，奥付のない小冊子も含んでいる。また，無署名の論文であっても，海老名が主筆であった時期の『新人』の「社説」で海老名の執筆であると思われるものも収録の対象とした。なおその際，海老名の著書などに収録されたりして客観的資料で海老名と断定できるものは無署名扱いにしていない。

    「温山」「良峯」が海老名であることは，『新人』15巻5号，83頁に記されている。「紫海」については，『新人』13巻3号に「紫海」名で記した小山の著書の書評に，4号で小山が「―海老名先生の御批評に答へて―」と記している。「紫溟」は，海老名の雅号として『弓町本郷教会百年史』304頁で指摘。
1. 表記及び記号は次の通りである。
    (1) 日付は論文執筆のそれではなく，典拠文献の発行された日付によった。
    (2) 論文の表題は典拠文献の目次ではなく，本文のそれに基づいている。
    (3) 署名について，無署名及び筆名を表題につづいて（　）内に表した。
    (4) 筆者の注記はすべて〈　〉で表した。
    (5) 発行年は原則として西暦で統一し，（　）で明治はM，大正はT，昭和はSで表した。
    (6) 各年次毎に（　）で示した年令は，その年の9月18日の誕生日での年令である。
    (7) p. / pp は，掲載誌紙のページを表す。
    (8) 行末の社説・講壇などの分類は，掲載誌紙の分類によって表した。（　）で表したものは筆者の分類である。
    (9) 論文で著書に収録されているものの書名は，行末に「著書一覧」の番号で示した。

1881（M.14）**年**（25歳）
3.19 鬱散記（海老名喜三郎）　　六合雑誌6号 pp.98, 99　　雑記

1882（M.15）**年**（26歳）
3.17 智と愛とを兼備ふること（海老名喜三郎）（神戸教会での説教）
　　　　　　　　　　　七一雑報7巻11号 pp.7, 8　　説教
3.24 智と愛とを兼備ふること（前号の続）（海老名喜三郎）
　　　　　　　　　　　七一雑報7巻12号 pp.7, 8　　説教

1883（M.16）**年**（27歳）
〈1882年8月に彈正と改名，以下には彈正以外の筆名のみ記す〉
2.2 天国論　　　　　　　　七一雑報8巻5号 pp.2, 3
2.9 天国論（前号ノ続）　　七一雑報8巻6号 pp.2, 3
3.2 更生論　　　　　　　　七一雑報8巻9号 p.2
3.9 更生論（前号の続）　　七一雑報8巻10号 p.2

1886（M.19）**年**（30歳）
12.22 基督の十字架〈12月12日，浅草・井生村楼での演説筆記〉
　　　　　　　　　　　基督教新聞178号 p.6
12.29 基督の十字架（承前号）　基督教新聞179号 p.5

1887（M.20）**年**（31歳）
3.2 信者不信者の弁　　　　基督教新聞188号 pp.5, 6　　論説
3.9 信者不信者の弁（前号の続き）　基督教新聞189号 pp.5, 6　　論説
6.30 聖書進化説　　　　　　六合雑誌78号 pp.220-30　　論説
7.13 神学科卒業の諸君に告ぐ　基督教新聞207号 pp.1, 2
（8月『彼得前後書註釈』江藤書店，刊行）
11.30 化身論　　　　　　　　六合雑誌83号 pp.413-8　　論説

1888（M.21）**年**（32歳）
9.19 彼得聖書注釈の批評に答ふ　基督教新聞269号 pp.6, 7　寄書

1889（M.22）**年**（33歳）
12.17 罪の贖ひ　　　　　　　　　六合雑誌108号 pp.6-15　論説

1890（M.23）**年**（34歳）
4.3 同志社公会堂（チャペル）で行われた第五回組合教会懇談会で，海老名が述べた言葉（新島の死に際しての言葉）　同志社百年史　通史編一 p.7

1891（M.24）**年**（35歳）
1.15 基督教とは何そや　　　　　六合雑誌121号 pp.30-35　論説
8.15 基督論　　　　　　　　　　六合雑誌128号 pp.5-15　論説
8.15 同志社女学校卒業生に対して（大意　筆記）
　　　　　　　　　　　　　　　同志社文学会雑誌　45号，pp.6-12　論説
9.15 基督の権威　　　　　　　　六合雑誌129号 pp.25-31　論説

1892（M.25）**年**（36歳）
1.15 基督崇拝　　　　　　　　　六合雑誌133号 pp.1-10　論説
7.15 基督の性情　　　　　　　　六合雑誌139号 pp.22-29　論説
10月「日本国民と基督教」pp.146-159　（7月21日午前9時からの講演）
　　「日本国民と基督教」（続）pp.160-170（7月21日午後7時からの講演）
　　（第四回夏期学校編『函嶺講話』警醒社，所収）
　　〈第4回夏期学校は，1892年7月16日―27日に箱根で開催〉

1893（M.26）**年**（37歳）
1.30 ヂエンス師に就ての所感　　九州文学 31号付録 pp.40-44
9.16 三谷久太郎著『基督教の根拠』坂田購文堂の「序」（未見）
　　〈『基督教新聞』930号に広告。9月16日より発売とある。〉
10.14「預言者」pp.67-76　「預言者」pp.77-85（第五回夏期学校編『須磨講

演』警醒社書店，所収）

1894（M.27）年（38歳）
3.15 基督の教　　　　　　　　六合雑誌159号 pp.1-13　論説
5.15 忠君愛国と博愛　　　　　六合雑誌161号 pp.1-12　論説［2］
11.24 開校の演説　　　　　　　　　　　　　pp.11-16
　　説教 力の顕現　　　　　　　　　　　　 pp.310-326
　　（第六回夏期学校編『湖畔論集』十字屋書店，所収）

1895（M.28）年（39歳）
2.15 大人の妻母〈1月20日，神戸教会での説教〉
　　　　　　　　　　　　　　　基督教新聞603号 pp.5, 6　説教
2.22 大人の妻母（承前）　　　基督教新聞604号 pp.5, 6　説教
2.28 大人の妻母（『基督教新聞』掲載の一部を転載）
　　　　　　　　　　　　　　　婦人新報1号 pp.30-32
5.24 講壇に於る牧師（一）　　基督教新聞617号 pp.8, 9　牧会
6.7 講壇の牧師（二）　　　　 基督教新聞619号 pp.8, 9　牧会
6.14 講壇に於ける牧師（第三）基督教新聞620号 pp.6, 7　牧会
6.21 講壇に於ける牧師（第四）基督教新聞621号 pp.5, 6　牧会
8.15 宗教と国家　　　　　　　六合雑誌176号 pp.17-26　論説
12.15（『奈良大会』序文）『奈良大会』福音社，pp.1-5

1896（M.29）年（40歳）
1.15 国家と宗教（羅馬帝国と基督教との関係の部）
　　　　　　　　　　　　　　　六合雑誌181号 pp.1-10　論説
2.14 信仰の階級　　　　　　　基督教新聞654号 p.3　講壇
2.29 芥子の信仰を以て山嶽を移すに足る　基督教青年16号（未見）　修養
　　〈『基督教新聞』659号に広告有り〉
3.20 宇宙間に於ける一大勢力（説教筆記）　基督教新聞659号 p.3　講壇
3.27 宇宙間に於ける一大勢力（承前）　　　基督教新聞660号 pp.3, 4　講壇

4.2 我党の伝道（この日，京都・平安教会で開催の大演説会の演説要旨）
　　　　　　　　　　　　湯浅与三『基督にある自由を求めて』pp.249, 250
5.22 保羅アラビヤの荒野を出づ（神戸教会での説教主意。筆記）
　　　　　　　　　　　　基督教新聞668号 pp.3, 4　講壇
6.4 使徒保羅の福音十字架の教（其一）（説教筆記）
　　　　　　　　　　　　基督教新聞670号 pp.3, 4　講壇
6.15 基督と保羅　　　　　六合雑誌186号 pp.21-6　論説
6.26 使徒保羅の福音十字架の教（其二）　基督教新聞673号 pp.3, 4　講壇
7.24 聖霊我等の為めに祈る（説教筆記）　基督教新聞677号 pp.2, 3　講壇
7.31 聖霊我等の為めに祈る（承前）　　　基督教新聞678号 pp.2, 3　講壇
8.15「勧話」〈5月2日，神戸・多聞教会・関西婦人祈禱会での話の大意〉
　　　　　　　　　　　　めぐみ14号 pp.30-32
8.20 我党の伝道心　　　　日本宗教2巻2号（未見）
　〈『基督教新聞』682号に広告有り。この広告に「是ハ丸山作楽氏が海老名氏の説教に感じ特に本社に寄せしもの」とあるので，4月2日に平安教会で行われた「我党の伝道」を丸山が寄せたものと思われる。なお，平安教会での要旨は，湯浅与三『基督にある自由を求めて』pp.249, 250 にある〉
8.21 日向紀行　　　　　　基督教新聞681号 pp.7, 8　雑報
10.2 使徒保羅の福音十字架の教（其三）　基督教新聞686号 pp.2-4　講壇
10.23 請ふイエスキリストに来れ（説教筆記）
　　　　　　　　　　　　基督教新聞689号 pp.5, 6　説教
11.5 名実論　　　　　　　宗教61号 pp.1-5　論説
11.15 日本宗教の趨勢　　　六合雑誌191号 pp.1-7　論説 [2]
12.15 日本宗教の趨勢（前号の続）　　六合雑誌192号 pp.6-15　論説 [2]

1897（M.30）**年**（41歳）

1.15 日本宗教の趨勢（前号の続）六合雑誌193号 pp.12-29　論説 [2]
3.15 日本宗教の趨勢（承前）　六合雑誌195号 pp.12-20　論説 [2]
4.15 日本宗教の趨勢（承前）　六合雑誌196号 pp.9-16　論説 [2]

6.11 五餅二魚（馬可伝6章34より44）　基督教新聞721号 p.4　説教
6.15 神道の宗教的精神　　　　　　　六合雑誌198号 pp.1-11　論説
7.9 宗教の使命（第9回福音同盟会演説）福音新報106号 pp.6-8
7.16 宗教の使命　　　　　　　　　　基督教新聞726号 pp.2, 3　社説
8.5 公父教　　　　　　　　　　　　宗教70号 pp.1-6　論説
9.5 公父教（完結）　　　　　　　　宗教71号 pp.23-31　論説
9.15 欧州宗教改革者の国家的思想　　六合雑誌201号 pp.1-8　論説
9.25 正気の修養（説教）　　　　　　護教322号 pp.1, 2　講壇
10.2 正気の修養（つづき）　　　　　護教323号 pp.1, 2　講壇
10.8 国風振興の道　　　　　　　　　基督教新聞738号 p.5　説教
10.15 国風振興の道（続）　　　　　　基督教新聞739号 p.5　説教
10.15 基督の道を論ず　　　　　　　　六合雑誌202号 pp.25-33　論説
(10月『日本宗教の趨勢』自由国民社，刊行)
11.5 国家人民の最大職分　　　　　　基督教新聞742号 pp.5, 6　説教
11.26 宗教の定義（福音同盟会演説）　福音新報126号 p.4

1898（M.31）**年**（42歳）
1.1 神武帝の東征と基督教の伝道と　　護教336号 pp.1, 2　講壇
2.15 世界の大勢に対する吾人の態度　　六合雑誌206号 pp.1-13　論説
2.25 信仰上の優勝劣敗　　　　　　　　基督教新聞758号 pp.5, 6　演説
4.9 基督教の活動（大阪教会。説教筆記）
　　　　　　　　　　　　　　　　『第14回日本組合教会総会記録』pp.3-16　説教
5.20 宗教の進化　　　　　　　　　　基督教新聞770号 pp.5, 6 演説
5.27 宗教の進化（承前）　　　　　　基督教新聞771号 pp.5, 6 演説
6.3 宗教の前途（完）　　　　　　　　基督教新聞772号 pp.3, 4 演説
6.24 書簡（留岡幸助宛）　　　　　　　基督教新聞775号 pp.4, 7
6.25 国体新論　　　　　　　　　　　六合雑誌210号 pp.1-10　論説
(8.15『宗教の定義』教文館，刊行)
(この年『基督教の観たる黒住教の真理』刊行。1907（明治40）年3月とも)

1899（M.32）**年**（43歳）
1.15 中江藤樹の宗教思想　　　　六合雑誌217号 pp.39-44　論説
3.17 世界的宗教　　　　　　　　基督教新聞813号 pp.2, 3　論説
3.24 世界的宗教（承前）　　　　基督教新聞814号 pp.3, 4　論説
4.15 人情の宗教　　　　　　　　六合雑誌220号 pp.20-26　論説
4.21 人情の宗教　　　　　　　　基督教新聞818号 p.3　論説
4.28 人情の宗教（承前）　　　　基督教新聞819号 pp.3, 4　論説
5.5 人情の宗教（承前）　　　　 基督教新聞820号 p.3　論説
5.15 人情の宗教（承前）　　　　六合雑誌221号 pp.17-23　論説
8.23 灯下の雑話（談話。未校閲）福音新報217号 pp.10-12
10.15 預言者の宗教　　　　　　 六合雑誌226号 pp.9-23　特別寄書
11.1 耶蘇基督　　　　　　　　　学窓餘談 3巻4号 pp.362-372 歴史 [6]
11.15 預言者の宗教思想（前号続）　六合雑誌227号 pp.33-41 特別寄書

1900（M.33）**年**（44歳）
3.15 基督教の天職　　　　　　　六合雑誌231号 pp.9-16　特別寄書
3.16 聖山の夕（大阪教会での説教筆記）
　　　　　　　　　　　　　　　 東京毎週新誌 864号 pp.4, 5　説苑 [5]
（3.24 『聖山の夕　人格論』福音社，刊行）
4.15 人格論―井上博士を難ず―　六合雑誌232号 pp.32-40 特別寄書
5.18 基督に対する我が信念〈組合教会教役者会。懇談会の談話筆記〉
　　　　　　　　　　　　　　　 東京毎週新誌 873号 pp.6, 7（談話）
6.8 日本の神学問題〈5月3日，洛陽教会。梗概。文責在記者〉
　　　　　　　　　　　　　　　 東京毎週新誌 876号 pp.5, 6　説苑
7.10 発刊の辞（無署名）　　　　新人1巻1号 pp.1, 2
7.10 新人（無署名）　　　　　　新人1巻1号 pp.3, 4　社説
7.10 基督教の形骸（無署名）　　新人1巻1号 pp.4-6　社説
7.10 宗教思想発展の三時期　　　新人1巻1号 pp.6-9　論説
7.10 時勢到来　　　　　　　　　新人1巻1号 pp.9-12　論説
8.10 保守思想の運命（無署名）　新人1巻2号 pp.1, 2　社説

8.10 宗教界の懐疑者（無署名）	新人1巻2号 pp.2, 3	社説
8.10 史的宗教	新人1巻2号 pp.3-6	論説
8.10 儒者人を知らず	新人1巻2号 pp.6-10	論説
8.10 新人の三識	新人1巻2号 pp.13-18	教壇 [8]

9.10 日本社会果して堕落しつゝある乎（無署名）
　　　　　　　　　　　新人1巻3号 pp.1-3　社説
9.10 功利主義か倫理主義か将た宗教主義か（無署名）
　　　　　　　　　　　新人1巻3号 pp.3-5　社説

9.10 基督教会独立旨義	新人1巻3号 pp.6-10	論説
9.10 化石思想	新人1巻3号 pp.12-17	論説
10.10 エホバ教と人権の発展	新人1巻4号 pp.5-14	論説
12.1 国家三聖論	新人1巻5号 pp.1-3	論説
12.1 神子の権利	新人1巻5号 pp.7-10	教壇
12.1 馬太傳五章	新人1巻5号 pp.29-32	聖書講義 [11]

（12.23　『耶蘇基督』基督教世界社，刊行）

1901（M.34）年（45歳）

1.1 第二十世紀を迎ふ	新人1巻6号 pp.1-4	社説
1.1 我活ける神	新人1巻6号 pp.7-14	教壇 [8]
2.1 第二十世紀の基督教	新人1巻7号 pp.1-5	論説
2.1 吾人の修養（第一回）	新人1巻7号 pp.7-11	教壇 [8]
2.1 応問（無署名）	新人1巻7号 p.31	
2.1 聖書講義（馬太伝五章十六節）	新人1巻7号 p.32	聖書講義 [11]
3.1 宗教と道徳（説教筆記）	新人1巻8号 pp.12-17	教壇
3.1 シュライエルマツヘル	新人1巻8号 pp.17-21	史伝 [10]
3.1 応問（無署名）	新人1巻8号 p.38	
3.1 基督教要領講義	新人1巻8号附 pp.1-4	
3.1 聖書講義（馬太伝五章六節）	新人1巻8号 pp.附1-4	聖書講義 [11]
4.1 世界平等力	新人1巻9号 pp.10-15	教壇 [8]
4.1 シュライエルマツヘル（続）	新人1巻9号 pp.18-21	史伝 [10]

4.1	基督教要領講義（経典論）	新人1巻9号 pp. 附5-8
4.1	聖書講義（馬太伝五章六節・承前）	
		新人1巻9号 pp. 附5-8　聖書講義［11］
5.1	方今の預言者（無署名）	新人1巻10号 pp.1, 2　社説
5.1	レツシングの宗教思想	新人1巻10号 pp.9-13　教壇［8］
5.1	応問（無署名）	新人1巻10号 p.37
5.1	基督教要領講義（経典論・承前）	新人1巻10号 pp. 附9-12
5.1	聖書講義（馬太伝五章六節・承前）	
		新人1巻10号 pp. 附9-12　聖書講義［11］
6.1	女子教育主義を根本的に改善せよ（無署名）	
		新人1巻11号 pp.1-3　社説
6.1	国粋保存とは何ぞや（無署名）	新人1巻11号 pp.3, 4　社説
6.1	フイヒテの信念	新人1巻11号 pp.13-18　教壇［8］
6.1	基督教要領講義（神観史の要畧）	新人1巻11号 pp. 附13-16
6.1	聖書講義（馬太伝五章・承前）	
		新人1巻11号 pp. 附13-16　聖書講義［11］
7.1	貴族の謬見（無署名）	新人1巻12号 pp.1, 2　社説
7.1	差別的教育主義を改むべし（無署名）	新人1巻12号 pp.3, 4　社説
7.1	吾人の修養（第三回）	新人1巻12号 pp.13-19　教壇［8］
7.1	基督教要領講義（神観史の要略・承前）	新人1巻12号 pp. 附17-20
7.1	聖書講義（馬太伝六章・承前）	
		新人1巻12号 pp. 附17-20　聖書講義［11］
8.1	新人壱周年	新人2巻1号 pp.1, 2
8.1	福音同盟会大挙伝道（無署名）	新人2巻1号 pp.1-3　社説
	〈『植村正久と其の時代』第5巻，pp.243, 258で海老名としている〉	
8.1	大哲フイヒテー	新人2巻1号 pp.15-21　教壇［10］
8.1	基督教要領講義（神観の続）	新人2巻1号 pp. 附21-24
8.1	聖書講義（馬太伝六章・承前	
		新人2巻1号 pp. 附21-24　聖書講義［11］
9.1	福音主義とは何ぞや（無署名）	新人2巻2号 pp.1-3　社説

〈『植村正久と其の時代』第5巻，pp.243, 258で海老名としている〉
9.1（印刷のミスで題名なし）　　　新人2巻2号 pp.17-21　　　教壇
9.1 基督教要領講義　　　　　　　新人2巻2号 pp. 附25-28
9.1 聖書講義　　　　　　　　　　新人2巻2号 pp. 附25-28　聖書講義［11］
10.1 福音新報記者に与ふるの書　　新人2巻3号 pp.1-3　　社説［7］
〈『基督論集』pp.2-7に収録。『植村正久と其の時代』第5巻, pp.263-267に収録〉
10.1 内容的進歩の時代（無署名）　新人2巻3号 pp.3-6　　社説
10.1 永生（速記）　　　　　　　　新人2巻3号 pp.14-22　教壇［8］
10.1 基督教要領講義　　　　　　　新人2巻3号 pp. 附29, 30
10.1 聖書講義　　　　　　　　　　新人2巻3号 pp. 附29, 30　聖書講義［11］
11.1 実用的教育とは何ぞや（無署名）　新人2巻4号 pp.1-3　社説
11.1 植村氏の答書を読む　　　　　新人2巻4号 pp.3-5　社説［7］
〈『基督論集』pp.13-16に収録。『植村正久と其の時代』第5巻, pp.270, 273に収録〉
11.1 毎週新誌断片記者の厚意に報ゆ（無署名）新人2巻4号 p.6　社説
〈『植村正久と其の時代』第5巻, p.243で海老名としており, pp.273, 274では部分的に引用している〉
11.1 プロテスタント教の真義　　　新人2巻4号 pp.7-10　論説
11.1 基督復活の内容　　　　　　　新人2巻4号 pp.19-24　教壇［10］
12.1 大学増設すべからず（無署名）　新人2巻5号 pp.1-4　社説
12.1 再ひ福音新報記者に与ふ　　　新人2巻5号 pp.4-6　社説［7］
〈『基督論集』pp.18-22に収録。『植村正久と其の時代』第5巻, pp.279-282に収録〉
12.1 神殿とは何ぞや　　　　　　　新人2巻5号 pp.16-20　教壇［10］
12.1 海老名氏よりの来翰　　　　　新人2巻5号 p.40
12.1 基督教要領講義（神観続き）　新人2巻5号 pp. 附31, 32
12.1 約翰傳福音書講義　　　　　　新人2巻5号 pp. 附1-6　聖書講義

1902（M.35）年（46歳）
1.1 新年の辞（無署名）　　　　　新人2巻6号 pp.1-4　社説
1.1 三位一体の教義と予が宗教的意識　　新人2巻6号 pp.8-19　論説［7］
　　〈『基督論集』pp.25-51に収録。『植村正久と其の時代』第5巻, pp.288-305に収録。渡瀬常吉『海老名弾正先生』pp.250-267に収録〉
1.1 天真の声　　　　　　　　　　新人2巻6号 pp.19-23　教壇［10］
1.1 植村正久氏に答ふ　　　　　　新人2巻6号 p.40　評壇
1.1 基督教要領講義（世界観）　　新人2巻6号 pp.附33-36
1.1 約翰傳講義　　　　　　　　　新人2巻6号 pp.附7-10　聖書講義［7］
2.1 福音新報の紹介文を読む　　　新人2巻7号 pp.1-5　社説［7］
　　〈『基督論集』pp.67-76に収録。『植村正久と其の時代』第5巻, pp.317-323に収録〉
2.1 我党の使命　　　　　　　　　新人2巻7号 pp.16-22　教壇
2.1 約翰傳講義　　　　　　　　　新人2巻7号 pp.附11-14　聖書講義
　　〈『基督論集』pp.51-58に「付言　ロゴス論に一班」として大部分を収録。『植村正久と其の時代』第5巻, pp.306-310は,『基督論集』からの収録のようである〉
2.1 基督教要領講義（摂理論）　　新人2巻7号 pp.附37-39
2.25 基督教界の前途（談話筆記・文責在記者）
　　　　　　　　　　　　　　　　警世32号 pp.7-11　名士談苑
3.1 基督教の本義　　　　　　　　新人2巻8号 pp.5-10　論説［12］
3.1 基督観（一）　　　　　　　　新人2巻8号 pp.19-24　教壇［10］
3.1 基督教要領講義（祈禱論・人観）　新人2巻8号 pp.附41-44
4.1 諸批評を読むで再び予が基督観を明にす
　　　　　　　　　　　　　　　　新人2巻9号 pp.1-3　社説
　　〈『植村正久と其の時代』第5巻, pp.333-336に収録〉
4.1 耶蘇論（無署名）　　　　　　新人2巻9号 pp.3-11　社説
　　〈『植村正久と其の時代』第5巻, pp.337-348に収録〉
4.1 基督観（二）　　　　　　　　新人2巻9号 pp.24-29　教壇［10］
4.1 約翰傳講義　　　　　　　　　新人2巻9号 pp.附15, 16　聖書講義

4.1 基督教要領講義（罪悪観）　　新人2巻9号 pp.附45-48
　　（4.8『基督論集―海老名氏の基督論及び諸家の批評文―』警醒社,
　　刊行）
5.1 福音同盟会大会の決議に就いて（無署名）　新人2巻10号 pp.1-4　社説
　　〈『植村正久と其の時代』第5巻，pp.425, 26で「海老名弾正談」として
　　一部を収録〉
5.1 基督教の本義（本論）　　　新人2巻10号 pp.5-9　　論説［12］
5.1 新武士道　　　　　　　　　新人2巻10号 pp.10-14　論説［10］
5.1 神の顕現　　　　　　　　　新人2巻10号 pp.22-26　教壇［10］
5.1 基督教要領講義　　　　　　新人2巻10号 pp.附49-52
（5.9『帝国之新生命』警醒社書店，刊行）
5.31 海老名弾正氏の演説（「新武士道」と題して，第五高等学校で行った
　　演説。文責在記者）（第五高等学校龍南会）龍南会雑誌　92号 pp.68-
　　74 演説筆記
6.1 再び我党の使命を想ふ〈4月末に教会で話したものの筆記〉
　　　　　　　　　　　　　　　新人2巻11号 pp.1-6　社説
6.1 士の宗教　　　　　　　　　新人2巻11号 pp.21-24　教壇［10］
6.1 救済論　　　　　　　　　　新人2巻11号 pp. 附1-4
7.1 吾党の主張〈6月6日夜，本郷教会での演説筆記。文章末尾に，6月7日
　　夜の演説筆録とあるが，36頁に詳しい当日の記録があり，6日の誤り〉
　　　　　　　　　　　　　　　新人2巻12号 pp.1-4　社説
　　〈『植村正久と其の時代』第5巻，pp.426, 427に短い要領を収録〉
7.1 基督教の本義（本論 其二）　新人2巻12号 pp.4-12　論説［12］
7.1 霊的生命の勝利　　　　　　新人2巻12号 pp.23-27　教壇［10］
7.1 基督教要領講義（結尾・救済の史的基礎）
　　　　　　　　　　　　　　　新人2巻12号 pp.附53-56
8.1 帝国大学卒業生に餞す（無署名）　新人3巻1号 PP.1-4　社説
8.1 基督教の本義（本論其三）　新人3巻1号 PP.9-14　論説［12］
8.1 聖オーゴスチンの信念（上）新人3巻1号 pp.24-30　教壇［10・12］
8.1 基督教要領講義　　　　　　新人3巻1号 pp.附57, 58

9.1 宗教の実質（無署名）　　　新人3巻2号 pp.1-5　社説
9.1 基督教の本義（其四）　　　新人3巻2号 pp.10-17　論説［12］
9.1 聖オーゴスチンの信念　　　新人3巻2号 pp.17-21　教壇［10・12］
9.1 基督教要領講義　　　　　　新人3巻2号 pp. 附59-62
9.15 基督教の神話（特別寄書）　六合雑誌261号 pp.13-19
10.1 閑却せられたる公衆教育（無署名）新人3巻3号 pp.1-3　社説
10.1 基督教の本義（其五）　　　新人3巻3号 pp.3-8　論説［12］
10.1 颶風に於ける基督　　　　　新人3巻3号 pp.17-21　教壇
10.1 基督教要領講義　　　　　　新人3巻3号 pp. 附63-66
10.1 約翰傳講義　　　　　　　　新人3巻3号 pp. 附17-20　聖書講義
10.15 基督教神話の理解（特別寄書）　六合雑誌262号 pp.11-18
10.31 毎週新誌一千号を祝して　東京毎週新誌1001号 p.22 書簡
11.1 基督教と支那帝国（呉汝綸氏の疑問に應ふ）

　　　　　　　　　　　　　　　新人3巻4号 pp.1-5　社説
〈無署名であるが，9月28日の礼拝説教で同じ題で話しているので断定〉
11.1 基督教の本義（其六）　　　新人3巻4号 pp.5-12　論説［12］
11.1 サマリヤの女　　　　　　　新人3巻4号 pp.23-26　教壇
11.1 約翰傳講義　　　　　　　　新人3巻4号 pp. 附21、22　聖書講義
12.1 学制改革案に就て（無署名）新人3巻5号 pp.1-4　社説
12.1 三十五年を送る（無署名）　新人3巻5号 pp.5-7　社説
12.1 人道の福音　　　　　　　　新人3巻5号 pp.17-22　教壇
12.1 関西漫遊雑感　　　　　　　新人3巻5号 pp.36, 37　雑俎

1903（M.36）**年**（47歳）
1.1 新日本の精神的国是　　　　新人4巻1号 pp.1-3　社説［26］
1.1 マルチン，ルーテルの基督教（基督教の本義の第七）

　　　　　　　　　　　　　　　新人4巻1号 pp.10-16　論説［12］
1.1 個人の価値　　　　　　　　新人4巻1号 pp.22-26　教壇［19］
1.1 最も慕ふべきもの（海老名紫海）　基督教世界1010号 pp.2, 3

(1.24 『耶蘇基督伝』前川文栄閣，刊行)
1.25 祈禱の真義〈1月11日，本郷教会礼拝説教大意。文責在記者。聴衆
　　　200余名〉　　　　　　　　　基督教界 5号 pp.11-14（説教）
1.29 人の偉大なる所以　　　　　基督教世界1014号 pp.1, 2
2.1 教科書事件の根本問題（無署名）　新人4巻2号 pp.1-3　社説
2.1 約翰の基督教（基督教の本義 其八）新人4巻2号 pp.3-9　論説［12］
2.1 君子国の意義　　　　　　　新人4巻2号 pp.18-24　教壇
2.1 わが横井玉子女史　　　　　新人4巻2号 pp.24, 25　文苑
3.1 哲学舘事件の真相を論ず（無署名）　新人4巻3号 pp.1-3　社説
3.1 オリゲネスの基督教（基督教の本義 其九）
　　　　　　　　　　　　　　　新人4巻3号 pp.4-11　論説［12］
3.1 世に勝つの信　　　　　　　新人4巻3号 pp.18-22　教壇［19］
3.1 約翰傳　　　　　　　　　　新人4巻3号 pp.23, 24　聖書講義
4.1 宗教と教育との調和（無署名）　新人4巻4号 pp.1-4　社説［26］
4.1 シユライエルマツヘルの基督教（一）（基督教の本義 其十）
　　　　　　　　　　　　　　　新人4巻4号 pp.14-18　論説［12］
4.1 真のパン　　　　　　　　　新人4巻4号 pp.21-26　教壇［19］
5.1 帝国主義の真義　　　　　　新人4巻5号 pp.1-4　社説［26］
5.1 シユライエルマッヘルの基督教（二）（基督教の本義 其十一）
　　　　　　　　　　　　　　　新人4巻5号 pp.6-12　論説［12］
5.1 放蕩子　　　　　　　　　　新人4巻5号 pp.16-20　教壇［19］
5.1 約翰傳研究　　　　　　　　新人4巻5号 pp.20-23　聖書講義
5.1 関西巡回記　　　　　　　　新人4巻5号 pp.37-40　彙報
5.7 日本民族の活劇　　　　　　基督教世界1028号 pp.2, 3
6.1 理想の復活　　　　　　　　新人4巻6号 pp.1-4　社説［26］
6.1 基督教本義の結論　　　　　新人4巻6号 pp.4-8　論説［12］
6.1 新生命　　　　　　　　　　新人4巻6号 pp.17-21　教壇
6.1 約翰傳研究　　　　　　　　新人4巻6号 pp.21-26　聖書講義
7.1 青年思想界の暗流（無署名）　新人4巻7号 pp.1-3　社説
7.1 基督教の本義の結論　　　　新人4巻7号 pp.3-7　論説［12］

7.1 新生命の発達　　　　　　　新人4巻7号 pp.14-17　教壇［23］
7.1 約翰傳研究　　　　　　　　新人4巻7号 pp.17-21　聖書講義
7.1 芳賀氏の質問に答ふ（無署名）　　新人4巻7号 pp.40, 41　應問
(7.18『勝利の福音』新人社，刊行）
7.25 我党の大使命〈明治35年11月8日，第13回組合教会総会演説〉
　　　（『明治三十六年日本組合教会便覧』所収）pp.30-36
8.1 自家の権威に立ち神の権威に立て　新人4巻8号 pp.1-5　社説［26］
8.1 基督の同情　　　　　　　　新人4巻8号 pp.16-20　教壇［19］
8.1 第一幕 ガリラヤ傳道　　　　新人4巻8号 pp.20-23　聖書講義
8.1 神戸同志夏期講習会所観　　　新人4巻8号 pp.39-42　彙報
9.1 如何にして時勢の要求を迎ふべきか（無署名）
　　　　　　　　　　　　　　　新人4巻9号 pp.1-6　社説
9.1 宗教と科学〈神戸夏期講習会・講演梗概筆記〉
　　　　　　　　　　　　　　　新人4巻9号 pp.19-21
9.1 健全なる人生観（其一）　　　新人4巻9号 pp.28-31　教壇［19］
10.1 私立大学論（無署名）　　　　新人4巻10号 pp.1-3　社説
10.1 青年会員に警告す（無署名）　新人4巻10号 pp.3-7　社説
10.1 健全なる人生観（其二）　　　新人4巻10号 pp.12-15　教壇［19］
10.1 第一幕 ガリラヤ傳道　　　　新人4巻10号 pp.18-22　聖書講義
11.1 現代青年の煩悶（無署名）　　新人4巻11号 pp.1-4　社説
11.1 近世宗教思想の発展を論じて日本民族将来の覚悟に及ぶ
　　　　　　　　　　　　　　　新人4巻11号 pp.4-10　論説
11.1 予が人格観　　　　　　　　新人4巻11号 pp.14-18　教壇
11.1 第一幕ガリラヤ傳道（承前）新人4巻11号 pp.18-20　聖書講義
11.19 音楽と宗教〈音楽奨励演説会演説。筆記〉
　　　　　　　　　　　　　　　基督教世界1056号 p.2
12.1 三十六年を送る（無署名）　　新人4巻12号 pp.1, 2　社説
12.1 進歩的新福音主義の拡張を望む（無署名）
　　　　　　　　　　　　　　　新人4巻12号 pp.2-4　社説
12.1 吾が慕ふ人格　　　　　　　新人4巻12号 pp.13-19　教壇

12.1 最も厭ふべきもの　　　　　新人4巻12号 pp.19-22　教壇
12.1 第一幕 ガリラヤ傳道（承前） 新人4巻12号 pp.23-25　聖書講義
12.1 関西巡遊記　　　　　　　　新人4巻12号 pp.46, 47
(12.5『基督の大訓註釈』文明堂，刊行)
(12.29『基督教本義』日高有隣堂，刊行)

1904（M.37）年（48歳）

1.1 福音主義の新旗幟（無署名）　新人5巻1号 pp.1-5　社説
1.1 現代教育の方針（無署名）　　新人5巻1号 pp.5-8　社説
1.1 神国の発展　　　　　　　　　新人5巻1号 pp.13-17　論説
1.1 基督信徒生活の秘訣　　　　　新人5巻1号 pp.18-22　教壇
1.14 人格の権威　　　　　　　　基督教世界1063号 p.2
2.1 日本民族の膨張と強化力（無署名）　新人5巻2号 pp.1-4　社説
2.1 現代の学風と父兄の思想（無署名）　新人5巻2号 pp.4-6　社説
2.1 神子の成長　　　　　　　　　新人5巻2号 pp.21-26　教壇［17］
2.1 第二幕 ユダヤ傳道　　　　　新人5巻2号 pp.26-29　聖書講義
3.1『膨張的国民』の学徒に対する態度（無署名）
　　　　　　　　　　　　　　　　新人5巻3号 pp.1-4　社説
3.1 復活の曙光を読む　　　　　　新人5巻3号 pp.5-9　論説
3.1 信仰生活の発展　　　　　　　新人5巻3号 pp.12-17　教壇［19］
3.1 教壇余音（無署名）　　　　　新人5巻3号 pp.17-19
3.1 正しき審判者（第二幕）　　　新人5巻3号 pp.19-22　聖書講義
3.1 質疑応答（無署名）　　　　　新人5巻3号 pp.42-44
3.3 序　　〈徳永規矩『逆境の恩寵』の序〉〈序のページ〉pp.11-16
3.10 基督教と神秘　　　　　　　哲学雑誌 19巻205号 pp.54-70
3.31 東洋民族の霊化（上）　　　基督教世界1074号 pp.1, 2
4.1 人道の見地より見たる日露戦争（無署名）
　　　　　　　　　　　　　　　　新人5巻4号 pp.1-5　社説
4.1 聖書の戦争主義　　　　　　　新人5巻4号 pp.5-11　論説
　　〈渡瀬常吉『海老名弾正先生』pp.274-283に収録〉

4.1 我が神観	新人5巻4号 pp.20-26	教壇
4.1 世の光（第二幕続）	新人5巻4号 pp.26-28	聖書研究
4.7 東洋民族の霊化（下）	基督教世界1075号 p.2	
4.15 予が戦争観の一斑	六合雑誌280号 pp.11-17	特別寄書
5.1 日露戦争の厳粛なる教訓	新人5巻5号 pp.1-4	社説［26］
5.1 戦時に於ける大国民の態度（無署名）	新人5巻5号 pp.4-6	社説
5.1 我が女性観	新人5巻5号 pp.11-17	論説［19］
5.1 希望の生活	新人5巻5号 pp.17-24	教壇
5.1 善牧者（第二幕続）	新人5巻5号 pp.24-27	聖書研究
6.1 愛国心の最高潮	新人5巻6号 pp.1-4	社説［26］
6.1 地を嗣ぐの柔和	新人5巻6号 pp.12-14	教壇
6.1 基督信徒の慰籍	新人5巻6号 pp.14-18	教壇
6.1 ラザロの復活（第二幕続）	新人5巻6号 pp.19-22	聖書研究
6.15 希望の生活〈『新人』5巻5号「希望の生活」の一部〉	六合雑誌282号 pp.44, 45	宗教
6.16 賛神（大阪青年会に於ける講話の梗概）	基督教世界1085号 p.2	
7.1 朝鮮民族の運命を観じて日韓合同説を奨説す（無署名）	新人5巻7号 pp.1-5	社説
7.1 ギユリキ氏の日本人進化論を読む	新人5巻7号 pp.9-14	論説
7.1 帰一の大道	新人5巻7号 pp.14-19	教壇
7.1 ベタニヤの宴会（第二幕つゞき）	新人5巻7号 pp.20-23	聖書研究
(7.4 『人道―日本民族の責任―』日高有隣堂，刊行。〈ほぼ同じ時期に『人道―人道の勝利―』日高有隣堂も刊行されたと思われる〉)		
(7.5 『宗教教育観』日高有隣堂，刊行)		
7.7 プロテスタント教の精神（神戸教会での演説筆記。文責在記者）	基督教世界1088号 p.2	
7.15 地を嗣ぐの柔和（『新人』5巻6号「地を嗣ぐの柔和」の一部）	六合雑誌283号 pp.49, 50	宗教
8.1 戦後の最善経営（満韓人の日本化）	新人5巻8号 pp.1-5	社説［23・26］
8.1 ギユリキ氏の日本人の進化を読む（其二）	新人5巻8号 pp.9-17	論説

8.1 戦争の美　　　　　　　　　新人5巻8号 pp.17-22　教壇
〈7月3日（日），堺利彦は，本郷教会員であった石川三四郎と共に，始めて海老名の説教を聞き，『平民新聞』35号（p.3）に，説教概要を記しながら，批判している。　渡瀬常吉『海老名弾正先生』pp.283-285に，部分的抜粋を収録〉
8.1 家庭の宗教　　　　　　　　新人5巻8号 pp.22-26　教壇［19］
8.1 基督の告別（第三幕）　　　新人5巻8号 pp.27-31　聖書研究
8.15 帰一の大道〈『新人』5巻7号「帰一の大道」の一部〉
　　　　　　　　　　　　　　　六合雑誌284号 pp.69, 70 宗教
9.1 国運の伸長と国民の品性　　新人5巻9号 pp.1-3　社説［26］
9.1 トルストイの日露戦争論を読む　新人5巻9号 pp.4-9　論説
9.1 年を追うて新なるキリストの栄光　新人5巻9号 pp.14-18　教壇［19］
9.1 キリスト告別の祈禱（第三幕続）　新人5巻9号 pp.18-21　聖書研究
9.15 家庭の宗教〈『新人』5巻8号「家庭の宗教」の一部〉
　　　　　　　　　　　　　　　六合雑誌285号 pp.59, 60 宗教
10.1 戦争の帰趨と差別観の打破　新人5巻10号 pp.2-6　社説［26］
10.1 衷情の宗教　　　　　　　　新人5巻10号 pp.12-16　教壇
10.1 基督の戦勝（第四幕）　　　新人5巻10号 pp.16-21　聖書研究
10.15 年を追ふて新なるキリストの栄光〈『新人』5巻9号「年を追うて新なるキリストの栄光」の一部〉　六合雑誌286号 pp.58, 59 宗教
10.27 宗教之大主眼〈大阪教会での演説〉　基督教世界1104号 pp.2, 3
（10月『神観の発展』刊行）
11.1 国民自主の新帝国（無署名）新人5巻11号 pp.1-4　社説
11.1 瓦器中の真珠　　　　　　　新人5巻11号 pp.15-19　教壇
11.1 復活の戦勝者（第四幕の二）新人5巻11号 pp.19-23　聖書研究
11.3 信徒大会に於て　　　　　　基督教世界1105号 pp.5, 6 演説
12.1 京都に於ける日本組合教会信徒大会の宣告書を読む（無署名）
　　　　　　　　　　　　　　　新人5巻12号 pp.2-5　社説
12.1 永久の平安　　　　　　　　新人5巻12号 pp.11-15　教壇
12.1 約翰傳附録　　　　　　　　新人5巻12号 pp.16-19　聖書研究

12.8 霊格之発展（京都共楽館に於て。文責在記者）
　　　基督教世界1110号 pp.3, 4

1905（M.38）年（49歳）
1.1 日本魂の新意義を想ふ　　　　新人6巻1号 pp.1-4　　社説 [23]
1.1 予を慰むる五種の魂　　　　　新人6巻1号 pp.18-23　教壇
1.1 教壇余響　　　　　　　　　　新人6巻1号 pp.23, 24　教壇 [25]
1.1 羅馬書　　　　　　　　　　　新人6巻1号 pp.24-28　聖書研究
1.1 吾人の慰藉（説教。木村生筆記）　基督教世界1114号 p.5　講壇
1.12 吾人の慰藉　　　　　　　　　基督教世界1115号 p.4　講壇
1.15 信任の平安〈『新人』5巻12号「永久の平和」の一部〉
　　　　　　　　　　　　　　　　六合雑誌289号 pp.45, 46
1. 健全なる宗教　　　　　　　　　基督教講壇 1号 pp.18-28
2.1 プロテスタント教の公同的方面を発揮せよ
　　　　　　　　　　　　　　　　新人6巻2号 pp.1-4　社説
　　〈無署名であるが,『新人』11巻10号, 39頁より断定〉
2.1 放蕩子の譬喩　　　　　　　　新人6巻2号 pp.22-29　教壇
2.1 羅馬書　　　　　　　　　　　新人6巻2号 pp.30-33　聖書研究
3.1 土人根性を脱却せよ　　　　　新人6巻3号 pp.1-4　社説 [23・26]
3.1 予が最も愛するもの　　　　　新人6巻3号 pp.19-25　教壇 [19]
3.1 教壇余響　　　　　　　　　　新人6巻3号 pp.25, 26　教壇
3.1 羅馬書　　　　　　　　　　　新人6巻3号 pp.26-30　聖書研究
3.1 関西巡廻記（海老名紫溟）　　新人6巻3号 pp.62, 63　彙報
3.16 海老名氏の日蓮銅像観〈『新人』6巻3号「関西巡廻記」の一部〉
　　　　　　　　　　　　　　　　基督教世界1124号 p.10　思潮
3. 明治時代の宗教運動　　　　　　基督教講壇 3号 pp.40-48
4.1 我戦死者を想ふ（無署名）　　新人6巻4号 pp.1-4　社説
4.1 貞操論　　　　　　　　　　　新人6巻4号 pp.18-25　教壇 [19]
4.1 教壇余響　　　　　　　　　　新人6巻4号 pp.25, 26　教壇
4.1 羅馬書　　　　　　　　　　　新人6巻4号 pp.27-31　聖書研究

4.1 関西巡回記（二）　　　　　新人6巻4号 pp.61, 62　彙報
4.15 何故に予は基督を愛するか〈『新人』6巻3号「予が最も愛するもの」
　　の一部〉　　　　　　　　六合雑誌292号 pp.229-231
5.1 国民教育主義の発展　　　　新人6巻5号 pp.1-5　社説［23］
5.1 基督の剣〈『新人』6巻6号，58-60頁によると，4月16日午後，仙台日本
　　基督教会での講演を内ケ崎膽次郎が筆記したもの。聴衆約600名〉
　　　　　　　　　　　　　　　新人6巻5号 pp.24-31　教壇［19］
5.1 教壇余響　　　　　　　　　新人6巻5号 p.31　教壇
5.1 羅馬書　　　　　　　　　　新人6巻5号 pp.32-35　聖書研究
5.1 関西巡回記（三）　　　　　新人6巻5号 pp.60-62　彙報
5.1 男女両性の間隔は天性か〈『新人』6巻4号「貞操論」の一部〉
　　　　　　　　　　　　　　　六合雑誌293号 p.290
6.1 ツアール教並にカイゼル主義の打破と神の国の顕現
　　　　　　　　　　　　　　　新人6巻6号 pp.1-5　社説［26］
6.1 我等の安心立命　　　　　　新人6巻6号 pp.17-24　教壇［19］
6.1 加拉太書　　　　　　　　　新人6巻6号 pp.25-30　聖書研究
6.1 予は敢て基督の剣を献ぜん〈『新人』6巻5号「基督の剣」の一部〉
　　　　　　　　　　　　　　　六合雑誌294号 pp.348, 349　思潮
7.1 同志社は果して存在の価値ありや　　新人6巻7号 pp.1-5　社説
　〈無署名であるが，同志社総長就任挨拶でこの論文に言及しており，
　　断定〉
7.1 使徒保羅の信仰告白　　　　新人6巻7号 pp.21-26　教壇
7.1 加拉太書　　　　　　　　　新人6巻7号 pp.26-31　聖書研究
7.1 我等の安心立命〈『新人』6巻6号「我等の安心立命」の一部〉
　　　　　　　　　　　　　　　六合雑誌295号 pp.408, 409　思潮
7.6 学生の夏期の修養　　　　　基督教世界1140号 p.6　講壇
7. 夏季の修養　　　　　　　　基督教講壇7号 pp.38-46
　〈6月25日（日）本郷教会・朝の礼拝説教の筆記〉
8.1 何を以て慰問す可き乎（無署名）　　新人6巻8号 pp.2-6　社説
8.1 予が宗教的来世観　　　　　新人6巻8号 pp.7-12　教壇

8.1　姉崎正治・Edmunds 編『仏教及基督教之福音』〈の紹介〉
　　　　　　　　　　　　　新人6巻8号 pp.61, 62　近刊紹介
8.1　保羅の信仰告白〈『新人』6巻7号「使徒保羅の信仰告白」の一部〉
　　　　　　　　　　　　　六合雑誌296号 pp.475, 476　思潮
8.3　ガラテヤ書のポーロ（夏期学校講演梗概）
　　　　　　　　　　　　　基督教世界1144号 p.6
8.11（『蕃山拾葉』）序　永島忠重編『蕃山拾葉』警醒社，pp. 序1-4
9.1　宗教家の社会的地位　　新人6巻9号 pp.1-6　社説［23］
9.1　楽観と悲観とを超絶したる生活　　新人6巻9号 pp.24-28　教壇［19］
9.1　加拉太書　　　　　　　新人6巻9号 pp.29-33　聖書研究
10.1　基督教の帝国主義　　　新人6巻10号 pp.1-3　社説［26］
10.1　今は祈禱の時なり　　　新人6巻10号 pp.12-18　教壇
10.1　加拉太書　　　　　　　新人6巻10号 pp.19-23　聖書研究
10.1　梁川文集を紹介す　　　新人6巻10号 p.23
10.1　当路者に警告す　　　　太陽11巻13号 pp.71-78　論説
10.　加拉太書のポーロ（第1回）　基督教講壇 10号 pp.1-11　講演
11.1　権威を以て宣教せよ（無署名）　新人6巻11号 pp.1-4　社説
11.1　無我の神　　　　　　　新人6巻11号 pp.20-26　教壇
11.1　加拉太書　　　　　　　新人6巻11号 pp.26-31　聖書研究
11.　加拉太書のポーロ（第2回）　基督教講壇 11号 pp.9-20　講演
12.10　偉人の母を想ふ　　　　新人6巻12号 pp.4-7　社説
12.10　永生の実現　　　　　　新人6巻12号 pp.20-26

1906（M.39）**年**（50歳）
1.1　日本国民の自覚　　　　　新人7巻1号 pp.2-5　社説［26］
1.1　基督の権威　　　　　　　新人7巻1号 pp.19-25　教壇［23］
1.1　加拉太書　　　　　　　　新人7巻1号 pp.25-29　聖書研究
2.1　東洋伝道の解決（無署名）　新人7巻2号 pp.1-5　社説
2.1　基督の自覚　　　　　　　新人7巻2号 pp.6-11　教壇［23］
2.1　教壇余響　　　　　　　　新人7巻2号 pp.5, 11　教壇［25］

2.1 基督の譬喩　　　　　　　　新人7巻2号 pp.46-50　　聖書研究
2.15 自我の実現（上）〈2月4日，説教梗概。翔天生筆記。文責在記者〉
　　　　　　　　　　　　　　　基督教世界1172号 p.3　　講演
2.22 自我の実現（下）　　　　　基督教世界1173号 p.3　　講演
2.25 社会に於ける清潔（文責在記者）　婦人新報106号 pp.13-17
3.1 予の見神　　　　　　　　　新人7巻3号 pp.1-4　　社説［25］
3.1 教壇余響　　　　　　　　　新人7巻3号 p.4　　教壇［25］
3.1 基督の自覚（其二）　　　　新人7巻3号 pp.5-10　　教壇［23］
3.1 基督の譬喩（承前）　　　　新人7巻3号 pp.43-47　　聖書研究
3.5 聖書の歴史哲学　　　　　　開拓者1巻2号 pp.23-33　講壇
4.1 国民の洗礼　　　　　　　　新人7巻4号 pp.1-5　　社説［26］
4.1 吾人の出世間的生活　　　　新人7巻4号 pp.6-12　　教壇［19］
4.1 基督の譬喩（承前）　　　　新人7巻4号 pp.49-53　　聖書研究
4.5 宗教的芸術（名家を訪ひて・2）　読売新聞　10349号 p.5　（談話）
（4.8 『基督』新人社，刊行）
4.12 （信仰実験談）　　　　　　基督教世界1180号 p.8　　信仰実験談
5.1 心霊の救済　　　　　　　　新人7巻5号 pp.5-10　　教壇
5.1 藏れたる宝と高価の真珠　　新人7巻5号 pp.41-45　　聖書研究
6.1 新時代の思潮と牧野文相の演説（無署名）　新人7巻6号 pp.1-6　社説
6.1 教壇余響　　　　　　　　　新人7巻6号 pp.6, 11　　教壇［25］
6.1 不朽の生命　　　　　　　　新人7巻6号 pp.6-11　　教壇［23］
6.1 無慈悲の家臣　　　　　　　新人7巻6号 pp.37-40　　聖書研究
6.15 日本に於けるプロテスタント教進歩状況　太陽　増刊 12巻9号 pp.176-189
6.28 婦人と宗教〈6月19日，山手倶楽部で開催の神戸婦人大会での話しの梗概。題目は記者が仮につけたもの。文責在記者〉
　　　　　　　　　　　　　　　基督教世界1191号 p.7　　家庭
7.1 敢て帝国の教育家に勧告す　新人7巻7号 pp.1-5　　社説［23・26］
7.1 予が罪悪観　　　　　　　　新人7巻7号 pp.6-10　　教壇
7.1 教壇余響　　　　　　　　　新人7巻7号 p.10　　教壇［25］

7.1 絶対的奉仕　　　　　　　新人7巻7号 pp.40, 41　聖書研究
7.1 教育家の覚悟（紫海）　　新人7巻7号 p.46　時評
7.1 自我の権威（文責在記者）　六合雑誌307号 pp.9-20　論説
7.1 夏の修養及ひ読書　　　　開拓者1巻6号 p.49
7.5 自我の権威（上）〈神戸教会，演説筆記。文責在記者〉
　　　　　　　　　　　　　　基督教世界1192号 pp.3, 4　講壇
7.12 自我の権威（下）　　　　基督教世界1193号 pp.3, 4　講壇
7.19 精神教育に於ける信仰の地位（上）（文責在記者）
　　　　　　　　　　　　　　基督教世界1194号 p.3　講壇
7.26 精神教育に於ける信仰の地位（下）
　　　　　　　　　　　　　　基督教世界1195号 pp.3, 4　講壇
8.1 国民教育と基督教　　　　新人7巻8号 pp.1-5　社説［26］
8.1 再び男女の貞操を論ず　　新人7巻8号 pp.5-10　教壇［19］
8.1 教壇余響　　　　　　　　新人7巻8号 pp.5、10　教壇［25］
8.1 丘氏の『進化と人生』を読むの感　新人7巻8号 p.55　新刊批評
8.9 基督教の中心真理　　　　基督教世界1197号 p.3 講壇涓滴
8.10 基督教の中心真理　　　　開拓者1巻7号 pp.32-36 論叢
8.16 帝国婦人の発展〈神戸での演説大意。文責在記者〉
　　　　　　　　　　　　　　基督教世界1198号 pp.2, 3 講壇
9.1 舊式道徳の頽敗　　　　　新人7巻9号 pp.1-4　社説［26］
9.1 教壇余響　　　　　　　　新人7巻9号 pp.4、10　教壇［25］
9.1 神聖の真義　　　　　　　新人7巻9号 pp.5-10　教壇［24］
9.1 聖書研究法　　　　　　　新人7巻9号 pp.53-56　聖書研究
9.13 人格の根本的革新　　　　基督教世界1202号 p.5　講壇涓滴
9.20 神子の成長（久保天随編『明治百家文選』隆文館，所収，pp.345-358）
10.1 孝道の新義　　　　　　　新人7巻10号 pp.1-5　社説［26］
10.1 復活の人格　　　　　　　新人7巻10号 pp.5-9　教壇
10.1 教壇余響　　　　　　　　新人7巻10号 pp.5、9　教壇［25］
10.1 夫婦問題　　　　　　　　新人7巻10号 pp.40-42　聖書研究
10.1 神聖の真義〈『新人』7巻9号「神聖の真義」の一部〉

II. 論文目録　　　　　　　　　　　　　　　77

　　　　　　　　　　　　六合雑誌310号 pp.294-296
11.1 豊富なる人生観　　　　新人7巻11号 pp.1-4　社説 [23]
11.1 教壇余響　　　　　　　新人7巻11号 pp.4、10　教壇 [25]
11.1 信仰の生活　　　　　　新人7巻11号 pp.5-10　教壇 [23]
11.1 夫婦問題　　　　　　　新人7巻11号 pp.52-55　聖書研究
11.22 現代基督教の使命（上）　基督教世界1212号 p.2
(11.25『霊海新潮』金尾文淵堂，刊行)
11.29 現代基督教の使命（下）　基督教世界1213号 pp.3, 4
(11.28『本郷教壇』新人社，刊行)
12.1 時代の精神に鑑みて基督の降誕を祝す　新人7巻12号 pp.1-5　社説 [26]
12.1 教壇余響　　　　　　　新人7巻12号 pp.5、11　教壇
12.1 幸はふ言霊　　　　　　新人7巻12号 pp.6-11　教壇
12.1 基督誕生記に就て　　　新人7巻12号 pp.50-56　聖書研究
12.25 基督降誕の感想（文責在記者）　基督教世界1217号 p.2

1907（M.40）**年**（51歳）
1.1 宗教界に於ける明治四十年代の新現象（無署名）
　　　　　　　　　　　　新人8巻1号 pp.1-4　社説
1.1 基督の入洛　　　　　　新人8巻1号 pp.5-10　教壇
1.1 教壇余響　　　　　　　新人8巻1号 p.10　教壇 [25]
1.17 中保者〈1月13日（日），午前の礼拝説教梗概〉
　　　　　　　　　　　　福音新報603号 p.12　講壇の反響
2.1 何を以て現代の求道者に應ふべき　新人8巻2号 pp.1-4　社説 [26]
2.1 神の慰霊　　　　　　　新人8巻2号 pp.5-10　教壇 [23]
2.1 教壇余響　　　　　　　新人8巻2号 p.10　教壇 [25]
2.1 七十八日遊記を読むの感　新人8巻2号 pp.34, 35　想苑
2.1 基督復活の伝説　　　　新人8巻2号 pp.37-43　聖書研究
2.14 帝国青年の自覚〈2月10日夜，明道会演説梗概〉
　　　　　　　　　　　　福音新報607号 pp.12, 13　講壇の反響

2.28 基督の社会観〈2月25日夜，本郷教会春季伝道演説会での説教梗概〉
　　　　　　　　　　　　　福音新報609号 p.12　講壇の反響
3.1 敢て帝国の青年に警告す（無署名）　新人8巻3号 pp.1-4　社説
3.1 人生に於ける宗教　　　　　　新人8巻3号 pp.5-10　教壇 [23]
3.1 教壇余響　　　　　　　　　　新人8巻3号 p.10　教壇
3.1 基督の復活　　　　　　　　　新人8巻3号 pp.32-36　聖書研究
3.15 日本青年の注意すべき二個条　　人道23号 pp.10, 11
3.28 活ける神の証者（上）（文責在記者）　基督教世界1230号 p.2　講壇
4.1 基督の時代と現代　　　　　　新人8巻4号 pp.1-4　社説 [26]
4.1 教壇余響　　　　　　　　　　新人8巻4号 pp.4、10　教壇 [25]
4.1 中保者　　　　　　　　　　　新人8巻4号 pp.5-10　教壇 [23]
4.1 基督の復活（承前）　　　　　新人8巻4号 pp.41-45　聖書研究
4.4 活ける神の証者（下）（文責在記者）　基督教世界1231号 p.2　教壇
4.25 神の慰霊〈大意〉　　　　　　基督教世界1234号 p.2　教壇
5.1 進歩思想の影響　　　　　　　新人8巻5号 pp.1-4　社説 [26]
5.1 復活の福音　　　　　　　　　新人8巻5号 pp.5-9　教壇 [23]
5.1 教壇余響　　　　　　　　　　新人8巻5号 pp.4, 9, 35　教壇 [25]
5.1 基督の復活　　　　　　　　　新人8巻5号 pp.31-35　聖書研究
(5.12『第二本郷教壇』新人社，刊行)
6.1 国民教育論　　　　　　　　　新人8巻6号 pp.1-4　社説 [26]
6.1 教壇余響　　　　　　　　　　新人8巻6号 pp.4, 10, 44　教壇 [25]
6.1 霊と肉との大和　　　　　　　新人8巻6号 pp.5-10　教壇 [23]
6.1 基督の復活（続き）　　　　　新人8巻6号 pp.41-44　聖書研究
6.10「帝国の新生命」序論
　　　伊藤銀二編『現代日本之思想界』文禄堂，所収 pp.406-420
7.1 夏の読みもの（無署名）　　　新人8巻7号 pp.1-4　社説
7.1 救済的霊能　　　　　　　　　新人8巻7号 pp.5-9　教壇 [23]
7.1 バプテスマのヨハネの立脚地　新人8巻7号 pp.46-49　聖書研究
8.1 基督の救済教について求道者に望む
　　　　　　　　　　　　　新人8巻8号 pp.1-4　社説 [26]

8.1 犠牲の進化　　　　　　　新人8巻8号 pp.5-10　教壇［23］
8.1 教壇余響　　　　　　　　新人8巻8号 p.10　教壇［25］
8.1 日米新婚の音づれ　　　　新人8巻8号 pp.36, 37　想苑
8.1 基督の誕生　　　　　　　新人8巻8号 pp.44-48　聖書研究
8.15 時代思想と基督教　第1回（1）〈3月27日，組合教会教役者修養会で
　　の講演大意〉　　　　　基督教世界1250号 pp.1, 2　教壇
8.22 時代思想と基督教　第1回（2）　基督教世界1251号 p.2　教壇
9.1 帝国の使命と韓国の復活　　新人8巻9号 pp.1-4　社説
　〈無署名であるが『基督教世界』1254号，5頁で，海老名としている〉
9.1 精神修養の妙趣　　　　　新人8巻9号 pp.5-10　教壇［23］
9.1 基督の誕生　　　　　　　新人8巻9号 pp.46-50　聖書研究
9.5 時代思想と基督教　第2回（1）　基督教世界1253号 p.2　教壇
9.12 時代思想と基督教　第2回（2）　基督教世界1254号 p.2　教壇
9.15 儒教に対する基督教の使命
　　　　　　　大日本雄弁会編『明治雄弁集』昭文堂，所収，pp.51-67
10.1 老兄加藤博士に送る書　　新人8巻10号 pp.1-6　社説
10.1 梁川逝く　　　　　　　　新人8巻10号 pp.6-8　社説［25］
10.1 少壮国民の新使命　　　　新人8巻10号 pp.9-14　教壇
10.1 自然に同化せよ（『新人』8巻9号「精神修養」の一部）
　　　　　　　　　　　　　　六合雑誌322号 p.309
10.15 時代思想と基督教（講述・加藤直士編『最近思想と基督教』基督教
　　世界社，所収，pp.155-187）
10. 加藤博士の「吾国体と基督教」を読む　　太陽　13巻13号 pp.59-66
11.1 米国宣教師の日米親善決議を読む（無署名）新人8巻11号 pp.1-4　社説
11.1 教壇余響　　　　　　　　新人8巻11号 p.4　教壇
11.1 偉人の寂寥　　　　　　　新人8巻11号 pp.5-9　教壇
12.1 基督教の五大危機を論じて無窮の復活に及ぶ
　　　　　　　　　　　　　　新人8巻12号 pp.1-4　社説［26］
12.1 基督の史的使命　　　　　新人8巻12号 pp.5-10　教壇
12.1 メシヤの自覚と荒野の試練　新人8巻12号 pp.37-40　聖書研究［25］

12.1 渡瀬常吉著『国体と基督教―加藤博士の所論を駁す―』警醒社の序文 pp.1-10
12.5 回顧十年（上）〈本郷教会就任10周年記念祝賀会の翌日の礼拝説教・文責在記者〉　　　　基督教世界1266号 p.2　教壇
12.12 回顧十年（下）　　　　基督教世界1267号 p.2　教壇

1908（M.41）年（52歳）

1.1 日本国民の霊能と基督教の進運　　新人9巻1号 pp.1-4　社説［26］
1.1 基督処世の二大主義　　新人9巻1号 pp.5-10　教壇［23］
1.1 教壇余響　　新人9巻1号 pp.4、10　［25］
1.1 福音書の奇跡　　新人9巻1号 pp.55-58　聖書研究
1.30 基督教の要領（一）〈1月19・26日夜，本郷教会での求道者の為の講演大意。文責在記者〉　　基督教世界1274号 p.2　教壇
2.1 基督教に対する学者の公明なる積極的態度を望む
　　　　　　　　　　　　新人9巻2号 pp.1-4　社説［26］
2.1 現代教会の使命　　新人9巻2号 pp.5-9　教壇
2.1 教壇余響　　新人9巻2号 pp.4、9　教壇［25］
2.1 四福音書の奇跡（二）　　新人9巻2号 pp.48-51　聖書研究
2.1 信望愛　　開拓者3巻2号 pp.17-20 論叢
2.6 基督教の要領（二）　　基督教世界1275号 p.2　教壇
2.27 救の霊能（上）〈福岡集中伝道での説教大意。文責在記者〉
　　　　　　　　　　　　基督教世界1278号 p.2　教壇
3.1 霊能の伝道　　新人9巻3号 pp.1-3　社説［26］
3.1 教壇余響　　新人9巻3号 p.3　教壇［25］
3.1 基督の自然主義　　新人9巻3号 pp.4-10　教壇
3.1 開信問答　　新人9巻3号 pp.51-53　聖書研究
3.5 救の霊能（下）　　基督教世界1279号 p.2　教壇
3.6 総会説教〈大阪教会，第23回組合教会総会〉（西尾幸太郎編『明治四十一年日本組合教会便覧』日本組合基督教会事務所）所収 pp.138-143）
3.10 予の受けたる境遇と感化（江戸肇編『現代名流自伝 第一編』新公論

　　　　　社，所収，pp.150-164〉
4.1 憐むべき信仰の立場　　　新人9巻4号 pp.1-4　　社説［26］
4.1 基督教より観たる自己実現　新人9巻4号 pp.5-10　教壇［23］
4.1 教壇余響　　　　　　　　新人9巻4号 p.10　教壇［25］
4.1 贖罪論の参考に供す　　　新人9巻4号 pp.49-52　聖書研究
4.1 武士道〈3月15日，青年会館での演説大意。文責在記者〉
　　　　　　　　　　　　　　開拓者3巻4号 pp.9-13 論叢
5.1 喜悦のキリスト　　　　　新人9巻5号 pp.1-5　社説［25］
5.1 教壇余響　　　　　　　　新人9巻5号 pp.5、11　教壇
5.1 基督観の進化　　　　　　新人9巻5号 pp.6-11　教壇
5.28 新しき信仰の基礎　　　基督教世界1291号 pp.2、3　教壇
6.1 外遊発途の辞　　　　　　新人9巻6号 pp.1-3　社説
6.1 日米の親和〈4月26日，説教大意〉　新人9巻6号 pp.3, 4　説教
6.1 基督者の骨髄　　　　　　新人9巻6号 pp.5-9　教壇［23］
6.1 教壇余響　　　　　　　　新人9巻6号 pp.9、50　教壇［25］
6.1 基督は果して賠償主義の贖罪論者なりしか
　　　　　　　　　　　　　　新人9巻6号 pp.47-50　聖書研究
7.1 基督者の自覚　　　　　　新人9巻7号 pp.6-11　教壇［23］
7.1 海老名主筆通信（一、二）　新人9巻7号 pp.54-56
7.30 神に近づくの道（説教筆記）基督教世界1300号 p.2　説教
8.1 正信の恩賜　　　　　　　新人9巻8号 pp.5-10　教壇
8.1 海老名主筆通信（三、四）　新人9巻8号 pp.58-60　詞想
8.1 市俄古大学に於ける海老名彈正氏の演説〈本誌には，6月18日夜，日本
　　人学生の依頼による演説。舟木邦五郎速記とある。『新人』9巻8号の
　　「海老名主筆通信」から判断すると17日夜が正しいと思われる〉
　　　　　　　　　　　　　　護教888号 pp.13-15　海外
8.27 海老名牧師の近信　　　基督教世界1304号 p.6
9.1 基督に対する信仰　　　　新人9巻9号 pp.5-9　教壇
9.1 万国組合教会大会概観　　新人9巻9号 pp.10-12　想苑
9.1 海老名主筆通信（四～九）　新人9巻9号 pp.28-35　想苑

10.1 無味の塩　　　　　　　　新人9巻10号 pp.6-10　教壇
10.1 教壇余響　　　　　　　　新人9巻10号 p.10　教壇［25］
10.1 海老名主筆通信（十〜十七）新人9巻10号 pp.34-42　想苑
10.8 羅馬より（9月16日）　　基督教世界1310号 p.5　雑録
10.22 海老名牧師近信　　　　基督教世界1312号 p.10
11.1 内心の基督　　　　　　　新人9巻11号 pp.9-13　教壇
11.1 海老名主筆通信（十八〜二十九）　新人9巻11号 pp.29-36　想苑
12.1 エルサレム城の静夜　　　新人9巻12号 pp.5-9　教壇［25］
11. The Progress of Christianity in Japan. 〈7月7日，第3回万国会衆教会大会での演説〉pp.358-360
Remarks. 〈7月9日, Justin E.Abbott "The Attitude of the Missionary to Native Beliefs and Customs" に対するもの〉pp.541, 542
（John Brown Ed., Volume of Proceedings of the Third International Congregational Council, Congregational Union of England and Wales, 1908所収）
12.1 海老名主筆通信（三十，三十一）　新人9巻12号 pp.52-54
12.24 帰郷土産　　　　　　　基督教世界1321号 p.2

1909（M.42）**年**（53歳）
1.1 余の二大感謝〈12月20日説教。鈴木生筆記〉
　　　　　　　　　　　　　　新人10巻1号 pp.7-15　教壇
1.1 教壇余響〈12月20日，本郷教会牧師歓迎会席上答辞〉
　　　　　　　　　　　　　　新人10巻1号 p.15　教壇
1.1 海老名主筆通信（三十二）　新人10巻1号 p.60
1.7 将来の日本組合教会（談話筆記。文責在記者）
　　　　　　　　　　　　　　基督教世界1322号 p.2　論説
1.28 基督の博愛主義　　　　　基督教世界1325号 pp.2, 3　教壇
2.1 欧米宗教大観　　　　　　　新人10巻2号 pp.1-4　社説
2.1 教壇余響　　　　　　　　　新人10巻2号 pp.4、10　教壇［25］
2.1 内界の基督教　　　　　　　新人10巻2号 pp.5-10　教壇
2.1 バプテスマのヨハネの洗礼　新人10巻2号 pp.53-56　聖書研究

2.1 米国精神界の一大問題　　　　開拓者4巻2号 pp.34-36　講壇
2.1 欧米基督教会の状態　　　　太陽15巻2号 pp.50-56
2.1 海老名彈正氏の断片（社員筆記）　誠心28号（未見）
　　〈川合道雄『押川方義 管見』近代文芸社、29頁で指摘〉
3.1 日本における外国宣教師の使命　新人10巻3号 pp.1-5　社説
　　〈無署名だが，『新人』11巻10号，39頁より，断定〉
3.1 教壇余響　　　　　　　　　新人10巻3号 p.5　教壇
3.1 基督の現身　　　　　　　　新人10巻3号 pp.6-11　教壇
3.1 馬可伝 第一章　　　　　　　新人10巻3号 pp.46-48　聖書研究
3.1 興国の民族には生きた宗教あり（雑読・一読一抄・『新人』からの転載）　　　　　　　　　　六合雑誌339号 pp.212, 213
3.25 世界協同の信（説教筆記）　基督教世界1333号 pp.1, 2　教壇
3. 横山砂訳『実業成効指南』に序文を寄せたもの　（未見）
　　〈原著のタイトル・著者・出版社・出版日も不明であるが，『新人』10巻4号，p.68の「新刊紹介」に有り，「本社の海老名主筆が欧米漫遊中英国に於いて得られたるを和訳したる者なり。僅々十数頁にして条項三十に過ぎずと雖も，何れも皆一般人殊に青年諸子の日夕服膺すべき金科国條なり。豈に実業家に対して必要なるのみならんや。」と紹介されている〉
4.1 宣教五十年の祝会に際して日韓クリスチヤンの同盟を想ふ（無署名）
　　　　　　　　　　　　　　　新人10巻4号 pp.1-4　社説
4.1 基督教の貴族　　　　　　　新人10巻4号 pp.5-9　教壇
4.1 馬可伝　　　　　　　　　　新人10巻4号 pp.40-43　聖書研究
4.1 基督教の起源を読む　　　　新人10巻4号 pp.43, 44
4.1 発刊の辞　　　　　　　　　新女界1巻1号 pp.1, 2
4.1 東西家庭の特長　　　　　　新女界1巻1号 pp.5-7　思想
5.1 世界的精神の鼓吹　　　　　新人10巻5号 pp.1-4　社説［26］
5.1 自我の救　　　　　　　　　新人10巻5号 pp.5-10　教壇
5.1 カペナウンの会堂に於ける耶蘇の説教並にその偉業
　　　　　　　　　　　　　　　新人10巻5号 pp.44-47　聖書研究

5.1 女子の修養　　　　　　　　新女界1巻2号 pp.1-3
5.1 女性の福音　　　　　　　　新女界1巻2号 pp.34-37　講壇
5.27 活ける神殿〈天満教会30年記念会説教。文責在記者〉
　　　　　　　　　　　　　　　基督教世界1342号 pp.2, 3　教壇
5. Extracts from Addres by Rev.Danjo Ebina, May, 1909. 5p.
　　　　　　　　　　　　　アメリカンボード記録
6.1 統一主義教育の余弊（無署名）　新人10巻6号 pp.1-4　社説
6.1 教壇余響　　　　　　　　　新人10巻6号 p.4　教壇［25］
6.1 クリスチヤン生活の光栄　　新人10巻6号 pp.5-10　教壇
6.1 馬可伝　　　　　　　　　　新人10巻6号 pp.40-43　聖書研究
6.1 近代に於ける我国女性の自覚　　新女界1巻3号 pp.32-36　講壇
6.15 海老名彈正君（同君談話筆記）　太陽15巻9号 pp.186-202
7.1 良心の麻痺は教育家並に宗教家の負ふべき責任（無署名）
　　　　　　　　　　　　　　　新人10巻7号 pp.1-4　社説
7.1 緑蔭教語　　　　　　　　　新人10巻7号 p.4　教壇［25］
7.1 吾人の処世主義　　　　　　新人10巻7号 pp.5-8　教壇
7.1 馬可伝　　　　　　　　　　新人10巻7号 pp.43-45　聖書研究
7.1 良心の覚醒　　　　　　　　新女界1巻4号 pp.30-33　講壇
7.1 緑蔭清話　　　　　　　　　新女界1巻4号 pp.33, 34　講壇
8.3 神学思想の変遷（談話）　　護教936号 p.7
8.1 酒匂常明の処決（無署名）　新人10巻8号 pp.1-4　社説
8.1 不朽の信　　　　　　　　　新人10巻8号 pp.5-9　教壇［23］
8.1 詩第四十二三篇　　　　　　新人10巻8号 pp.60-62　聖書研究
8.1 独逸神学略史を読む　　　　新人10巻8号 pp.62, 63
8.1 瑞西国リギ登山記　　　　　新女界1巻5号 pp.1-3
8.1 自然の児　　　　　　　　　新女界1巻5号 pp.32-35　講壇
8.3 神学思想の変遷〈談話〉　　護教936号 p.7
9.1 日本国民の宗教的素養を論ず　新人10巻9号 pp.1-4　社説［26］
9.1 希望の生活　　　　　　　　新人10巻9号 pp.5-9　教壇［23］
9.1 馬可伝講義　　　　　　　　新人10巻9号 pp.52-54　聖書研究

9.1 現代女子のたしなみ　　　　　新女界1巻6号 pp.1-4
9.1 限りなき生命　　　　　　　　新女界1巻6号 pp.35-37　講壇
10.1 開教五十年を祝す（無署名）　　新人10巻10号 pp.1-5　社説
10.1 教壇余響　　　　　　　　　　新人10巻10号 p.5　教壇
10.1 人格の価値　　　　　　　　　新人10巻10号 pp.6-10　教壇［23, 27, 41］
10.1 泥棒根性の撲滅　　　　　　　新女界1巻7号 pp.1-3
10.1 人間の教養　　　　　　　　　新女界1巻7号 pp.31-34　講壇
10.7 日本人の宗教的素養〈『新人』10巻9号「日本国民の宗教的素養を論
　　　ず」の一部〉　　　　　　基督教世界1361号 pp.6, 7
10.14 国民の洗礼　　　　　　　　基督教世界1362号 pp.3, 4　教壇
10.15 過去五十年間日本に於ける基督教各派の発達を論ず
　　　　　　　　　　（福永文之助編『回顧二十年』警醒社, 所収 pp.107-124）
10.23 日本の倫理, 宗教思想及び国民生活に及ぼせる基督教の感化
　　　　　　　　　　　護教952号 pp.4-6　紀念講演
11.1 第三期の基督教　　　　　　　新人10巻11号 pp.1-4　社説［26, 27, 41］
11.1 知識と信仰　　　　　　　　　新人10巻11号 pp.5-9　教壇［27, 41］
11.1 安息日の見解　　　　　　　　新人10巻11号 pp.56-59　聖書研究
11.1 弱者の勝利　　　　　　　　　新女界1巻8号 pp.33-35　講壇
（11.1 『人間の価値』広文堂書店, 刊行）
12.1 基督降誕祭を祝するの辞（無署名）新人10巻12号 pp.1-5　社説
12.1 教壇余響　　　　　　　　　　新人10巻12号 p.6 p.10　教壇
12.1 利己主義の自滅　　　　　　　新人10巻12号 pp.6-10　教壇［27, 41］
12.1 基督の誕生記　　　　　　　　新人10巻12号 pp.51-54　聖書研究
12.1 快活なる生活の秘訣　　　　　新女界1巻9号 pp.32-35　講壇

1910（M.43）年（54歳）
1.1 開教五十一年の春（無署名）　　新人11巻1号 pp.1-4　社説
1.1 新生の風光　　　　　　　　　　新人11巻1号 pp.5-9　教壇［27, 41］
1.1 教壇余響　　　　　　　　　　　新人11巻1号 p.9　教壇
1.1 バプテスマのヨハネ　　　　　　新人11巻1号 pp.46-49　聖書研究

1.1 基督の家庭	新女界2巻1号 pp.31-33　講壇
1.1 随感	新女界2巻1号 p.38
1.1 奉公の大義	日本及日本人 524号 pp.92-94

1.1 霊界に於ける基督の立脚地〈説教筆記・経校閲〉
　　　　　　　　　　　　　基督教世界1373号 pp.2, 3　教壇
1.27 舟を沖に出せ　　　　基督教世界1377号 p.10
　〈1月23日（日），朝の本郷教会礼拝説教の短い大意〉

2.1 帝国教育家の反省を促す	新人11巻2号 pp.1-4　社説 [27, 41]
2.1 教壇余響	新人11巻2号 pp.4, 8　教壇
2.1 国体に於ける基督	新人11巻2号 pp.5-8　教壇
2.1 シモン・ペテロ	新人11巻2号 pp.40-43　聖書研究
2.1 現代女子の宗教	新女界2巻2号 pp.27-30　講壇
2.1 日本宗教の将来	警世 8巻2号 pp.32-34

2.10 我は葡萄の樹爾曹は其枝なり〈1月9日，霊南坂教会で開催された京浜組合6教会の新年連合礼拝説教筆記。経校閲〉
　　　　　　　　　　　　　基督教世界1379号 pp.3, 4　教壇
2.21 日本の倫理宗教思想及国民生活に及ぼせる基督教の感化〈1909年10月6日午後7時に講演〉鵜飼猛編『開教五十年記念講演集』宣教開始五十年記念会事務所，所収、pp.142-155

2.24 天の父	基督教世界1381号 pp.3, 4　教壇
3.1 日本化かはた基督化か	新人11巻3号 pp.1-4　社説 [26, 27, 41]
3.1 舟を沖に出せ	新人11巻3号 pp.5-9　教壇
3.1 教壇余響	新人11巻3号 p.9　教壇
3.1 シモン・ペテロ（二）	新人11巻3号 pp.44-46　聖書研究
3.1 家庭に於ける宗教	新女界2巻3号 pp.30-34　講壇

3.1 基仏二教以外に大宗教は起らぬ〈『警世』8巻2号「日本宗教の将来」の一部〉　　　　　　六合雑誌351号 p.192
3.12 天の父（『基督教提要』基督教世界社 所収、pp.1-8）
　〈2月24日『基督教世界』に掲載したものと同じもの〉
3.24 信仰の基礎〈3月2日，中之島公会堂での演説筆記。文責在記者〉

	基督教世界1385号 pp.2, 3　教壇
3.24 大阪拡伝の感想　　　　　　基督教世界1385号 p.7
4.1 連合伝道運動（無署名）　　　新人11巻4号 pp.1-4　社説
4.1 神の自現　　　　　　　　　　新人11巻4号 pp.5-9　教壇［27, 41］
4.1 神の自現〈3月5日，大阪教会での講演筆記〉
　　　　　　　　　　　　　　　　大阪講壇　112号 pp.22-29　想苑
4.1 シモン・ペテロ（三）　　　　新人11巻4号 pp.34-36　聖書研究
4.1 国民読本を読む　　　　　　　新人11巻4号 pp.60, 61　時評
4.1 道徳の基礎　　　　　　　　　新女界2巻4号 pp.30-33 講壇
4.21 海老名牧師の韓国視察談（上）〈4月15日，大阪基督教青年会館で行
　　われた「韓国の将来」と題した講演大意。文責在記者〉
　　　　　　　　　　　　　　　　基督教世界1389号 p.4　雑録
4.28 海老名牧師の韓国視察談（下）　基督教世界1390号 p.2　雑録
　　〈5.15発行の『上毛教界月報』に「韓国所感」と題して収録〉
4.29 韓国の宗教状態（海老名彈正氏の談）　朝日新聞，東京，朝刊 p.5
5.1 韓国の将来　　　　　　　　　新人11巻5号 pp.1-5　社説［26, 27］
5.1 真我の実現　　　　　　　　　新人11巻5号 pp.6-9　教壇
5.1 教壇余響　　　　　　　　　　新人11巻5号 p.9　教壇
5.1 耶蘇の兄弟ヤコブ　　　　　　新人11巻5号 pp.41-44　聖書研究
5.1 人生難に処するの道　　　　　新女界2巻5号 pp.27-30 講壇
6.1 国民の発展に於ける敵愾心と博愛心
　　　　　　　　　　　　　　　　新人11巻6号 pp.1-4　社説［26, 27, 41］
6.1 罪悪の自滅　　　　　　　　　新人11巻6号 pp.5-9　教壇［27, 41］
6.1 教壇余響　　　　　　　　　　新人11巻6号 p.9　教壇
6.1 村田氏の宗教改革史を読む　　新人11巻6号 pp.10-14　想苑
6.1 使徒保羅　　　　　　　　　　新人11巻6号 pp.41-43　聖書研究
6.1 現実生活に於ける信仰　　　　新女界2巻6号 pp.27-30 講壇
6.1 神学界に於けるパーカー　　　六合雑誌354号 pp.318-324
6.2 日本教化論（上）〈岡山教会での演説大意。文責在記者〉
　　　　　　　　　　　　　　　　基督教世界1395号 pp.1, 2　教壇

6.9 日本教化論（下）	基督教世界1396号 pp.1, 2	教壇
6.21 基督教の現在及将来	読売新聞　東京，朝刊, p.5	談話
7.1 自然界に於ける霊交（無署名）	新人11巻7号 pp.1-4	社説
7.1 天才論	新人11巻7号 pp.5-9	教壇
7.1 教壇余響	新人11巻7号 p.9	教壇
7.1 使徒パウロ（二）	新人11巻7号 pp.41-44	聖書研究
7.1 不朽の人格	新女界2巻7号 pp.4-7	講壇
8.1 列国大家族とその宗教	新人11巻8号 pp.1-4	社説 [27, 41]
8.1 琴湖の曙	新人11巻8号 pp.5-9	教壇
8.1 教壇余響	新人11巻8号 p.9	教壇
8.1 卒業生就職難	新人11巻8号 pp.65, 66	評論
8.1 慎独の妙境	新女界2巻8号 pp.4-6	講壇

（8.15　『断想録』北文館，刊行）

8.25 朝鮮人は日本に同化し得る乎

　　　　　　　　　　　　　朝日新聞　東京，朝刊 p.5　談話

9.1 基督教の真髄は自力主義なり

　　　　　　　　　　　　　新人11巻9号 pp.1-4　社説 [27, 41]

9.1 不義の財宝	新人11巻9号 pp.5-8	教壇
9.1 馬可伝。保羅（三）	新人11巻9号 pp.45-50	聖書研究
9.1 日韓合併を祝す	新人11巻9号 pp.69, 70	時評

9.1 断想録〈『断想録』からの転載〉）　新女界2巻9号 p.1
　〈無題・無署名で，1ページに掲載されているものであるが，これは海老名の著『断層録』p.59からの転載であり，オリジナルは『新人』7巻11号，p.4の「教壇余響」からの一節〉

9.1 ヤコブ，ヨハネの母	新女界2巻9号 pp.7-11	講壇
9.1 希望の所在（上）（説教筆記・経校閲）	基督教世界1408号 p.2	教壇
9.8 希望の所在（下）	基督教世界1409号 pp.3, 4	教壇

（9.21 『新国民の修養』実業之日本社，刊行）

10.1 朝鮮伝道	新人11巻10号 pp.2-5	社説 [27]
10.1 信仰と国民の品性	新人11巻10号 pp.31-35	教壇 [27, 41]

10.1 馬可伝	新人11巻10号 pp.116-119	聖書研究
10.1 日韓人の同化	新女界2巻10号 pp.5-9	講壇

10.1 金を拝まぬ男〈『新人』11巻9号「不義の財宝」の一部〉
　　　　　　　　　　　　　六合雑誌358号 p.595

10.6 基督論（一）（講演筆記）	基督教世界1413号 pp.1, 2	講演
10.13 基督論（二）	基督教世界1414号 pp.1, 2	講演
10.15 将来の宗教	読売新聞　東京　朝刊　別刷 p.2	談話
10.20 基督論（三）	基督教世界1415号 pp.2, 3	講演

10.24 商人の品位（講演筆記・文責在記者）〈丸善の雑誌〉pp.1-13

10.27 基督論（四）	基督教世界1416号 p.2	講演
11.1 朝鮮の基督教徒を歓迎するの辞	新人11巻11号 pp.1-4	社説 [27]
11.1 永遠の基督	新人11巻11号 pp.5-9	教壇
11.1 教壇余響	新人11巻11号 p.9	教壇
11.1 馬可伝	新人11巻11号 pp.34-37	聖書研究
11.1 現代婦人の覚悟	新女界2巻11号 pp.5-9	講壇
11.3 基督論（五）	基督教世界1417号 pp.2, 3	講演

11.10 日本将来の宗教（読売新聞）
　　　　　　　　　　　　　基督教世界1418号 pp.7, 8　新聞の新聞

11.10 殖民としての日本人性格論（談話。文責在記者）
　　　　　　　　　　　　　太陽 16巻15号 pp.117-124

11.17 基督論（六）	基督教世界1419号 pp.2, 3	講演
12.1 教界の惰気（無署名）	新人11巻12号 pp.1-4	社説
12.1 霊界の飢饉	新人11巻12号 pp.5-9	教壇 [27, 41]
12.1 馬可伝	新人11巻12号 pp.33-36	聖書研究
12.1 横井氏の欧州近世史論を読む	新人11巻12号 pp.62, 63	
12.1 力の宗教	新女界2巻12号 pp.4-7	講壇
12.1 日韓併合と教勢（海老名彈正君談）	太陽 16巻16号 pp.95-98	
12.1 基督論（七）	基督教世界1421号 pp.2, 3	講演
12.8 故デビス博士を悼む	基督教世界1422号 p.1	
12.8 基督論（八）	基督教世界1422号 p.2	講演

12.8 日韓合併と教会合同〈『太陽』16巻16号「日韓併合と教勢」の一部〉
　　　　　　　　　　　　　基督教世界1422号 p.7　抜粋帖
12.15 基督論（九）　　　　基督教世界1423号 p.2　講演
12.16 説教〈小林富次郎葬式における説教〉
　海老名牧師の説教（小林富次郎追悼会説教）
　〈『故小林富次郎略歴及追悼録』pp.18-27, 81-96
　小林喜一編『初代小林富次郎伝』ライオン歯磨株式会社，1911年，収録（pp.125-135)〉
12.25 嗚呼小林富次郎君（葬式に於ける海老名牧師の説教）
　　　　　　　　　　　　　基督教世界1424号 p.17

1911（M.44）**年**（55歳）
1.1 教育勅語と基督教　　　新人12巻1号 pp.1-6　社説［27, 41］
1.1 超人の使命　　　　　　新人12巻1号 pp.7-12　教壇
1.1 馬可伝　　　　　　　　新人12巻1号 pp.51-56　聖書研究
1.1 基督教の根本真理　　　新人12巻1号 pp.73-77　研究
1.1 随感（紫溟）　　　　　新人12巻1号 p.93　大絃小皷
1.1 デビス博士を憶ふ　　　新人12巻1号 pp.95-99　時評
1.1 現代婦人の欠陥　　　　新女界3巻1号 pp.4-9　講壇
1.12 基督論（完結）〈文末にある筆記者の言葉〉（記者曰く，海老名氏の此講演は氏が三十年来の研究の結果を披歴されたるものにして，道義深遠，妙味文筆の外にあり。筆録は一々校閲を経たりと雖も，浅学拙文氏を煩すもの多からんを恐る。読者幸に之を諒とし反復全編を通読せられんことを望む）　基督教世界1426号 pp.2, 3　講演
2.1 現代基督教の二大根拠　新人12巻2号 pp.1-6　社説［27, 41］
2.1 信仰と忠君　　　　　　新人12巻2号 pp.7-11　教壇［27, 41］
2.1 馬可伝　　　　　　　　新人12巻2号 pp.58-62　聖書研究
2.1 小林富次郎氏の信仰生活（教壇筆記）　新人12巻2号 pp.85-88
2.1 基督教の根本真理（其二）新人12巻2号 pp.89-92　研究
2.1 永遠の生命　　　　　　新女界3巻2号 pp.4-9　講壇

2.1 忠孝の思想とキリスト教　　　真理4号 pp.3, 4
2.9 教界雑話（談話）　　　　　　福音新報815号 pp.8, 9
2.15 宗教家の観たる現代社会（談話。文責在記者）
　　　　　　　　　　　　　　　　太陽17巻3号 pp.27-31
2.23 個人の価値〈1月下旬，東京青年会館主催。宗教講演会での講演大
　　意。文責在記者〉　　　　　　基督教世界1432号 pp.2, 3　　講演
3.1 国民道徳の進化　　　　　　　新人12巻3号 pp.1-6　　社説 [27, 41]
3.1 弱者の宗教　強者の宗教　　　新人12巻3号 pp.7-11　　教壇
3.1 馬可伝　　　　　　　　　　　新人12巻3号 pp.65-68　　聖書研究
3.1 基督教の根本真理（其三）　　新人12巻3号 pp.88-91　　研究
3.1 恩恵の声　　　　　　　　　　新女界3巻3号 pp.4-9　　講壇
3.1 忠孝とキリスト教（承前）　　真理5号 p.3
3.9 基督に依れる神の恩寵〈1910年10月2日，神戸教会で開催された第26
　　回組合基督教会総会説教〉　　基督教世界1434号 pp.2, 3　　教壇
4.1 国民道徳の究境　　　　　　　新人12巻4号 pp.1-6　　社説 [27, 41]
4.1 現代に対する基督教の使命　　新人12巻4号 pp.7-12　　教壇 [27, 41]
4.1 馬可伝　　　　　　　　　　　新人12巻4号 pp.57-63　　聖書研究
4.1 基督教の根本真理（其四）　　新人12巻4号 pp.80-83　　研究
4.1 教派合同の一大目的（温山）　新人12巻4号 pp.90, 91　　時評
4.1 柔和の福音　　　　　　　　　新女界3巻4号 pp.4-8　　講壇
5.1 朝鮮人伝道　　　　　　　　　新人12巻5号 pp.1-6　　社説
5.1 橄欖山上の基督　　　　　　　新人12巻5号 pp.7-12　　教壇
5.1 馬可伝　　　　　　　　　　　新人12巻5号 pp.63-68　　聖書研究
5.1 基督教の根本真理（其五）　　新人12巻5号 pp.85-90　　研究
5.1 誤解せられたる基督　　　　　新女界3巻5号 pp.4-8　　講壇
6.1 国民道徳の根本を発揮せよ　　新人12巻6号 pp.1-7　　社説 [27, 41]
6.1 基督の自覚　　　　　　　　　新人12巻6号 pp.8-12　　教壇
6.1 馬可伝　　　　　　　　　　　新人12巻6号 pp.55-59　　聖書研究
6.1 女子の解放　　　　　　　　　新女界3巻6号 pp.5-9　　講壇
6.1 教派合同期成同盟会発会式〈5月7日，東京青年会館で開催。演説筆

記〉 開拓者6巻6号 pp.52-55 雑録
6.2 宗教の進歩思想（『進歩的宗教―自由基督教徒大会講演集―』日本ユニテリアン弘道会、所収 pp.62-79） 講演
7.1 神社崇敬の疑問　　　　　新人12巻7号 pp.1-7　社説［27, 41］
7.1 新道徳の基礎　　　　　　新人12巻7号 pp.8-12　教壇［27, 41］
7.1 馬可伝　　　　　　　　　新人12巻7号 pp.48-53　聖書研究
7.1 基督教の根本真理（其六）　新人12巻7号 pp.61-63　研究
7.1 村山氏の疑問に答ふ　　　　新人12巻7号 pp.83-87 質疑応答
7.1 日本組合教会の朝鮮伝道に関する宣言書を読で（温山）
　　　　　　　　　　　　　　新人12巻7号 pp.88, 89　時評
7.1 伊沢氏の小学教育費国庫補助増額祝賀会における演説筆記を読む（良峯）　　　　　　　　　　新人12巻7号 pp.89-91　時評
7.1 受苦の真義　　　　　　　新女界3巻7号 pp.5-11　講壇
7.11 併合後の基督教　　　　　朝日新聞　東京　朝刊 p.5　談話
7.13 神の実在（上）　　　　　基督教世界1452号 pp.2, 3　教壇
7.20 神の実在（下）　　　　　基督教世界1453号 pp.2, 3　教壇
7.31 基督に依れる神の恩寵〈1910年10月2日，神戸教会で開催の第26回組合基督教会総会説教〉『明治四十四年組合基督教会便覧』所収 pp.159-166）
8.1 朝鮮に於ける感想　　　　　新人12巻8号 pp.1-6　社説［27］
8.1 基督の流離　　　　　　　　新人12巻8号 pp.7-12　教壇
8.1 教壇余響　　　　　　　　　新人12巻8号 p.12　教壇
8.1 馬可伝　　　　　　　　　　新人12巻8号 pp.64-69　聖書研究
8.1 教育ある人々を雄飛せしめよ（良峯）　新人12巻8号 p.96　時評
8.1 神の聖愛　　　　　　　　　新女界3巻8号 pp.1-6　講壇
9.1 朝鮮人の使命　　　　　　　新人12巻9号 pp.1-8　社説［27］
　〈11月15日発行の『上毛教界月報』157号（pp.4, 5）が一部抜粋を収録〉
9.1 基督の僕と友　　　　　　　新人12巻9号 pp.9-14　教壇
9.1 馬可伝　　　　　　　　　　新人12巻9号 pp.64-67　聖書研究

9.1 向上の動機	新女界3巻9号 pp.5-10	講壇
10.1 祖先崇拝か子孫崇拝か	新人12巻10号 pp.1-6	社説［27, 41］

〈10.15発行の『上毛教界月報』156号（pp.3, 4）が一部抜粋を収録〉

10.1 希望の生活	新人12巻10号 pp.7-11	教壇［27, 41］
10.1 馬可伝	新人12巻10号 pp.63-65	聖書研究
10.1 聖書改訳（良峯）	新人12巻10号 pp.93, 94	時評
10.1 家庭の基督	新女界3巻10号 pp.5-11	講壇
10.1 婦人と信仰	新女界3巻10号 pp.12-15	想苑
10.25 男女に根本の優劣なし	婦人新報172号 p.21	
10.26 歴史的イエス（一）〈10月12日，有馬で開催の組合教会教師会での講演大意。文責在記者〉 基督教世界1467号 p.3　講演		
11.1 国情の変遷と基督教	新人12巻11号 pp.1-6	社説［27, 41］
11.1 自信	新人12巻11号 pp.7-11	教壇［27, 41］
11.1 馬可伝	新人12巻11号 pp.74-77	聖書研究
11.1 籠城主義の基督教会（良峯）	新人12巻11号 p.98	時評
11.2 歴史的イエス（二）	基督教世界1468号 pp.2, 3	講演
11.9 歴史的イエス（三）	基督教世界1469号 p.5	講演
11.16 歴史的イエス（四）	基督教世界1470号 pp.4, 5	講演
11.23 年少の偉人（上）	基督教世界1471号 pp.2, 3	教壇
11.30 年少の偉人（下）	基督教世界1472号 pp.1, 2	教壇
12.1 支那の内乱と帝国民の覚醒	新人12巻12号 pp.1-7	社説［27］
12.1 霊能の実証	新人12巻12号 pp.8-15	教壇
12.1 馬可伝	新人12巻12号 pp.73-77	聖書講義
12.1 信教の自由を妨ぐる勿れ（温山）	新人12巻12号 pp.90, 91	時評
12.1 支那の精神的革命を想ふ（紫海）	新人12巻12号 p.91	時評
12.5 基督教の真髄	新女界3巻12号 pp.5-10	教壇
12.5 国民道徳の新方面	人道80号 pp.3-5	訪問
12.20 物質論と凡神論（談話）	福音新報860号 pp.10, 11	

1912（M.45・7月30日より T.1）**年**（56歳）
1.1 東亜大陸の新生を祝す　　　　新人13巻1号 pp.1-6　　社説
　　〈『新人』13巻の無署名の社説は，14巻1号に13巻合本の広告があり海老名主筆としているので海老名と断定〉
1.1 東洋に於ける基督教の使命　　新人13巻1号 pp.7-14　　教壇
1.1 馬可伝　　　　　　　　　　　新人13巻1号 pp.85-89　　聖書研究
1.1 ユニテリアン教会の改称（良峯）　新人13巻1号 pp.100, 101 時評
1.1 真の礼拝　　　　　　　　　　新女界4巻1号 pp.5-9　　教壇
1.1 十歳で分れた母の感化　　　　新女界4巻1号 pp.18-25
1.18 三位一体の真義　　　　　　　基督教世界1479号 pp.2, 3　　教壇
1.19 選ばれたる民〈12月31日，本郷教会〉 護教1068号 p.9　東京の講壇
2.1 意志の聖人　　　　　　　　　新人13巻2号 pp.1-7　　社説
2.1 新人の使命　　　　　　　　　新人13巻2号 pp.8-14　　教壇
2.1 時代の兆候（紫海）　　　　　新人13巻2号 pp.94, 95　　時評
2.1 希望の生活（文責在記者）　　新女界4巻2号 pp.4-7　　教壇
（2.3 『国民道徳と基督教』北文館，刊行）
2.15 人格教の福音〈1月24日，大阪拡張伝道。中之島公会堂での演説大意。文責在記者〉　　　基督教世界1483号 pp.2, 3　　教壇
3.1 基督教の根本義を発揚せよ　　新人13巻3号 pp.1-6　　社説
3.1 永遠の霊潮　　　　　　　　　新人13巻3号 pp.7-12　　教壇
3.1 馬可伝　　　　　　　　　　　新人13巻3号 pp.68-73　　聖書研究
3.1 小山氏の「久遠の基督教」を読む（紫海）
　　　　　　　　　　　　　　　　新人13巻3号 pp.84-88　　時評
3.1 選ばれたる民　　　　　　　　新女界4巻3号 pp.5-10　　教壇
3.8 贖罪の真義〈2月25日，本郷教会〉 護教1075号 pp.3, 4 東京の講壇
3.18 商人の覚悟（講演筆記・文責在記者）〈丸善の雑誌〉pp.1-16
　　〈文末に「明治四十五年三月十八日丸善楼上に於ける講演の筆記」と記されている。印刷・発行された日は，別であり，3月18日は，講演の日である。〉
4.1 耶蘇の宗教意識に於ける自己実現　新人13巻4号 pp.1-6　社説［37］

4.1 国家と基督教　　　　　　　新人13巻4号 pp.7-12　　教壇
4.1 馬可伝　　　　　　　　　　新人13巻4号 pp.75-78　　聖書研究
4.1 本多庸一君の長逝を悼む　　　新人13巻4号 pp.89, 90　　時評
　〈本書「Ⅴ．海老名の人物評　（1）本多庸一（その1）」に全文を掲載〉
4.1 三教会同の善感情（温山）　　新人13巻4号 pp.91, 92　　時評
4.1 我が身の刺　　　　　　　　新女界4巻4号 pp.5-10　　教壇
4.5 円熟した度量の広き快男子〈本多庸一〉　　　護教1079号 p.7　　追憶
5.1 本多庸一論　　　　　　　　新人13巻5号 pp.1-6　　社説［37］
　〈本書「Ⅴ．海老名の人物評　（1）本多庸一（その2）」に全文を掲載〉
5.1 神国の発展　　　　　　　　新人13巻5号 pp.7-12　　教壇
5.1 馬可伝　　　　　　　　　　新人13巻5号 pp.82-86　　聖書研究
5.1 基督論（一）耶蘇以前の基督観　　新人13巻5号 pp.93-97　　講演
5.1 柔者の勝利　　　　　　　　新女界4巻5号 pp.5-11　　教壇
5.16 宗教の根本的要素　　　　　基督教世界1496号 pp.1, 2　　教壇
5.23 (質問応答欄)　　　　　　　基督教世界1497号 p.2
6.1 人生の真義　　　　　　　　新人13巻6号 pp.1-6　　社説［37］
6.1 光明の生活　　　　　　　　新人13巻6号 pp.7-14　　教壇
6.1 基督論（二）　　　　　　　新人13巻6号 pp.67-69　　講演
6.1 馬可伝　　　　　　　　　　新人13巻6号 pp.70-74　　聖書研究
6.1 医学博士榊保三郎氏に答ふ　　新人13巻6号 pp.87-92　　時評
6.1 聖顔の光　　　　　　　　　新女界4巻6号 pp.5-12　　教壇
7.1 正統主義の批判　　　　　　新人13巻7号 pp.1-6　　社説［37］
7.1 人格の不滅　　　　　　　　新人13巻7号 pp.7-14　　教壇
7.1 基督論（三）原始基督教の基督観　　新人13巻7号 pp.59-62　　講演
7.1 馬可伝　　　　　　　　　　新人13巻7号 pp.79-84　　聖書研究
7.1 布教者の注意（温山）　　　　新人13巻7号 p.91　　時評
7.1「人間に七生して国賊を滅さん」は果して楠公の言か
　　　　　　　　　　　　　　　新人13巻7号 pp.91-93　　時評
7.1 新潟に於ける平田牧師の講演　　新人13巻7号 p.102　　彙報
7.1 恩寵の霊　　　　　　　　　新女界4巻7号 pp.5-11　　教壇

7.11 士君子論　　　　　　　　　基督教世界1504号 pp.2, 3　教壇
8.1 函館より石狩の平原に至る今昔の感　　新人13巻8号 pp.1-6　社説
8.1 基督の祈禱　　　　　　　　新人13巻8号 pp.7-14　教壇
8.1 北海道旅行記（第1信 - 第12信）　　新人13巻8号 pp.99-102
8.1 神との交り（未校閲）　　　新女界4巻8号 pp.8-14　教壇
9.1 大正時代の基督教　　　　　新人13巻9号 pp.7-12　社説［37］
9.1 明治天皇の聖徳　　　　　　新人13巻9号 pp.13-18　教壇
9.1 基督論（四）　　　　　　　新人13巻9号 pp.74-76　講演
9.1 北海道旅行記（二）（第13信 - 第26信）　　新人13巻9号 pp.93-97
9.1 耶蘇故山を偲ぶ　　　　　　新女界4巻9号 pp.19-24
9.5 神人の契合　　　　　　　　基督教世界1512号 pp.1, 2　教壇
9.20 村上俊吉著『回顧』の序　　警醒社 pp.1-5
10.1 乃木大将の死を論ず　　　　新人13巻10号 pp.1-6　社説［37］
10.1 大都に於ける基督教　　　　新人13巻10号 pp.7-14　教壇
10.1 馬可伝　　　　　　　　　　新人13巻10号 pp.83-88　聖書研究
10.1 海外新著紹介（温山）（The Historicity of Jesus, by S. Jackson Case, ルーイス，ワイリス著 Sociological Study of the Bible 両書ともシカゴ大学出版）
　　　新人13巻10号 pp.105-107
10.1 霊活の信　　　　　　　　　新女界4巻10号 pp.5-9　教壇
10.10 吾人の使命〈10月6日朝，京都青年会館で開催の第28回組合教会総会説教大意。文責在記者〉　基督教世界1517号 pp.1, 2　教壇
10.15 大正時代のオーソリテー（文責在記者）
　　　　　　　　　　　　　　　湖畔之声5号 pp.5-7　講演
　　　〈10月6日夕，京都青年会館での演説筆記。小松生識とある〉
10.17 イエス伝研究（上）〈京都・嵐山で開催の教師会での講演大意。文責在記者〉　　基督教世界1518号 pp.2, 3　講演
10.24 イエス伝研究（下）　　　基督教世界1519号 pp.2, 3　講演
11.1 新時代の曙光　　　　　　　新人13巻11号 pp.1-6　社説［37］
11.1 復活の生活　　　　　　　　新人13巻11号 pp.7-13　教壇
11.1 馬可伝　　　　　　　　　　新人13巻11号 pp.65-70　聖書研究

11.1 恩寵の力　　　　　　　　　新女界4巻11号 pp.5-11　（説教）
11.1 人生の四惑（説教の一節）　新女界4巻11号 p.11
11.1 生の宗教（文責在記者）　　護教1109号 pp.2-5　東京の講壇
12.1 土耳其民族の盛衰　　　　　新人13巻12号 pp.1-6　社説
12.1 憂国の至情　　　　　　　　新人13巻12号 pp.7-14　教壇
12.1 馬可伝　　　　　　　　　　新人13巻12号 pp.76-81　聖書研究
12.1 道徳上の奴隷　　　　　　　新女界4巻12号 pp.5-11　教壇
12.12（イエス伝研究の書籍）　　基督教世界1526号 p.3 質問応答欄
12.22 方針を誤る勿れ（新文相抱負如何・文政刷新の方策ありや，に回答
　　したもの）　　　　　　　　読売新聞　東京　朝刊 p.5

1913（T.2）**年**　（57歳）
1.1 朝鮮人陰謀事件（紫海）　　　新人14巻1号 pp.3, 4　時評
1.1 吾人の主張　　　　　　　　　新人14巻1号 pp.13-18　社説［37］
1.1 イエス伝の研究　　　　　　　新人14巻1号 pp.91-97　研究
1.1 保羅の世界的伝道　　　　　　新人14巻1号 pp.109-115　教壇
1.1 クリスチャンの光栄　　　　　新女界5巻1号 pp.5-10　教壇
1.3 科学者の本領〈本郷教会での説教。文責在記者〉
　　　　　　　　　　　　　　　　護教1118号 pp.3-5 東京の講壇
2.1 新しき人と立憲政治　　　　　新人14巻2号 pp.15-20　社説［37］
2.1（エーラルス）青木氏訳『現代的基督教』を評す
　　　　　　　　　　　　　　　　新人14巻2号 pp.27-33　新著月旦
2.1 元良博士の宗教思想　　　　　新人14巻2号 pp.64, 65
2.1 信仰の統一　　　　　　　　　新人14巻2号 pp.97-104　教壇
2.1 復生の必要　　　　　　　　　新女界5巻2号 pp.5-9　教壇
2.6 基督に拠れる救拯〈2月2日，本郷教会礼拝説教筆記。未校閲〉
　　　　　　　　　　　　　　　　福音新報919号 pp.3, 4
2.16 読書趣味と文明　　　　　　 読売新聞　東京　朝刊 p.6
2.20 霊的感応　　　　　　　　　 基督教世界1535号 PP.4, 5　教壇
3.1 大正維新と国民の道義的素養　 新人14巻3号 PP.13-18　社説［37］

3.1 Allan Hoben 著（シカゴ大学出版）The Minister and the Boy を読む
　　　　　　　　　　　　　　新人14巻3号 pp.25-30　新著月旦
3.1 耶蘇伝研究（二）　　　　新人14巻3号 pp.83-89　研究
3.1 詛はれたる社会　　　　　新人14巻3号 pp.97-103　教壇
3.1 基督に拠れる救拯　　　　新女界5巻3号 pp.5-11
4.1 伝道の外的障碍（無署名）　新人14巻4号 pp.13-18　社説
4.1 オイケンの現代宗教哲学の重要問題　新人14巻4号 pp.19-33　新著月旦
4.1 勇健なる人生観　　　　　新人14巻4号 pp.96-103　教壇
4.1 孝の一字　　　　　　　　新女界5巻4号 p.1　巻頭言
4.1 奉仕の徳　　　　　　　　新女界5巻4号 pp.6-11
4.25 人生の真義と信仰　（林碩次編『現代名家信仰の告白』東京崇文館,
　　所収，pp.201-214）
4.28 吾人の使命〈1912年10月6日，京都青年会館で開催の第28回総会説
　　教〉（『大正二年日本組合教会便覧』所収，pp.175-182）
5.1 日本民族大発展の障碍　　新人14巻5号 pp.14-19　社説
5.1 覚醒の人　　　　　　　　新人14巻5号 pp.97-104　教壇
5.1 (無題)　　　　　　　　　新女界5巻5号 p.1　巻頭言
5.1 包括的人生観　　　　　　新女界5巻5号 pp.6-13
5.1 不良少年の増加　　　　　新女界5巻5号 pp.61, 62 随感
5.1 基督教と我国精神界〈4月1日，東京青年会館での講演筆記。未校閲〉
　　　　　　　　　　　　　　開拓者8巻5号 pp.14-23
5.15 隠れたる宝〈5月11日，本郷教会礼拝説教梗概。未校閲〉
　　　　　　　　　　　　　　福音新報933号 pp.3, 4 講壇余響
6.1 君国と基督教徒　　　　　新人14巻6号 pp.13-18　社説 [37]
6.1 邦語にて書かれたる耶蘇基督伝　新人14巻6号 pp.24-27　新著月旦
6.1 天に貯へある宝　　　　　新人14巻6号 pp.98-103　教壇
6.1 衷心の力　　　　　　　　新女界5巻6号 pp.6-12
6.14 青年実業家の覚悟（演説大意・文責在記者）〈丸善の雑誌〉pp.1-7（講
　　演）
6.20 新しき人と旧き人〈本郷教会礼拝説教梗概。文責在記者〉

	護教1142号 pp.2-5　東京の講壇
6.26 基督教の人生観	基督教世界1553号 pp.2, 3　教壇
7.1 思想界の潮流と吾人の態度	新人14巻7号 pp.13-18　社説［37］
7.1 隠れたる人生	新人14巻7号 pp.96-103　教壇
7.1 見るべからざる神の姿	新女界5巻7号 pp.6-10
7.1 日本最初の女医―荻野吟子刀自の事―	新女界5巻7号 pp.28-32
7.8 人格の美（川村弘『芳舟遺稿』所収、pp.860, 861）	
8.1 宗教勃興の徴（無署名であるが目次には海老名とある）	
	新人14巻8号 pp.12-17　社説
8.1 北海道旅行たより	新人14巻8号 pp.95-97
8.1 練成の信	新人14巻8号 pp.98-103　教壇
8.1 神の家族	新女界5巻8号 pp.6-12
8.1 北海道より（おたより）	新女界5巻8号 pp.62, 63
9.1 北海道感想の一端（無署名）	新人14巻9号 pp.11-17　社説
9.1 北海道旅行だより（二）	新人14巻9号 pp.93-95　雑録
9.1 戦闘の教会	新人14巻9号 pp.98-103　教壇［30］
9.1 天来の慰藉	新女界5巻9号 pp.7-13
9.1 活動を厭ふ浴客	新女界5巻9号 pp.69, 70 随感
9.11 預言者の出現〈9月7日, 本郷教会礼拝説教梗概。未校閲〉	
	福音新報950号 p.2　説教
9.25 平民の勃興と基督教（本郷教会説教大意。文責在記者）	
	基督教世界1566号 pp.2, 3　講壇
10.1 官民衝突の不祥	新人14巻10号 pp.14-20　社説［30, 37］
10.1 Christianizing the Social Order by Walter Rauschen Busch	
	新人14巻10号 pp.22-26　新著月旦
10.1 時代の健児	新人14巻10号 pp.96-103　教壇
10.1 苦痛の意義	新女界5巻10号 pp.7-11
10.2 平民の勃興と基督教（下）	基督教世界1567号 pp.2, 3 講壇
10.23 現代思潮に対する吾人の態度（東京総会講演大要。文責在記者）	
	基督教世界1570号 p.3　講演

10. 朝鮮教化に就て天下の有志に訴ふ　霊南坂教会百年史 pp.306-308
　　〈日本組合基督教会朝鮮教化資金募金委員長としての募金趣意書〉
11.1 新しき力の善導　　　　　　新人14巻11号 pp.15-20　社説［37］
11.1（オイケン著 波多野精一・宮本和一共訳）新理想主義の哲学を読む
　　　　　　　　　　　　　　　新人14巻11号 pp.21-25　新著月旦
11.1 研究より生活へ　　　　　　新人14巻11号 pp.94-102　教壇
11.1 快活なる道徳生活　　　　　新女界5巻11号 pp.7-13
12.1 吾人が本領の勝利　　　　　新人14巻12号 pp.13-20　社説［28］
12.1 イスカリオテのユダに就て　新人14巻12号 pp.85-89　研究
12.1 新潟たより　　　　　　　　新人14巻12号 pp.90-93　雑録
12.1 北海道便り（札幌教会奉堂式紀行）新人14巻12号 pp.93-95　雑録
12.1 偉人の知己　　　　　　　　新人14巻12号 pp.96-102　教壇
12.1 女子の友　　　　　　　　　新女界5巻12号 pp.7-12
12.1 絵葉書だより（おたより）　新女界5巻12号 pp.66, 67

1914（T.3）**年**（58歳）
1.1 在米同胞後援会（良峯）　　　新人15巻1号 pp.10, 11　時評
1.1 学生の国民的自覚を促す　　　新人15巻1号 pp.12-18　社説［30］
1.1 人格の獲得　　　　　　　　　新人15巻1号 pp.19-27　教壇［30］
1.1 聖子の誕生　　　　　　　　　新女界6巻1号 pp.9-14
1.9 新らしき曙光〈本郷教会での説教。文責在記者〉
　　　　　　　　　　　　　　　　護教1171号 pp.2-5　教壇
2.1 全国協同伝道（良峯）　　　　新人15巻2号 pp.6, 7　時評
2.1 幼稚なる基督観（無署名）　　新人15巻2号 pp.11-16　社説
2.1 国民教育の新要素　　　　　　新人15巻2号 pp.17-25　教壇［30］
2.1 日誌の中より　　　　　　　　新人15巻2号 pp.79, 80
2.1 永生の言葉　　　　　　　　　新女界6巻2号 pp.7-11
2.1 忠臣蔵の道徳（其一）　　　　新女界6巻2号 pp.18-24
2.1 日誌の二つ三つ　　　　　　　新女界6巻2号 pp.66, 67　随感
2.19 平和の王　　　　　　　　　基督教世界1587号 pp.2, 3　教壇

2.19 王の宴会〈2月15日，本郷教会。説教〉
　　　　　　　　　　　　　　福音新報973号 p.7　　教壇余響
3.1 御用商人の罪悪を看過する勿れ（良峯）
　　　　　　　　　　　　　　新人15巻3号 pp.3, 4　　時評
3.1 新しき日本魂　　　　　　新人15巻3号 pp.13-18　社説 [37]
3.1 東北新興力の所在　　　　新人15巻3号 pp.19-28　教壇
3.1 基督教十回講演 第一講 預言者教概論　　新人15巻3号 pp. 附1-10 [33]
3.1 王の宴会　　　　　　　　新女界6巻3号 pp.6-10
3.12 新時代の要求〈3月2日，洛陽教会。講演大意。文責在記者〉
　　　　　　　　　　　　　　基督教世界1590号 pp.2, 3　教壇
4.1 全国協伝の題目は何ぞ（温山）　新人15巻4号 pp.9, 10　時評
4.1 明治時代の欠陥　　　　　新人15巻4号 pp.13-18　社説 [37]
4.1 何を自覚せしや　　　　　新人15巻4号 pp.19-25　教壇 [30]
4.1 信州行　　　　　　　　　新人15巻4号 p.78
4.1 基督教十講 第二講 基督と其時代　　新人15巻4号 pp. 附11-19 [33]
4.1 不義なる番頭の比喩　　　新女界6巻4号 pp.6-11
4.2 神の国の所在〈3月29日，本郷教会。説教〉
　　　　　　　　　　　　　　福音新報979号 pp.2, 3　教壇余響
5.1 皇太后陛下の崩御を悼む　新人15巻5号 pp.2, 3　時評
5.1 有終の美を済さしめよ　　新人15巻5号 pp.13-19　社説 [30]
5.1 復活の信仰　　　　　　　新人15巻5号 pp.20-26　教壇 [30]
5.1 基督教十講 第三講 原始基督教（上）
　　　　　　　　　　　　　　新人15巻5号 pp. 附21-30 [33]
5.1 神の国の所在　　　　　　新女界6巻5号 pp.15-18
5.1 旧道徳の批判　　　　　　新女界6巻5号 pp.23-26
5.21 十字架上の霊光〈5月17日，平安教会礼拝説教大意〉
　　　　　　　　　　　　　　基督教世界1600号 p.2　教壇
6.1 唯物主義の破産　　　　　新人15巻6号 pp.13-18　社説 [37]
6.1 ペテロの告白　　　　　　新人15巻6号 pp.19-24　教壇 [30]
6.1 基督教十講 第三講 原始基督教（下）

	新人15巻6号 pp. 附31-45 ［33］
6.1 神の面影	新女界6巻6号 pp.6-11
6.25 基督教の社会的使命〈協同伝道修養会講演大意。文責在記者〉	
	基督教世界1605号 p.4
6.25（全国協同伝道に対する感想）	基督教世界1605号 p.14
6.（黒住教）立教百年を祝す	経世雑誌 6巻5号 pp.104-107
7.1 宗教界の適種生存	新人15巻7号 pp.11-16　社説 ［30］
7.1 敬虔の人（徳富一敬翁）〈5月30日，青山斎場での説教〉	
	新人15巻7号 pp.17-21　教壇 ［30］
7.1 伝道三十年	新人15巻7号 pp.98-109 雑俎 ［37］
7.1 基督教十講 第四講 教父神学概論	新人15巻7号 pp. 附47-56 ［33］
7.1 基督の人生観	新女界6巻7号 pp.6-11
7.9 能力の源泉〈協伝修養会講演大意〉	基督教世界1607号 p.2　教壇
7.10 霊界の回顧と展望	神戸教会月報（未見）
8.1 オイケン博士を迎ふ（無署名）	新人15巻8号 pp.9-15　社説
8.1 健闘の霊	新人15巻8号 pp.16-22　教壇 ［30］
8.1 創造の精神	新女界6巻8号 pp.6-10
8.1 海老名みち子様へ	新女界6巻8号 p.48
8.1 覚醒し来れる新日本〈7月19日，本郷教会説教大意。文責在記者〉	
	開拓者9巻8号 pp.53-55
8.13 信の力（説教梗概。文責在記者）	基督教世界1612号 pp.2, 3　教壇
9.1 国際地図変化の教訓	新人15巻9号 pp.9-14　社説
9.1 包括的生命	新人15巻9号 pp.15-21　教壇
9.1 基督教十講 第五講 中世紀基督教	新人15巻9号 pp. 附57-68 ［33］
9.1 文明の詛	新女界6巻9号 pp.6-10
9.10 人格の交感（文責在記者）	基督教世界1616号 pp.2, 3　教壇
10.1 日鮮人の根本的融合	新人15巻10号 pp.11-16　社説
10.1 信仰の試練	新人15巻10号 pp.17-26　教壇 ［35, 39］
10.1 基督教十講 第六講 プロテスタント教	
	新人15巻10号 pp. 附69-80 ［33］

10.1 基督教の救済　　　　　　　新女界6巻10号 pp.2-7
11.1 支那の根本的覚醒（無署名）新人15巻11号 pp.11-16　社説
11.1 永遠の希望　　　　　　　　新人15巻11号 pp.17-25　教壇［35, 39］
11.1 患難の友　　　　　　　　　新女界6巻11号 pp.6-10
11.5 基督教と国民教化〈10月4日，神戸教会。総会大講演会大意。文責在記者〉
　　　　　　　　　　　　　　　基督教世界1624号 pp.2, 3　講演
11.13 日本組合本郷教会　牧師　海老名彈正氏　日曜めぐり（十六）
　〈11月8日の説教の大意〉　　　護教1215号 p.14
11.19 二十世紀の基督　　　　　基督教世界1626号 p.3　論説
12.1 英国軍隊は果して劣等なるか（良峯）　新人15巻12号 p.5　時評
12.1 基督教の新なる使命　　　　新人15巻12号 pp.8-13　社説［37］
12.1 全人創造の起点　　　　　　新人15巻12号 pp.14-20　［35, 39］
12.1 健徳の霊　　　　　　　　　新女界6巻12号 pp.5-13
12.1 進歩的基督教（文責在記者）六合雑誌407号 pp.108-111

1915（T.4）**年**（59歳）
1.1 第二維新の翹望（無署名）　　新人16巻1号 pp.11-16　社説
1.1 基督教の面目一新　　　　　　新人16巻1号 pp.17-28　論説［35, 39］
1.1 （基督教十講）第七講 新プロテスタント教
　　　　　　　　　　　　　　　新人16巻1号 pp. 附81-92［33］
1.1 新らしき母の覚悟　　　　　　新女界7巻1号 pp.6-12
1.8 迎年所感　　　　　　　　　　護教1223号 pp.2, 3　教壇
1.21 新約記者の見たるモーセ（講演筆記。文責在記者）
　　　　　　　　　　　　　　　基督教世界1634号 pp.3, 4　講演
1.29 初学者に対する基督伝の解説　護教1226号 pp.3, 4　講壇
2.1 欧州動乱に備ふる覚悟　　　　新人16巻2号 pp.13-18　社説
2.1 永遠の霊潮　　　　　　　　　新人16巻2号 pp.19-29　論説［35, 39］
2.1 基督の帰一力　　　　　　　　新女界7巻2号 pp.5-11
2.1 欧州戦乱と基督教　　　　　　新女界7巻2号 pp.12-18
2.1 基督教徒の使命　　　　　　　六合雑誌409号 pp.79-87

2.1 求道者の疑惑と之れが解決〈1月20日，有志伝道修養会の講演。未校閲〉
　　　　　　　　　　　　　　開拓者10巻2号 pp.36-41
2.11 基督教の変遷及教会の現状（上）（協同伝道修養会講演。文責在記者）
　　　　　　　　　　　　　　基督教世界1637号 pp.4, 5　講演
2.18 基督教の変遷及教会の現状（下）　基督教世界1638号 p.5
2.25 礼拝の真義〈21日，本郷教会礼拝説教大意〉
　　　　　　　　　　　　　　福音新報1026号 p.4　講壇余響
3.1 マ，ギの両博士を送る（紫海）　　新人16巻3号 pp.2-4　時評
3.1 協同伝道（温山）　　　　　新人16巻3号 pp.5, 6　時評
3.1 万国主義の高調　　　　　　新人16巻3号 pp.11-17　社説 [34]
3.1 国民霊覚の時機　　　　　　新人16巻3号 pp.18-27　論説 [35, 39]
3.1 基督教の中心点　　　　　　新女界7巻3号 pp.5-10
3.11 熊本バンドの回顧　　　　　基督教世界1641号 p.2
4.1 利己的国民道徳の破壊（良峯）　新人16巻4号 pp.4, 5　時評
4.1 近代文明の根柢　　　　　　新人16巻4号 pp.13-20　教壇 [35, 39]
4.1 吾人の霊夢（再び万国主義を高調す）新人16巻4号 pp.22-27　社説 [37]
4.1（国民教育問題懇話会での発言梗概）新人16巻4号 p.139　雑録
4.1 霊の人基督　　　　　　　　新女界7巻4号 pp.5-9
4.15 基督伝の解説（講演梗概。文責在記者）
　　　　　　　　　　　　　　基督教世界1646号 p.2　講演
4.22 基督伝の解説　　　　　　　基督教世界1647号 p.2　講演
(4.25 『山上の説教』広文堂，刊行)
5.1 オイケン教授の為めに惜む（紫海）　新人16巻5号 pp.2, 3　時評
5.1 教権の転化　　　　　　　　新人16巻5号 pp.11-18　教壇 [35, 39]
5.1 欧州戦乱後の基督教（戦後の予想）
　　　　　　　　　　　　　　新人16巻5号 pp.20-25　社説 [37]
5.1 悲観か楽観か　　　　　　　新女界7巻5号 pp.5-9
5.6 生春の宗教（文責在記者）　基督教世界1649号 pp.2, 3
5.14 万国主義と基督教〈東京協同伝道講演大意。文責在記者〉

                                    護教1241号 pp.3, 4　講壇
5.20 母たるの光栄（母の日説教。文責在記者）
                                    基督教世界1651号 p.8 家庭
6.1 戦後に於ける宗教道徳の大勢　　新人16巻6号 pp.12-17　社説［34］
6.1 良心の自由　　　　　　　　　新人16巻6号 pp.18-28　論説［39］
6.1（基督教十講）第十講 日本固有思想と基督教
                                    新人16巻6号 pp. 附135-147［33］
6.1　母たるの光栄　　　　　　　　新女界7巻6号 pp.5-10
    〈5月20日の『基督教世界』とほぼ同じ内容〉
6.3 人格の成敗（文責在記者）　　　基督教世界1653号 p.2　教壇
6.3 新しき獲物〈5月23日，本郷教会礼拝説教大意〉
                                    福音新報1040号 p.4　講壇余響
7.1 衷心の要求　　　　　　　　　　新人16巻7号 pp.10-16　教壇
7.1 近代文明に対するフスの貢献　　新人16巻7号 pp.17-22　社説［37］
7.1 鮮満伝道旅行　　　　　　　　　新人16巻7号 pp.121-124
7.1 霊界の消息　　　　　　　　　　新女界7巻7号 pp.5-9
7.22 ダニエルの夢　　　　　　　　 基督教世界1660号 pp.2, 3　教壇
8.1 日支条約決定後の満州（温山）　新人16巻8号 pp.3, 4　時評
8.1 日鮮人の和合（温山）　　　　　新人16巻8号 p.5　時評
8.1 日鮮支三民族の将来（無署名）　新人16巻8号 pp.9-13　社説
8.1 民族発展の理想　　　　　　　　新人16巻8号 pp.14-22　教壇［35, 39］
8.1 満州旅行日記　　　　　　　　　新人16巻8号 p.120
8.1 基督の人世観　　　　　　　　　新女界7巻8号 pp.5-8
(8.4『向上清話』大学館，刊行)
8.12 排日問題の教訓（講演筆記。文責在記者）
                                    基督教世界1663号 pp.2, 3　講演
(8.15『宇宙の生命』朝鮮基督教時報社，刊行)
8.26 予が渡米の感想　〈7月27日夜，サンフランシスコ。リフォームド教
    会での演説。千葉豊治筆記の梗概）　基督教世界1665号 p.5
9.1 感想五則（良峯）　　　　　　　新人16巻9号 pp.2-4　時評

9.1 愛国心の聖化　　　　　　　新人16巻9号 pp.16-22　論説［35, 39］
9.1 出発より到着まで（米国に於ける海老名主筆の消息）
　　　　　　　　　　　　　　　新人16巻9号 pp.91-93 消息
9.1 予が渡米の感想（啓発運動第一回演説会）（7月27日夜，リフォームド
　　教会での講演）〈千葉豊治による要約〉　新人16巻9号 pp.96-99　消息
9.1（啓発運動第二回演説会）〈千葉豊治による要約〉
　　　　　　　　　　　　　　　新人16巻9号 pp.99, 100 消息
9.1（啓発運動第三回演説会）〈千葉豊治による要約〉
　　　　　　　　　　　　　　　新人16巻9号 pp.101, 102消息
9.1（啓発運動第四回演説会）〈千葉豊治による要約〉
　　　　　　　　　　　　　　　新人16巻9号 pp.102, 103消息
9.1 新生命の発展　　　　　　　新女界7巻9号 pp.5-9
(9.20 『修養の枝折　其三』南満州鉄道株式会社庶務課，刊行)
10.1 復活の生活　　　　　　　 新人16巻10号 pp.19-24　論説
10.1 地方講演の忙中から（米国に於ける海老名主筆の消息）
　　　　　　　　　　　　　　　新人16巻10号 pp.127-131 消息
10.1 良心の叫び　　　　　　　 新女界7巻10号 pp.5-9
10.28 日本民族の過去と将来（総会講演筆記。文責在記者）
　　　　　　　　　　　　　　　基督教世界1674号 pp.3-5　講演
11.1 霊肉一如の生活　　　　　 新人16巻11号 pp.17-22　論説
11.1 南加地方より（在米同胞啓発運動たより）
　　　　　　　　　　　　　　　新人16巻11号 pp.123-126
11.1 復活の意義　　　　　　　 新女界7巻11号 pp.7-13
11.11　教会の使命　　　　　　 福音新報21巻　1063号〈説教〉
　　〈11月7日（日）の礼拝説教。『福音新報』の記者による大略〉
(11.15『基督教十講』警醒社書店，刊行)
12.1 神学界に於ける大戦の影響（温山）　新人16巻12号 pp.5, 6　時評
12.1 日本民族の現在及将来　　 新人16巻12号 pp.12-18　論説［37］
12.1 国民精神の転機―大典奉祝説教―
　　　　　　　　　　　　　　　新人16巻12号 pp.19-30　論説［35, 39］

12.1 人生の行旅　　　　　　　新女界7巻12号 pp.5-9
12.2 新しき人〈10月28日，奈良記念会礼拝説教大意。文責在記者〉
　　　　　　　　　　　　　　基督教世界1679号 pp.2, 3　教壇

1916（T.5）**年**（60歳）
1.1 カムベル教師の転籍（温山）　　新人17巻1号 pp.1, 2　時評
1.1 新時代の翹望（無署名）　　新人17巻1号 pp.7-12　社説
1.1 偉大なる国民の性格　　　　新人17巻1号 pp.13-20　論説［35, 39］
1.1 三位一体新論　　　　　　　新人17巻1号 pp.33-44　論説［38］
1.1 新生の歓喜　　　　　　　　新女界8巻1号 pp.4-7
1.6 超自然の力（説教梗概。文責在記者）
　　　　　　　　　　　　　　基督教世界1683号 pp.2, 3　教壇
2.1 帰一協会の宣言（温山）　　新人17巻2号 pp.10, 11　時評
2.1 如何にして模倣時代を超越すべきか
　　　　　　　　　　　　　　新人17巻2号 pp.13-18　社説［37］
2.1 良心の権威　　　　　　　　新人17巻2号 pp.19-29　教壇［39］
2.1 新贖罪論　　　　　　　　　新人17巻2号 pp.附129-142　論説［38］
2.1 新しき愛　　　　　　　　　新女界8巻2号 pp.5-8
2.3 人生の第一義〈基督教婦人修養会・大会。演説大意〉
　　　　　　　　　　　　　　福音新報1075号 pp.4, 5　講壇余響
2. 三位一体論の研究　　　　　神学之研究2月号〈未見〉
3.1 加藤博士の葬式（温山）　　新人17巻3号 pp.3, 4　時評
3.1 加藤弘之博士を追想す　　　新人17巻3号 pp.11-16　社説［37］
3.1 精神界の新紀元　　　　　　新人17巻3号 pp.17-24　論説［35, 39］
3.1 新予定論　　　　　　　　　新人17巻3号 pp.113-125［38］
3.1 家庭の基督　　　　　　　　新女界8巻3号 pp.5-10
3.30 霊界の悦楽（説教筆記。文責在記者）
　　　　　　　　　　　　　　基督教世界1695号 pp.2, 3　教壇
4.1 ハリス監督と日本人（良峯）　新人17巻4号 pp.1, 2　時評
4.1 写真結婚問題（温山）　　　新人17巻4号 pp.3-5　時評

4.1 世界的精神の実現	新人17巻4号 pp.8-14	社説 [37]
4.1 生命の価値	新人17巻4号 pp.15-22	論説
4.1 新復生論	新人17巻4号 pp.95-108	[38]
4.1 基督の福音	新女界8巻4号 pp.5-10	
5.1 何を以て伝道せんとするか	新人17巻5号 pp.8-14	社説
5.1 復活の福音	新人17巻5号 pp.15-22	論説 [39]
5.1 新世界観	新人17巻5号 pp. 附113-125	[38]
5.1 基督者の生活と恩恵	新女界8巻5号 pp.5-9	
5.1 問に答へて	新女界8巻5号 pp.70, 71	
6.1 国民道徳と基督教	新人17巻6号 pp.7-13	社説

〈渡瀬常吉『海老名弾正先生』(pp.394-397) が，論文の後半部分を収録〉

6.1 極東の選民	新人17巻6号 pp.14-24	説苑 [35, 39]
6.1 北陸より	新人17巻6号 pp.109, 110	想苑
6.1 新終末論	新人17巻6号 pp.115-127	評論 [38]
6.1 愛の権能	新女界8巻6号 pp.9-14	
6.1 人生の勝利者〈5月10日死去した鹿子木歌子についての談話〉		
	新女界8巻6号 pp.48, 49	
6.22 村上翁を悼む	基督教世界1707号 p.6	感想
7.1 プリンス，ミレーニ氏の主張（温山）	新人17巻7号 pp.7, 8	時評
7.1 神国の市民	新人17巻7号 pp.9-19	説苑 [35, 39]
7.1 詩人タゴールの文明批評を読む	新人17巻7号 pp.20-25	社説 [37]
7.1 新奇跡論	新人17巻7号 pp.117-129	[38]
7.1 幼児の追懐―花の日礼拝説教―	新女界8巻7号 pp.7-11	

(7.16 編著『戦後文明の研究』洛陽堂，刊行)

8.1 加奈陀の宗教界（温山）	新人17巻8号 p.10	時評
8.1 欧州戦乱の教訓	新人17巻8号 pp.11-17	社説 [37]
8.1 罪の自覚	新人17巻8号 pp.18-27	論説 [39]
8.1 質疑応答 序言 質疑十件	新人17巻8号 pp.95-101	想苑
8.1 女子の月桂冠	新女界8巻8号 pp.7-12	

8.10 識る者の責任（説教筆記。文責在記者）
　　　　　　　　　　　　　　基督教世界1714号 pp.2, 3　教壇
9.1 唯物主義より覚醒せよ　　　新人17巻9号 pp.11-16　社説［37］
9.1 選民の宗教　　　　　　　　新人17巻9号 pp.17-28　説苑［35, 39］
9.1 求道者の問に答ふ（質疑応答）　新人17巻9号 pp.110-114　雑録
9.1 新罪悪論　　　　　　　　　新人17巻9号 pp.115-126　論説［38］
9.1 神の基督　　　　　　　　　新女界8巻9号 pp.11-17
9.13 宗教と人生との発刊を祝す
　　（帆足理一郎『宗教と人生』洛陽堂，序文，pp.1-4）
10.1 国家の覚醒　　　　　　　　新人17巻10号 pp.7-13　社説［37］
10.1 罪の絶滅　　　　　　　　　新人17巻10号 pp.14-23　説苑［39］
10.1 忙はしき世に処する心懸（紫海）　新女界8巻10号 pp.4, 5　主張
10.1 クリスチアンの情操　　　　新女界8巻10号 pp.7-12
10.12 組合教会の将来（総会講演筆記）　基督教世界1723号 pp.2, 3
10.26 自由意志論〈京大青年会，講演筆記。文責在記者〉
　　　　　　　　　　　　　　基督教世界1725号 p.2　講演
10.27 修養の真義〈10月14日・土曜日・午後2時，神田三崎会館で開催の婦
　　人信徒大会。講演大意〉　護教1317号 p.4
10.27　生命の価値〈10月22日・日曜日・午後2時，芝公園近くの大天幕
　　（千五六百人収容）で開催の大演説会。演説大意〉　護教1317号 p.7
10.27 聖俗打破〈10月21日・土曜日・大手町私立衛生会で開催の実業家招
　　待会。演説大意〉　護教1317号 pp.7, 8
11.1 大日本天然の国教（温山）　新人17巻11号 pp.6, 7　時評
11.1 選民論　　　　　　　　　　新人17巻11号 pp.15-22　社説［35］
11.1 国民性の精練　　　　　　　新人17巻11号 pp.23-34　論説［35, 39］
11.1 健全なる信仰　　　　　　　新女界8巻11号 pp.35-37
11.1 人格の根本義〈10月9日，大学部。精神講話会，講演筆記。文責在記
　　者〉　　　　　　　　　　同志社時報第136号 pp.2-4
11.3 国民の覚醒〈10月25日夜，大手町・衛生会で開催の東京協同伝道，教
　　育家大会。講演大意〉　護教1318号 p.2

11.5 日本の将来と基督教　　　　湖畔之声49号 pp.1-4
（11.15　『選民の宗教』新人社，刊行）
11.30 現代教会の使命（説教筆記。文責在記者）
　　　　　　　　　　　　　　基督教世界1730号 pp.2, 3　教壇
11. Romaji-saiyo wa ikkyo-santoku　　Romaji 11巻11号 pp.6, 7
　（ローマ字採用は一挙三得）　　　　（ローマ字11巻11号）
12.1 新聞伝道の反響（無署名）　新人17巻12号 pp.15-21　社説
12.1 メシアの出現と律法　　　新人17巻12号 pp.22-32　論説［39］
12.1 新自由意志論　　　　　　新人17巻12号 pp.115-127［38］
12.1 修養の根本義　　　　　　新女界8巻12号 pp.5-11
（12.1　共述『志道者の友』宗教通信社，刊行）

1917（T.6）**年**（61歳）
1.1 新春を迎へて国民の覚醒を促す（無署名）
　　　　　　　　　　　　　　新人18巻1号 pp.10-16　社説
1.1 メシアの出現　　　　　　新人18巻1号 pp.81-90［39］
1.1 新自由意志論（二）　　　新人18巻1号 pp.145-156［38］
1.1 神の栄光　　　　　　　　新女界9巻1号 pp.5-9
1.18 国民生活に於ける信仰の勝利（説教筆記。文責在記者）
　　　　　　　　　　　　　　基督教世界1737号 pp.1, 2　教壇
2.1 姉崎博士の戦後宗教問題を読む（温山）新人18巻2号 pp.8-10　時評
2.1 戦乱後の平和問題　　　　新人18巻2号 pp.13-18　社説［37］
2.1 純潔の理想　　　　　　　新人18巻2号 pp.19-27　論説［39］
2.1 新人格論　　　　　　　　新人18巻2号 pp.117-127　論説［38］
2.1 興国の精神　　　　　　　新女界9巻2号 pp.6-11
2.22 霊能の宗教　　　　　　　基督教世界1742号 pp.2, 3
2.28 貞操問題と帝国の将来〈2月2日、貞操問題講演会に於ける講演の梗
　　概〉　　　　　　　　　　婦人新報236号 pp.10-13
3.1 米国基督教徒の平和運動（温山）　新人18巻3号 pp.1, 2　時評
3.1 教会合同論（温山）　　　新人18巻3号 pp.12, 13　時評

3.1 人類の新紀元	新人18巻3号 pp.17-26	教壇［39］
3.1 新基督論	新人18巻3号 pp.64-80	論説［38］
3.1 第二百号発刊に際して（回顧）	新人18巻3号 pp.225-233	
3.1 聖旨に服するの歓喜	新女界9巻3号 pp.6-10	
3.1 温泉と海浜とで神経痛を治す	主婦之友1巻1号 pp.44-46	
4.1 山路愛山を追想す（温山）	新人18巻4号 pp.10-12	時評

〈本書「Ⅴ．海老名の人物評（2）山路愛山」に全文を掲載〉

4.1 時代後れの亜細亜モンロー主義（紫海）
　　　　　　　　　　　　　新人18巻4号 pp.12-14　時評

4.1 欧州戦乱の末期	新人18巻4号 pp.17-22	社説［37］
4.1 霊能の宗教	新人18巻4号 pp.23-31	論説［39］
4.1 新復活論	新人18巻4号 pp.51-63	論説［38］
4.1 芳川家の不祥事	新女界9巻4号 pp.1, 2	主張
4.1 芥種の信	新女界9巻4号 pp.9-14	
4.1 小田川ゆう子刀自を追想す	新女界9巻4号 pp.43, 44	

4.12 現代の霊魂不滅論〈関東部会での講演大意。文責在記者〉
　　　　　　　　　　　　　基督教世界1749号 pp.2, 3

4.19 現代の霊魂不滅論	基督教世界1750号 pp.3, 4	
5.1 神国の理想と東洋民族	新人18巻5号 pp.13-19	社説［37］
5.1 復活の力	新人18巻5号 pp.20-28	論説［39］
5.1 新有神論	新人18巻5号 pp.115-127	論説［38］
5.1 宗教改革の精神	新女界9巻5号 pp.7-12	

5.10 救済の宗教（説教梗概。文責在記者）
　　　　　　　　　　　　　基督教世界1753号 pp.2-4　教壇

5.24 一牧者一群羊（5月6日，東京市内組合教会連合礼拝説教。経校閲訂正）　　基督教世界1755号 pp.2, 3　教壇

6.1 世界的精神の旺盛	新人18巻6号 pp.12-18	社説［37］
6.1 永遠の基督	新人18巻6号 pp.19-28	説苑［39］
6.1 一牧者、一群羊	新女界9巻6号 pp.7-10	

〈『基督教世界』1755号掲載と同じ内容〉

7.1 基督教の救済	新人18巻7号 pp.24-31	論説［39］
7.1 朝鮮半島に於ける感想	新人18巻7号 pp.60-66	論説
7.1 京城より　平壌より	新人18巻7号 p.66	

〈「京城より」は，5月26・27日　「平壌より」は，6月4日・5日の記録〉

7.1 基督と弟子達との共鳴　　　新女界9巻7号 pp.7-13

7.12 貞操之真義（婦人会，講演筆記。文責在記者）

　　　　　　　　　　　　　　基督教世界1762号 pp.2, 3　評論

8.1 旧文明の破壊と新文明の建設（無署名）

　　　　　　　　　　　　　　新人18巻8号 pp.17-23　社説

8.1 真の神殿　　　　　　　　新人18巻8号 pp.24-32　教壇［39］

8.1 満州北支に於ける感想　　新人18巻8号 pp.59-63　雑録

8.1 噫荒木真弓君〈葬儀での説教〉　新人18巻8号 pp.86-88

8.1 神の恩寵　　　　　　　　新女界9巻8号 pp.5-10

9.1 欧州大戦と我国精神界の危機（無署名）

　　　　　　　　　　　　　　新人18巻9号 pp.11-16　社説

9.1 メシアの出現と預言　　　新人18巻9号 pp.17-26　論説［39］

9.1 新有神論　　　　　　　　新人18巻9号 pp.53-64　論説［38］

9.1 砕けたる魂　　　　　　　新女界9巻9号 pp.5-8

9.27 （宗教改革所感）　　　　基督教世界1773号 p.8

10.1 何故に宗教改革を紀念するか（無署名）

　　　　　　　　　　　　　　新人18巻10号 pp.13-18　社説

10.1 我国精神界の危機　　　　新人18巻10号 pp.19-28　論説［39］

10.1 宗教改革以後に於けるプロテスタンチズムの消長

　　　　　　　　　　　　　　新人18巻10号 pp.97-108

10.1 罪悪の根絶　　　　　　　新女界9巻10号 pp.5-10

10.25 不朽の愛〈本郷教会。説教梗概。文責在記者〉

　　　　　　　　　　　　　　基督教世界1777号 pp.3, 4　教壇

11.1 国際関係に於ける基督教主義の勝利（無署名）

　　　　　　　　　　　　　　新人18巻11号 pp.16-22　社説

11.1 世界の光　　　　　　　　新人18巻11号 pp.23-30　教壇［39］

11.1 新天啓論　　　　　　　　新人18巻11号 pp.85-96 ［38］
11.1 税吏罪人の友　　　　　　新女界9巻11号 pp.5-8
11.1 国際問題と基督教　　　　開拓者12巻10号 pp.
（11.10『世界と共に覚めよ』広文堂書店，刊行）
12.1 亜細亜主義を駁す（無署名）　　新人18巻12号 pp.11-16　社説
12.1 良心の宗教　　　　　　　新人18巻12号 pp.17-25 ［39］
12.1 見えざる力　　　　　　　新女界9巻12号 pp.5-8

1918（T.7）年　（62歳）

1.1 大陸文化に対する日本民族の新使命　　新人19巻1号 pp.12-18　社論
1.1 神は唯一つなり　　　　　　新人19巻1号 pp.32-42　論壇
1.1 台湾伝道旅行（紫海）　　　新人19巻1号 pp.165-172　雑録
1.1 新人の誕生　　　　　　　　新女界10巻1号 pp.5-10
1.1 エルサレムの回復（談話。文責在記者）
　　　　　　　　　　　　　　　基督教世界1786号 pp.3, 4.15
1. 植村牧師を想ひて　　　　　福音新報1893号
　〈本書「V．海老名の人物評（3）植村正久（その2）」に全文を掲載〉
　〈『植村正久と其の時代』第5巻，pp.430-434に収録〉
2.1 戦乱後に於ける宗教問題　　新人19巻2号 pp.2-8　社論
2.1 無限の実在　　　　　　　　新人19巻2号 pp.30-36　論壇
2.1 新約聖書の著者及び著作（一）　　新人19巻2号 pp.53-62　研究
2.1 神は霊と真理を以て拝すべきなり　　新女界10巻2号 pp.2-5　教説
2.28 救済の保証（文責在記者）　基督教世界1794号 pp.2, 3　教壇
3.1 欧州戦乱が促せし思潮の急転　　新人19巻3号 pp.11-18　社論
3.1 世界恒久の平和は如何にして来るか　新人19巻3号 pp.31-40　論壇
3.1 新約聖書の著者及其著作（二）　　新人19巻3号 pp.119-132　研究
3.1 天国の嗣子　　　　　　　　新女界10巻3号 pp.3-5　教説
3.28 基督再臨論に対する見解〈本郷教会，説教大意。文責在記者〉
　　　　　　　　　　　　　　　基督教世界1798号 pp.3, 4
4.1 日本国民の更生の時機　　　新人19巻4号 pp.2-7　社論

4.1 イエスの宗教の特質　　　　新人19巻4号 pp.25-32　　論壇
4.1 基督再来論　　　　　　　　新人19巻4号 pp.75-88　　評論［38］
4.1 成功の栄耀と其暗黒　　　　新女界10巻4号 pp.2-5　　教論
4.1 何故に高等教育を受けたる青年を要するか
　　　　　　　　　　　　　　　開拓者13巻4号 pp.71, 72　談話
4.4 基督再臨論に対する見解（二）　　基督教世界1799号 pp.3, 8　論説
4.11 基督再臨論に対する見解（三）　　基督教世界1800号 pp.4, 7, 8　論説
　　〈（一）（二）（三），鈴木範久『内村鑑三日録』10，pp.296-309に収録〉
4.18 朝鮮教化の文化的意義（朝鮮教化問題演説会の講演梗概。文責在記者）　　　　　　　　　　　　基督教世界1801号 pp.1, 2　論説
4.30 新聞伝道会編『求道者のために』（「国民道徳と基督教」pp.13-15,「婦人と基督教」pp.106-108,「人生と基督教」pp.157-159）警醒社 159p
5.1 浅薄なる楽天主義と厭世主義との倒壊　　新人19巻5号 pp.9-15　社論
5.1 人格建設の内容　　　　　　新人19巻5号 pp.27-33　　論壇
5.1 戦乱後に於ける基督教の大勢　　新人19巻5号 pp.50-60　論壇
5.1 復活の霊能　　　　　　　　新女界10巻5号 pp.2-5　　教壇
6.1 世界大戦の真意義　　　　　新人19巻6号 pp.2-7　　社論
6.1 人生に於ける真の権威　　　新人19巻6号 pp.28-35　　論壇
6.1 ルカとその著ルカ伝　　　　新人19巻6号 pp.97-110　研究
6.1 母の賜物　　　　　　　　　新女界10巻6号 pp.1-4　　教壇
6.14 宗教思想の推移と再臨問題　　護教1400号 p.4　講壇
　　〈鈴木範久『内村鑑三日録』10，pp.323, 324に収録〉
(6.25『基督教新論』警醒社書店，刊行)
7.1 宣伝すべき基督の福音　　　新人19巻7号 pp.13-18　社論
7.1 人生の悲劇と信仰　　　　　新人19巻7号 pp.30-37
7.1 宗教思想の推移と基督再臨問題　　新人19巻7号 pp.59-67
　　〈6月9日（日）夜，本郷教会で開催の「基督再臨問題講演会」での講演筆記。6月14日の『護教』1400号の記事は，この講演の要約〉
7.1 永遠の花―花の日説教―　　新女界10巻7号 pp.1-4　　教壇

7.25 祭司たる基督〈7月14日，本郷教会。説教大意〉
　　　　　　　　　　　　　基督教世界1815号 pp.2, 3　　教壇
8.1 時局に就て国民の覚醒を促す　　　新人19巻8号 pp.2-7　　社論
8.1 列国共和制（温山）　　　新人19巻8号 pp.8-10　　時評
8.1 基督再来論の権威の所在（紫海）　新人19巻8号 pp.10, 11 時評
8.1 英字新聞の基督再来論（温山）　　新人19巻8号 pp.11, 12 時評
8.1 基督の福音と民本主義　　新人19巻8号 pp.18-23　　論壇
8.1 戦後の基督教　　　　　　新女界10巻8号 pp.1-6　　教壇
9.1 戦後に於ける万国共和同盟と宗教
　　　　　　　　　　　　　新人19巻9号 pp.11-17　　社論
9.1 神意の実現　　　　　　　新人19巻9号 pp.27-32　　論壇
9.1 ヨハネ伝とその著者　　　新人19巻9号 pp.90-101　論壇
9.1 基督と嬰児　　　　　　　新女界10巻9号 pp.1-3　　教壇
9.1 宗教上，政治上より観たる戦後の世界　開拓者　13巻8号 pp.19-32　講演
9.5 教会合同の根本問題（校閲を経ず，文責在記者）
　　　　　　　　　　　　　基督教世界1821号 pp.2, 3, 6　講演
〈本書「Ⅳ．海老名による横浜・熊本・札幌バンドの特色（1）」に関係部分を掲載〉
10.1 大戦乱裡に行はるゝ神の審判　　　新人19巻10号 pp.2-8　　社論
10.1 我専門家の西部戦評（温山）　　　新人19巻10号 pp.18-20 時評
10.1 基督を見るの明　　　　　新人19巻10号 pp.29-35　論壇
10.1 ヨハネ伝と其著者（二）　新人19巻10号 pp.75-86　論壇
10.1 北海道旅行端書便り　　　新人19巻10号 pp.109-111 雑録
10.1 預言者の精神　　　　　　新女界10巻10号 pp.1-4　教壇
10.10 新時代と基督教〈総会大講演会，講演大意。文責在記者〉
　　　　　　　　　　　　　基督教世界1826号 p.4　　講演
11.1 軍国主義の末路　　　　　新人19巻11号 pp.2-7　　社論
11.1 支那人の監督（温山）　　新人19巻11号 pp.8, 9　　時評
11.1 超国家の権力　　　　　　新人19巻11号 pp.20-26　論壇

11.1 信仰生活の徹底（文責在記者）　　新女界10巻11号 pp.6-9　教壇
(11.18『静的宗教と動的宗教』大鐙閣，刊行)
11.29 帝国主義より万国主義へ〈休戦条約締結感謝会，演説大意〉
　　　　　　　　　　　　　　護教1424号 pp.3, 4　講壇
12.1 独逸屈服の理由　　　　　新人19巻12号 pp.10-13　社論
12.1 列国共通の民主主義　　　新人19巻12号 pp.13-16　社論
12.1 弁護を装ふ勿れ（温山）　新人19巻12号 pp.25, 26　時評
12.1 容積主義の破滅　　　　　新人19巻12号 pp.31-40　論壇
12.1 ヨハネ伝とその著者（三）　新人19巻12号 pp.95-109　論壇
12.1 国民の改悔　　　　　　　新女界10巻12号 pp.7-10　教壇
12.12 欧州戦乱の終熄と基督教の使命（文責在記者）
　　　　　　　　　　　　　　基督教世界1835号 pp.1, 2　教壇

1919（T.8）**年**（63歳）
1.1 国際連盟と基督教　　　　　新人20巻1号 pp.8-14　社論
1.1 国民の洗礼　　　　　　　　新人20巻1号 pp.45-51　論壇
1.1 組合日基二教派の活動（温山）　新人20巻1号 pp.110, 111　時評
1.1 戦後の婦人　　　　　　　　新女界11巻1号 pp.4-7　教壇
1.1 戦後に於ける伝道上の諸問題（談話。文責在記者）
　　　　　　　　　　　　　　基督教世界1837号 p.3　論説
1.9 日本精神的文明の将来（講演筆記。文責在記者）
　　　　　　　　　　　　　　基督教世界1838号 pp.2, 3　講演
1.16 日本精神的文明の将来　　基督教世界1839号 pp.4, 5　講演
1.30 国際連盟の精神〈1月27日，大阪中央公会堂。組合教会「新時局伝道宣言書」発表講演会。講演大意〉　基督教世界1841号 pp.1-3　講演
2.1 吾が渡欧の感　　　　　　　新人20巻2号 pp.7-13　社論
2.1 良心の親交〈末尾に（一月廿十二日朝拝）とあるが，22日は日曜日ではないので誤り〉　　新人20巻2号 pp.17-22　論壇
2.1 神の子イエス　　　　　　　新女界11巻2号 pp.18-21　教壇
2.1 時代は特に如何なる点に婦人の教養を要望する乎

　　　　　　　　　　　　新女界11巻2号 p.36　　時説
2.20 神人の親交（説教筆記。文責在記者）基督教世界1844号 pp.2, 3　教壇
2.20 宗教と倫理の結合点（説教筆記）　本郷教会月報創刊号（未見）
　　〈渡部重徳「月報第一号より」『本郷教会創立五十年』p.258で指摘〉
3.1 新時代の曙光を望みて〈2月2日，本郷教会。告別説教〉
　　　　　　　　　　　　新人20巻3号 pp.9-18　　教壇
4.1 永生の内容〈1月19日夜，本郷教会。説教筆記。未校閲〉
　　　　　　　　　　　　新人20巻4号 pp.9-16　　教壇
4.1 三島丸より　　　　　新人20巻4号 pp.84-89　　想苑
4.1（海老名一雄宛便り）　新人20巻5号 p.34
6.1 三島丸より（其一）　　新人20巻6号 pp.80-82　　想苑
6.1 三島丸より（其二）　　新人20巻6号 pp.93-97　　想苑
8.1 巴里より　英国より　　新人20巻8号 pp.79-82　　想苑

1920（T.9）**年**（64歳）
2.12 新時代建設の基礎〈本郷教会。説教梗概。文責在記者〉
　　　　　　　　　　　　基督教世界1893号 pp.2-4　　教壇
2.12 新時代の宗教（説教要領）　教界時報1485号 p.2　　講壇
2.26 国際連盟に対する英国人の態度（談話筆記。文責在記者）
　　　　　　　　　　　　基督教世界1895号 pp.4, 5　　論説
3.1 新人イエス　　　　　新人21巻3号 pp.10-17　　教壇
3.1 欧米視察より帰りて〈2月25日夜，本郷教会。海老名夫妻歓迎会席上
　　の挨拶〉　　　　　　新人21巻3号 pp.55-59　　想苑
3.1 国際連盟に対する英国民の態度を報じて我国民の覚醒を促す
　　　　　　　　　　　　開拓者15巻3号 pp.15-25
3.18 新時代改造の根本義　基督教世界1898号 pp.1, 2　　論説
4.1 天より観たる人　　　新人21巻4号 pp.11-17　　教壇
4.1 世界改造期に於ける吾人の使命　新人21巻4号 pp.30-45　　論説
5.1 復活の時代　　　　　新人21巻5号 pp.7-12　　教壇
5.1 就任の辞（就任式演説筆記）　同志社時報175号 pp.1-3

6.1 基督教とデモクラシイ　　　　新人21巻6号 pp.13-22　　教壇
6.3 基督の福音主義　　　　　　　基督教世界1909号 pp.2-4　　教壇
6.17 本郷時代回顧と将来の覬望（談話筆記。未校閲）
　　　　　　　　　　　　　　　　基督教世界1911号 p.4　　牧会雑話
6.24 本郷時代回顧と将来の覬望（つゞき）
　　　　　　　　　　　　　　　　基督教世界1912号 p.5　　牧会雑話
7.1 基督教の三大使命　　　　　　新人21巻7号 pp.7-13　　教壇
7.1 久布白君の死　　　　　　　　新人21巻7号 pp.49-51　　想苑
7.1 本郷時代回顧と将来の覬望（つゞき）
　　　　　　　　　　　　　　　　基督教世界1913号 pp.2, 3　　牧会雑話
7.31 男女共学の準備　　　　　　同志社女学校期報45号 pp.1, 2　論説
8.1 基督教の世界に対する使命（承前）　新人21巻8号 pp.8-16　　教壇
8.1 同志社大学第5回卒業式の告辞　　　同志社時報178号 pp.1, 2
9.1 新時代の叫　　　　　　　　　新人21巻9号 pp.10-18　　教壇
10.1 神人の人格的交通　　　　　　新人21巻10号 pp.9-16　　教壇
10.7 現代の危機を論じて吾人の所信に及ぶ（未校閲）
　　　　　　　　　　　　　　　　基督教世界1927号 pp.3, 4　　講演
11.25 朝鮮問題の根本的解決〈中央会堂。演説筆記。未校閲〉
　　　　　　　　　　　　　　　　基督教世界1934号 pp.1, 2　　社説
12.1 神と協力〈本郷教会。説教筆記。文責在記者〉
　　　　　　　　　　　　　　　　新人21巻12号 pp.12-15　　教壇
12.23 新たに造られしもの―クリスマスを迎へて―（談話。未校閲）
　　　　　　　　　　　　　　　　基督教世界1938号 pp.5, 6

1921（T.10）年　（65歳）

1.1 新生の特徴　　　　　　　　　新人22巻1号 pp.14-21
1.1（第45回創立記念日式辞の要約）　同志社時報182号 p.2
1.27 奈良協議会申合せに就て（談話筆記）
　　　　　　　　　　　　　　　　基督教世界1942号 pp.2, 3
2.1 国家と教会　　　　　　　　　新人22巻2号 pp.11-17

3.1 十字架に現はれたる基督の生命　　新人22巻3号 pp.9-14
3.1〈第31回新島先生記念講演会，感想。要約〉
　　　　　　　　　　　　　　　同志社時報184号 p.1
3.1〈新島懐旧懇談会での，新島についての逸話〉
　　　　　　　　　　　　　　　同志社時報184号 p.6
3.3 現代に於ける教壇の権威（談話）　　基督教世界1947号 pp.1, 2　社説
3.15 欧米を巡遊して（文責在記者）　　湖畔之声100号 pp.3-9　講演
　　〈2月13日，近江八幡での講演筆記〉
3.25 自治観念の確立と普通選挙（永井柳太郎編『識者の見たる普通選挙』
　　冨山房、所収 pp.247-253）
4.1 世に勝つの信　　　　　　　新人22巻4号 pp.8-15
4.1〈第46学年卒業式での告別の言葉〉　同志社時報185号 pp.2, 3
4.14 教勢振起策（談話筆記）　　基督教世界1953号 pp.1, 2　社説
5.1 ダンテに就て　　　　　　　新人22巻5号 pp.2-8
5.1 告辞〈同志社大学 法学部文学部 第六回卒業式〉
　　　　　　　　　　　　　　　同志社時報186号 pp.2, 3
5.26 教勢果して如何（談話筆記）　基督教世界1959号 pp.1, 2　社説
5.27 心霊の覚醒〈本郷教会。講演要領。文責在記者〉
　　　　　　　　　　　　　　　教界時報1551号 p.2　講演
6.1 新人の責任（本郷教会。説教筆記。文責在記者）
　　　　　　　　　　　　　　　新人22巻6号 pp.11-19
6.1 基督教の宗教的実験（講演筆記。未校閲）
　　　　　　　　　　　　　　　新人22巻6号 pp.29-45
6.1 新学年始業式に於ける告辞　　同志社時報187号 pp.1, 2　想苑
6.30 教勢振起の一策（談話筆記）　基督教世界1964号 pp.1, 2　社説
7.1 心霊の覚醒　　　　　　　　新人22巻7号 pp.9-22
7.1 敢て同窓会の愛姉に訴ふ　　同志社女学校期報46号 pp.1-3
8.1 現代に於ける婦人問題（講演筆記。未校閲）　新人22巻8号 pp.2-13
9.1 見えざる御手に導かれて〈8月4日，野口精子葬儀。説教梗概〉
　　　　　　　　　　　　　　　新人22巻9号 pp.9-13

10.1 〈札幌での歓迎会の談話要旨〉　　同志社時報190号 p.6　雑録
10.27 教役者養成問題（談話筆記）　　基督教世界1980号 pp.2, 3
11.1 新時代の宗教（教壇筆記）　　新人22巻11号 pp.8-14
11.17 我が信仰生活の発展（説教梗概。未校閲）
　　　　　　　　　　　　　　基督教世界1983号 pp.1, 2　社説
　〈1940年5月16日『基督教世界』2928号 p.7 永眠3周年記念号に抜粋を掲載〉
12.1 個性と内容　　　　　　　新人22巻12号 pp.8-14
12.1 弔辞〈児玉亮太郎〉　　　同志社時報192号 p.2

1922（T.11）年（66歳）

1.1 国際主義の基調　　　　　新人23巻1号 pp.7-11
1.1 新時代の希望　　　　　　同志社時報193号 p.1　想苑
2.1 内在のキリスト　　　　　新人23巻2号 pp.8-15
2.1 〈神戸支部例会での演説〉　同志社時報194号 p.4
2.2 国際道徳と基督教（談話筆記。見出しは，筆記者によるもの）
　　　　　　　　　　　　　　基督教世界1993号 pp.2, 3
2.23 信仰に依れる救い（説教梗概。未校閲）
　　　　　　　　　　　　　　基督教世界1996号 pp.2, 3　教壇
3.1 新島先生を憶ふ　　　　　新人23巻3号 pp.11-16
3.1 〈新島先生追憶記念会での談話〉　同志社時報195号 p.9
4.1 我邦教育の欠陥　　　　　新人23巻4号 pp.5-18
4.1 告辞〈第四七学年卒業式〉　同志社時報196号 pp.1, 2 学報
4.27 復活の実験（文責在記者）　基督教世界2005号 pp.2, 3 講壇
5.1 世界に於ける宗教の覚醒　　新人23巻5号 pp.9-17
6.1 偉大なる悲劇の勢力　　　新人23巻6号 pp.6-12
6.29 ヒンデンブルヒ元帥の「自叙伝」を読みて（談話筆記）
　　　　　　　　　　　　　　基督教世界2014号 pp.2, 3
7.1 余が信教の由来　　　　　新人23巻7号 pp.2-8 ［47］
8.1 動揺期に於ける経験　　　新人23巻8号 pp.2-9 ［47］

8.1 荘田翁に就いて	新人23巻8号 pp.46, 47
8.1 懐旧と希望	同志社時報200号 p.2
9.1 確信の根拠	新人23巻9号 pp.2-7〔47〕
10.1 生命の獲得	新人23巻10号 pp.2-7
11.1 吾人の使命	新人23巻11号 pp.2-9

11.23 神に就ての経験〈本郷教会。説教大意。文責在記者〉
　　　　　　　　　　　　基督教世界2035号 pp.2, 3　講壇

12.1 創造の霊能　　　　　新人23巻12号 pp.4-11

1923（T.12）年（67歳）

1.1 経験の神	新人24巻1号 pp.4-11
1.1 新春の希望	同志社時報204号 p.1　社説

1.25 日米の正気を有したる新島先生（根岸橘三郎『新島襄』警醒社 の序文）pp.1-4

2.1 救済の問題	新人24巻2号 pp.4-11
2.1 軽視すべからざる女子の大学教育	同志社時報205号 pp.1, 2　社説

2.8 余が体験せる基督の救（講演筆記。文責在記者）
　　　　　　　　　　　　基督教世界2045号 pp.1, 2

3.1 信仰の道程	新人24巻3号 pp.4-9

3.1〈第三回新島先生記念会・第三三回新島デーのスピーチ〉〉
　　　　　　　　　　　　同志社時報206号 p.10　雑録

3.22 パウロ欧州に入る（羅一〇十六，哥前二〇廿二―廿三。市内連合，礼拝説教梗概。文責在記者）　　基督教世界2051号 pp.2, 3　講壇

4.1 公同教会の霊	新人24巻4号 pp.4-8
4.1 告辞〈第四十八学年卒業式〉	同志社時報207号 pp.1, 2　社説
5.1 余が体験の基督	新人24巻5号 pp.4-12
5.1 同志社教育の新生面	同志社時報208号 p.2　社説
6.1 信仰と希望と愛	新人24巻6号 pp.4-9
6.1 大学教授の著書	同志社時報209号 p.1　社説
7.1 イエス・キリストの神	新人24巻7号 pp.4-7

7.1 同志社女学校　　　　　　同志社時報210号 pp.1, 2　社説
7.6 新生命の特徴　　　　　　教界時報1659号 p.3
8.1 新生命の特徴〈本郷教会。礼拝説教概要。文責在記者〉
　　　　　　　　　　　　　　新人24巻8号 pp.4-9
8.1 夏期休業の利用　　　　　同志社時報211号 p.1　社説
9.1 地上の基督　　　　　　　新人24巻9号 pp.21-25
10.1 吾々同志社人の使命　　　同志社時報212号 p.1　社説
10.18 第三九回組合教会総会に対する希望（談話）
　　　　　　　　　　　　　　基督教世界2081号 p.4
11.1 罹災交友の高価なる経験　同志社時報213号 p.1　社説
12.1 渡米について　　　　　　同志社時報214号 p.1　社説

1924（T.13）年　（68歳）

1.1 信仰の生涯（自叙伝）　　新人25巻1号 pp.80-82
2.1 信仰の生涯（自叙伝）　　新人25巻2号 pp.47-50
3.1 信仰の生涯（自叙伝）　　新人25巻3号 pp.78-81
4.1 総長より学生へ　　　　　同志社時報218号 p.5
5.1 信仰の生涯（自叙伝）　　新人25巻4号 pp.24-26
6.1 信仰の生涯（自叙伝）　　新人25巻5号 pp.29-32
7.25 日米問題と吾人の態度〈7月5日，東京帝国大学，山上御殿で開催の神道・仏教・基督教，3教懇談会での話し。帰朝後の第一声。表題は記者による。文責在記者・山口菊太郎〉　　教界時報1709号 pp.2, 3
7.31 日米問題の諸相（講演筆記。文責在記者）
　　　　　　　　　　　　　　基督教世界2121号 p.4
8.1 国際平和の要諦―帝大山上御殿に於ける宗教家教育家有志懇談会―
　　（文責在記者）　　　　　新人25巻8号 pp.30-33
8.1 排日に関する米国国情の一班　同志社時報222号 pp.1, 2　社説
8.14 日米問題の諸相（二）　　基督教世界2123号 p.4
8.21 日米問題の諸相（三）　　基督教世界2124号 p.4

8.28 日米問題の諸相（四）　　　　基督教世界2125号 p.4
9.11 日米問題の諸相（五）　　　　基督教世界2127号 p.4
9.29 神の国の進展（五十年記念礼拝説教）　　基督教世界2129号 pp.2-4
10.1 〈無題〉　　　　　　　　　　同志社時報223号 p.1　社説
10.16 婦人の覚醒の為めに〈婦人伝道会総会，講演梗概。文責在記者〉
　　　　　　　　　　　　　　　　基督教世界2131号 p.3
11.1 同志社のなやみ　　　　　　　同志社時報224号 pp.1, 2　社説
12.1 国母陛下を迎へ奉らんとして　　同志社時報225号 p.1　社説

1925（T.14）年　（69歳）

1.1 現代人の悩みとその解決〈本郷教会での講演梗概。文責在記者〉
　　　　　　　　　　　　　　　　基督教世界2142号 pp.2-4
1.1 国母陛下の行啓に付いて　　　　同志社時報226号 pp.1, 2　社説
1.15 植村君を憶ふ（談話）　　　　　基督教世界2143号 pp.6, 7
2.1 新年の感　　　　　　　　　　　同志社時報227号 pp.1, 2　社説
2.1 国母陛下の御前に立つて神に祈禱を捧げた当時の感激
　　　　　　　　　　　　　　　　主婦之友2月号 pp.4, 5　談話
3.1 同志社創立当時の苦心　　　　　同志社時報228号 p.1　社説
3.1 〈新島記念会での談話〉　　　　同志社時報228号 pp.4, 5
3.9 〈告別式当日・発行日不明〉武田牧師を追想して（故人の告別式で）
　　pp.1-6
4.1 寄付行為改正に就て　　　　　　同志社時報229号 p.1　社説
4.1 告辞（同志社第五拾学年卒業式）　同志社時報229号 p.2　学報
5.1 新学年の感想　　　　　　　　　同志社時報230号 p.1　社説
5.3 海老名彈正氏の植村観　卜部幾太郎『植村先生の面影』アルパ社
　　pp.99, 100
　　〈本書「Ⅴ．海老名の人物評　(3) 植村正久（その1）」に全文を掲載〉
6.1 寄付行為改正に就て　　　　　　同志社時報231号 p.1
7.1 新寄付行為に由れる評議員の選挙に就て
　　　　　　　　　　　　　　　　同志社時報232号 p.1　社説

8.1 大正十三年度 同志社総長報告　　　同志社時報233号 p.1　　学報
8.1 松本米吉君を懐ふ　　　　　同志社時報233号 p.10
10.1 国際世界に於ける基督教の二大使命　　　　基督教世界2180号 pp.1, 2
10.1 ラーネツド教授の徳化　　　同志社時報234号 p.1　　社説
10.1 ラーネツド教授　　　　　　同志社時報234号 p.2
10. Our Cultural Heritage "Japan Speaks for Herself" The Missionary Education Movement of the United States and Canada, 所収 pp.1-14
11.1 同志社創立五十年を祝す　　　同志社時報235号 p.1　　社説
12.1 再び同志社創立五十年記念に付いて　　　同志社時報236号 p.1　　社説
12.1 追悼之辞（故スチュアート・ニコルス）　　　同志社時報236号 pp.3, 4
12.3 同志社創立五十年祈念式に於ける総長式辞（11月28日）
　　　　　　　　　基督教世界2189号 p.4
12. A Christian View of World Peace
　　　　　　　　　The Japan Evangelist Vol.33 No.10 pp.392-5

1926（T.15・12月25日よりS.1）**年**　（70歳）
1.1 同志社創立五十一周年の春を迎ふ　　　同志社時報237号 pp.1, 2　　社説
1.1 式辞〈創立五十年記念式〉　　　同志社時報237号 pp.2, 3
2.1 同志社蹴球選手の好成績を祝して　　　同志社時報238号 pp.1, 2　　社説
3.1 同志社教育改善中の最大急務　　　同志社時報239号 p.1　　社説
4.1 卒業生に対する告辞　　　　　同志社時報240号 p.1　　社説
5.1（無題）　　　　　　　　　　同志社時報241号 p.1　　社説
7.8 女学校専門学部の発展　　　女学校期報51号 p.1, 2
9.1 就任の辞〈3期目の総長就任〉　　　同志社時報244号 pp.1, 2　　社説
9.1 大正十四年度 同志社総長報告　　　同志社時報244号 pp.2-5
12.2 絶対者に対する自我（講演筆記。文責在記者）
　　　　　　　　　基督教世界2240号 pp.1, 2
12.3 現代人の生活と基督教（上）〈本郷組合教会。説教筆記〉
　　　　　　　　　教界時報1830号（付録「福音教化」91号）pp.1, 2
12.9 絶対者に対する自我（承前）基督教世界2241号 p.13

12.24 現代人の生活と基督教（下）
　　　　　　　　教界時報1833号（付録「福音教化」92号）p.3

1927（S.2）年（71歳）

1.27 同志社精神の進展〈1月23日，同志社，新島先生記念礼拝説教梗概。文責在記者〉　　　　基督教世界2247号 p.3
2.3 大正十五年間の教界回顧（思想界の変遷）　　基督教世界2248号 p.3
4.15 第五十二学年 卒業式告辞　　同志社交友同窓会報8号 pp.1, 2 講壇
4.21 悲しみの彼方（森本花子嬢告別式説教）　　基督教世界2259号 p.7
5.1 余が体験の宗教（文責在記者）　　開拓者22巻5号 pp.16-20
7.7 新時代の展望（講演。山田美耶子速記）　　基督教世界2270号 pp.1, 2
7.14 新時代の展望（二）　　基督教世界2271号 p.1
7.21 新時代の展望（三）　　基督教世界2272号 pp.1, 2
7.28 新時代の展望（四）　　基督教世界2273号 pp.1, 2
8.1 信仰の立脚地（文責在記者）　　湖畔の声174号 pp.2-10　説教〈7月10日，近江八幡教会説教大要。誌名の『湖畔の声』は，この年の3月の新装に際して『湖畔之声』から『湖畔の声』にされているが，その後にも「之」が使われている例もあるし，3月以前にも「の」の事例もある〉
9.1 学生を批判する標準　　同志社交友同窓会報12号 pp.2, 3 講壇
10.20 同志社総長報告　　同志社時報246号 pp.1-3
10. Our Cultural Heritage "Japan Speaks for Herself"（Christian Voices around World Series）Missionary Education Movement of the United States and Canada, pp.1-14
11.17 世に勝つ生命の価値（文責在記者）　　基督教世界2289号 pp.1, 2
11.29 静和館の火災に付いて〈同志社女学校〉　　女学校期報52号 pp.1-3

1928（S.3）年 （72歳）

1.20 新時代の展望（『新時代の展望―日本組合基督教会説教集第二輯―』警醒社書店 所収 pp.1-27）〈『基督教世界』2270-2273号、掲載分〉

3.1 世界より神へ〈同志社公会堂での説教。文責在記者〉
　　　　　　　　　　　　　　基督教世界2303号 p.2
3.16 個人の使命〈ヨハネ伝10：1-18。3月11日，青山学院卒業説教。文責
　　在記者〉　　　　　　　教界時報1895号 pp.2, 3
4.15 総長告辞―同志社第五十三年卒業式に於て―
　　　　　　　　　　　　　　同志社交友同窓会報19号 p.1
9.13 〈組合教会主催・ラーネッド夫妻送別会での挨拶〉
　　　　　　　　　　　　　　基督教世界2331号 p.4
9.15 同志社総長報告　　　　同志社交友同窓会報23号付録 pp.1, 2
9.15 ラ教授は永久に同志社を去らぬ
　　同志社交友同窓会報臨時増刊号（『ラルネツド博士送別記念誌』）
　　　pp.13-15
　　（住谷悦治『ラーネツド博士伝―人と思想』未来社，1973年，pp.50-52 所
　　収）
12.6 〈組合教会理事長・今泉真幸宛私信〉　基督教世界2343号 p.6

1929（S.4）**年**　（73歳）
4.18 我が前途の希望〈同志社チャペル（公会堂）の決別説教。文責在記
　　者〉　　　　　　　　　基督教世界2361号 pp.1, 2
5.1 救とは何ぞや（同志社教報第四号より転載）　湖畔之声195号 pp.2-5
5.15 我が前途の希望〈4月22日，同志社公会堂の告別説教筆記〉
　　　　　　　　　　　　　　同志社交友同窓会報31号 pp.2-4
6.20 基督教縦横論（1）　基督魂（上）　　読売新聞（宗教欄）朝刊 p.4
6.21 基督教縦横論（2）　基督魂（下）　　読売新聞 p.4
6.22 基督教縦横論（3）　基督教と青年（上）　　読売新聞 p.4
6.23 基督教縦横論（4）　基督教と青年（下）　　読売新聞 p.4
6.25 基督教縦横論（5）　ギリシヤ民族の基督教（1）　　読売新聞 p.4
6.26 基督教縦横論（6）　ギリシヤ民族の基督教（2）　　読売新聞 p.4
6.27 基督教縦横論（7）　智的基督教発達時代の人物（1）　　読売新聞 p.4
6.28 基督教縦横論（8）　智的基督教発達時代の人物（2）　　読売新聞 p.4

6.29 基督教縦横論（9）　智的基督教発達時代の人物（3）　　読売新聞 p.4
6.30 基督教縦横論（10）　三位一体論の宗教的基礎（上）　　読売新聞 p.4
7.2 基督教縦横論（11）　三位一体論の宗教的基礎（下）　　読売新聞 p.4
7.3 基督教縦横論（12）　智的宗教の末路（上）　　読売新聞 p.4
7.4 基督教縦横論（13）　智的宗教の末路（下）　　読売新聞 p.4
7.5 基督教縦横論（14）　ラテン民族の基督教（上）　　読売新聞 p.4
7.6 基督教縦横論（15）　ラテン民族の基督教（下）　　読売新聞 p.4
7.7 基督教縦横論（16）　西方教会の大斗オーガスチン　　読売新聞 p.4
7.9 基督教縦横論（17）　西方教会の大思想家（1）　　読売新聞 p.4
7.10 基督教縦横論（18）　西方教会の大思想家（2）　　読売新聞 p.4
7.10 現代人の悩み　（『訓話説教演説集　9』大日本雄弁会講談社，所収）
　　 pp.364-373
7.11 基督教縦横論（19）　西方教会の大思想家（3）　　読売新聞 p.4
7.12 基督教縦横論（20）　西方教会の大思想家（4）　　読売新聞 p.4
7.13 基督教縦横論（21）　神秘主義（1）　　読売新聞 p.4
7.14 基督教縦横論（22）　神秘主義（2）　　読売新聞 p.4
7.16 基督教縦横論（23）　日本に於ける基督教（1）　　読売新聞 p.4
7.17 基督教縦横論（24）　日本に於ける基督教（2）　　読売新聞 p.4
7.18 基督教縦横論（25）　英米宣教師の持来りたるプロテスタント教の神観（1）　　読売新聞 p.4
7.19 基督教縦横論（26）　英米宣教師の持来りたるプロテスタント教の神観（2）　　読売新聞 p.4
7.20 基督教縦横論（27）　英米宣教師の持来りたるプロテスタント教の神観（3）　　読売新聞 p.4
7.21 基督教縦横論（28）　遍在神を見出したる悦楽（1）　　読売新聞 p.4
7.23 基督教縦横論（29）　遍在神を見出したる悦楽（2）　　読売新聞 p.4
7.24 基督教縦横論（30）　罪悪論（1）　　読売新聞 p.4
7.25 基督教縦横論（31）　罪悪論（2）　　読売新聞 p.4
7.26 基督教縦横論（32）　罪悪論（3）　　読売新聞 p.4
7.27 基督教縦横論（33）　日本民族とプロテスタント教（1）

　　　　　　　　　　　　　読売新聞 p.4
7.30 基督教縦横論（34）　日本民族とプロテスタント教（2）
　　　　　　　　　　　　　読売新聞 p.4
7.31 基督教縦横論（35）　民族的精神とプロテスタント教　　読売新聞 p.4
8.1 基督教縦横論（36）　国際的精神とプロテスタント教　　読売新聞 p.4
8.2 基督教縦横論（37）　兄弟主義　　読売新聞 p.4
8.3 基督教縦横論（38）　基督教と家庭　　　　読売新聞 p.4
8.6 基督教縦横論（39）　女子教育の問題　　　読売新聞 p.4
8.7 基督教縦横論（40）　基教と社会問題（1）　読売新聞 p.4
8.8 基督教縦横論（41）　基教と社会問題（2）　読売新聞 p.4
8.9 基督教縦横論（42）　基教と社会問題（3）　読売新聞 p.4
8.10 基督教縦横論（43）　基教と社会問題（4）　読売新聞 p.4
8.11 井上博士の批評に答ふ　　読売新聞 p.4
　（海老名の連載に対して、7月28日に、井上哲次郎「海老名君の論を読みて」と題して『読売新聞』に掲載した批評したのにたいする回答）
8.13 基督教縦横論（44）　基教と社会問題（5）　　読売新聞 p.4
8.14 基督教縦横論（45）　美術と基督教　　　　読売新聞 p.4
8.15 基督教縦横論（46）　結論（1）　　読売新聞 p.4
8.16 基督教縦横論（47）　結論（2）　　読売新聞 p.4
8.17 基督教縦横論（48）　結論（3）　　読売新聞 p.4
9.1 再び井上博士に答ふ（1）　　読売新聞 p.4
9.3 再び井上博士に答ふ（2）　　読売新聞 p.4
9.4 再び井上博士に答ふ（3）　　読売新聞 p.4
　（海老名が連載を8月17日に終了したのを受けて、井上哲次郎が、8月20日・21日・22日・23日・24日に『読売新聞』に「再び海老名氏に質す」（1）-（5）を記し批評をしたものに対する回答）

1930（S.5）**年**　（74歳）

（3.10　『基督教大観』先進社，刊行）
5.3 神の導きと賜物（卜部幾太郎編『めぐみのあと』アルパ社，所収）

pp.219-225
6.1 世にも無類の我侭な良人に仕へた貞婦　　　主婦之友6月号 pp.50-52
10.16 総会感想　　　　　　　　基督教世界2437号 p.1
10.31 民族意識の転向―王政維新前後における宗教事情―（1）
　　　民族意識の勃興　　　読売新聞　朝刊 p.4
11.1 民族意識の転向―王政維新前後における宗教事情―（2）
　　　王政復古論　　　　　読売新聞　朝刊 p.4
11.2 民族意識の転向―王政維新前後における宗教事情―（3）
　　　開国進取論　　　　　読売新聞　朝刊 p.4
11.4 民族意識の転向―王政維新前後における宗教事情―（4）
　　　基督教の使命　　　　読売新聞　朝刊 p.4
11.5 民族意識の転向―王政維新前後における宗教事情―（完）
　　　民族の更生　　　　　読売新聞　朝刊 p.4

1931（S.6）**年**　（75歳）
1.13 我が観たる耶蘇（松本卓夫編『日本人の観たる基督』新生堂，所収
　　 pp.227-254）
5.17 基，仏論争に因みて―我が神人観の一斑を述ぶ―（1）
　　　　　　　　　　　　　　読売新聞　東京　朝刊 p.4
5.19 基，仏論争に因みて―我が神人観の一斑を述ぶ―（2）
　　　　　　　　　　　　　　読売新聞　東京　朝刊 p.4
5.20 基，仏論争に因みて―我が神人観の一斑を述ぶ―（3）
　　　　　　　　　　　　　　読売新聞　東京　朝刊 p.4
5.21 基，仏論争に因みて―我が神人観の一斑を述ぶ―（完）
　　　　　　　　　　　　　　読売新聞　東京　朝刊 p.4
9.17 新秋偶感（海老名先生の近信を拝して）基督教世界2485号 p.1
9.24 反宗の弾圧是非〈このテーマで7回の連載，7人の意見が記されている
　　 が，海老名は2人目に登場〉　　　読売新聞　東京　朝刊 p.4

1932（S.7）年（76歳）

1.1 植村牧師を想ひて（文責在記者）　　福音新報1893号 p.1, 2
〈1931年12月19日，神宮外苑の日本青年館で開催された「植村全集刊行記念講演会」での演説。『植村正久と其の時代』第5巻，pp.430-434 にも再録。本書「IV. 海老名による横浜・熊本・札幌バンドの特色（2）」に関係部分を掲載〉

4.1 日本基督教思想進転小史（講演筆記）　　開拓者27巻4号 pp.15-24

9.15 懐旧談（湯浅三郎編『湯浅治郎伝』非売品 所収 pp.130-145）

12.1 母から受けた精神的の洗礼　　主婦之友12月号 p.144

1933（S.8）年（77歳）

（1.20　『日本国民と基督教』北文館，刊行）

3.30 吉野作造博士の葬儀に於ける告別の辞　　基督教世界2563号 p.2

3. 内村君と私との精神的関係（『内村鑑三全集』月報12号所収）
〈本書「IV. 海老名による横浜・熊本・札幌バンドの特色（4）」に関係部分を掲載。また本書「V. 海老名の人物評　（4）内村鑑三（その1）」に全文掲載〉
〈鈴木範久編『内村鑑三を語る』（pp.172-181）に収録〉

8.3 平山愃保先生逝く　　基督教世界2581号 p.3

（11.4　『日本精神の本質と基督教』中央会堂教務部，刊行）

11.26 日本精神と基督教〈この講演は嘗て中央会堂で行われたものを，同教会員の渡辺茂が筆記し，パンフレットにしたもの〉
　　　　　　　　　　　日本メソジスト新聞 2184号 p.3

12.1-10 信仰座談　我等は斯く観る　　読売新聞 p.4
〈宗教欄で9回にわたり連載された。海老名も7人の参加者の一人で，事情があり途中で退席したらしく，12月7日の（6）に，「海老名氏退席」とある。海老名のまとまった発言は，12月2日の「日本精神に就て（中）」で掲載されている〉

（12.20　『片言居要』東洋生命保険株式会社奉仕部，刊行）

1934（S.9）年 （78歳）

3.22 復活の可能性は霊活　　　基督教世界2613号
5.20 ナザレのイエスと其の時代（檜垣清人編『八聖殿講演集』第一輯、日本講演通信社、所収 pp.89-114）
7.26 新日本の誕生とその由来（一）　　基督教世界2631号 pp.4, 5
8.2 新日本の誕生とその由来（二）　　基督教世界2632号 p.4
8.9 新日本の誕生とその由来（三）　　基督教世界2633号 p.4
9.2 山岸三之助氏を憶ふ（有冨聖山編著『山岸三之助伝』山岸商店、所収 pp.114-116）
10.1 上州伝道の思ひ出　　　基督教雑誌1巻2号 pp, 30, 31 伝道
10.11 我時来れり〈10月3日、有馬で開催の第41回組合教会教師会での講演。文責在記者〉　　基督教世界2642号 p.2
11.1 新日本精神の創生　　　湖畔の声261号 pp.6-10［44］
11.1 上州伝道の思ひ出　　　基督教雑誌1巻3号 pp.19-21　随筆
12.1 日本精神を把握する者　　基督教雑誌1巻4号 pp.7-9　社説
12.1 上州伝道の思ひ出（三）　　基督教雑誌1巻4号 pp.21-24 体験
12.1 日本精神の進化　　　湖畔の声262号 pp.22-27［44］
（12.25 『新日本精神』近江兄弟社出版部、刊行）

1935（S.10）年 （79歳）

1.1 国際精神の隆替　　　湖畔の声 263号 pp.22-25［44］
1.1 上州伝道の思ひ出（四）　　基督教雑誌2巻1号 pp.14-18
2.11 上州伝道の思ひ出　　　基督教雑誌2巻2号 pp.24-28
3.1 上州伝道の思ひ出　　　基督教雑誌3月号 pp.8-11
4.1 伝道の思ひ出　　　基督教雑誌4月号 pp.8-11
4.1 母の死　　　基督教雑誌4月号 p.37
4.1 思ひ出を語る　　　宗教公論4巻4号 pp.45-49
4.1 日本精神に於ける神の内在　　湖畔の声266号 pp.28-31［44］
4.18 近づく復活祭―どんな意味があるか―（上）
　　　　　　　　　　　読売新聞　東京　朝刊 p.5

4.19 近づく復活祭―どんな意味があるか―（下）
　　　　　　　　　　　　　　読売新聞　東京　朝刊 p.5
5.26 主よ何処にゆき給ふや（教会合同礼拝説教）
　　　　　　　　　　　　　　日本基督教新聞2258号 p.3
5.30 主よ何処に往き給ふや〈5月12日，銀座教会。東都第4回合同礼拝説教筆記。文責在記者〉　基督教世界2674号 pp.4, 5
6.1 思ひ出を語る（二）　　　宗教公論4巻6号 pp.51-55
6.13 熊本洋学校と熊本バンドと　熊本バンド記念事業団 20p
　〈本書「Ⅳ．海老名による横浜・熊本・札幌バンドの特色（5）」に関係部分を掲載〉
7.10 思出を語る　　　　　　　ともしび64号 pp.1, 2
　〈6月13日，熊本バンド記念事業団主催の座談会での談話。本書「Ⅳ．海老名による横浜・熊本・札幌バンドの特色（6）」に関係部分を掲載〉
7.10 海老名先生書簡　　　　　ともしび64号 p.2
　〈6月19日付・福田令寿宛書簡。『熊本草葉町教会百年誌』1985年，p.44に再録〉
9.1 思ひ出を語る（三）　　　宗教公論9月号 pp.46-49
10. 明治維新と同志社（『我等の同志社』）同志社交友同窓会報第百号特輯 p.11
11.1 思ひ出を語る（四）　　　宗教公論4巻10号 pp.47-49
11.30『内村鑑三伝』序（益本重雄・藤沢音吉『内村鑑三伝』内村鑑三伝刊行会，pp.7, 8）
　〈本書「Ⅴ．海老名の人物評　（4）内村鑑三（その2）」に全文を掲載〉
12.1 思ひ出を語る（九）〈（五）〉　宗教公論 pp.53-57
　　　　　　　　　　ママ

1936（S.11）**年**（80歳）
1.30 熊本バンドを語る　　　　ともしび69号 pp.12, 13
　〈本書「Ⅳ．海老名による横浜・熊本・札幌バンドの特色（7）」に関係部分を掲載〉

2.6 日本基督教の行くべき道―原始基督教より現代基督教へ―（1）
　　　　　　　　読売新聞　東京　朝刊 p.5
2.7 日本基督教の行くべき道―原始基督教より現代基督教へ―（2）
　　　　　　　　読売新聞　東京　朝刊 p.5
2.8 日本基督教の行くべき道―原始基督教より現代基督教へ―（3）
　　　　　　　　読売新聞　東京　朝刊 p.5
2.9 日本基督教の行くべき道―原始基督教より現代基督教へ―（4）
　　　　　　　　読売新聞　東京　朝刊 p.5
3.10 日本基督教の行くべき道・原始基督教より現代基督教へ
　　　　　　　　ともしび70号 pp.2, 3
　〈これは，読売新聞に4回にわたって掲載されたものと，全く同じもの〉
3.12 伝道会社の創立につくした人（沢山保羅。談話）
　　　　　　　　基督教世界2714号 p.5
3.19 宮川老牧師逝去の報に接して　　基督教世界2715号 p.6
5.1 熊本バンド成立の前後〈4月26日，麻布教会。説教梗概〉
　　　　　　　　日本メソジスト時報2296号 p.3　説教
5.9 新日本精神（「朝鮮講演」第57，8合併号抜刷）京城基督教青年会　18p
　〈この講演の一部が，松本雅太郎「海老名彈正先生の風格」『基督教研究』25巻1号，1951年4月20日，p.106に引用されている〉
7.1 思ひ出を語る（七）　　　宗教公論第5年7月号 pp.74-78
8.30 新日本精神の真髄（田中左右吉編『昭和十年・組合教会講演集』
　　　　　　　　日本組合基督教会本部 所収 pp.75-88）
10.4 創業時代の本郷教会（日本組合本郷基督教会編『本郷教会創立五十年』日本組合本郷基督教会，所収 pp.81-99）〈文末に「昭和十年八月九日記」とある〉
11.10 熊本バンド信教の由来（文責在記者）　　　ともしび78号 pp.1-4
　〈10月31日，熊本バンド結盟60年・熊本組合教会創立50年記念講演〉
(12.20『基督教読本』南光社，刊行）

1937（S.12）年（81歳）
1.7 御礼と御報　　　　　　　　基督教世界2756号 p.5
7.12 国民道徳と基督教・婦人と基督教・人生の基督教（警醒社編輯部編
　　『求道者読本』警醒社 所収、pp.1-3，79－81，120-122）

1944（S.19）**年**
5.30 日本精神と基督教　　　　同志社教会 15p
　　〈1934（S9）年10月1日に平安教会での講演筆記。筆記者は不明。校訂
　　有り。謄写版印刷。〉

＊1910.10. 24「商人の品位」・1912.3.18「商人の覚悟」・1913.6. 14「青年実
　業家の覚悟」の（丸善の雑誌）についての参考。
　「会社では，社員全体の知識の向上を計り，修養に資するため，随時
名士を招いて講演を依頼し，社員全体に聴講せしめた。その第一回の
講演会は明治四十一〈一九〇八〉年四月五日〈日〉，一石橋のキリスト
教会堂で開かれ，以後大体月一回講演会を開催して大正九年〈一九二
〇〉- 十年〈一九二一〉頃まで続いた。講演の内容は，商業道徳，精
神修養が主なるもので，時に応じては時局談も試みられた。講師も多
彩で，殊に東洋大学教授中島徳蔵，同加藤拙堂，学習院教授高島平三
郎，海老名弾正，早稲田大学教授安部磯雄などは数回に亙って講演を
試みている。この講演の速記は印刷して各支店にも配布した。」（『丸
善百年史』（下巻）丸善，p.788，1981年12月20日発行）

III. 海老名関連の著書・論文・記事

III. 海老名関連の著書・論文・記事

1897（明治30）年
1897年7月2日　　「本郷教会と海老名氏」『福音新報』105号，p.10
1897年9月5日　　「海老名彈正氏の基神両教の合一論」『太陽』3巻18号，
　　　　　　　　　p.45

1900（明治33）年
1900年11月30日　「高知に於ける海老名彈正氏」『東京毎週新誌』901号，
　　　　　　　　　p.17
1900年12月7日　 「高知に於ける海老名彈正氏」（承前）『東京毎週新誌』
　　　　　　　　　902号，p.18

1901（明治34）年
1901年8月16日　 A.B. 生「海老名彈正氏」『東京毎週新誌』938号，pp.4, 5
　　　　　　　　〈本書「VI. 他者の海老名評　(1) A.B. 生」に全文掲載〉
1901年9月11日　 （植村正久）「福音同盟会と大挙伝道」『福音新報』324
　　　　　　　　　号，pp.1-3
　　　　　　　　〈海老名・植村論争の発端。以下（植村正久）としてあるものは，無署
　　　　　　　　　名だが『植村正久と其の時代』第5巻で植村正久としているもの〉
1901年10月9日　 植村正久「海老名彈正君に答ふ」『福音新報』328号，p.4
　　　　　　　　無署名「海老名彈正氏の公開書」『福音新報』328号，pp.13, 14
1901年10月16日　（植村正久）「海老名氏の公開状に就て」『福音新報』
　　　　　　　　　329号，p.5
1901年11月6日　 無署名「挑戦者の退却」『福音新報』332号，pp.1, 2
1901年12月11日　（植村正久）「海老名彈正氏の説を読む」『福音新報』
　　　　　　　　　337号，pp.1-3
1901年12月11日　植村正久「海老名彈正氏に与ふ」『福音新報』337号，p.3
1901年12月20日　「海老名氏対植村氏」『東京毎週新誌』956号，p.16

1902（明治35）年

1902年1月8日　（植村正久）「海老名彈正氏の告白を紹介す」『福音新報』pp.2-4

1902年1月10日　「海老名彈正氏の三位一体論」『東京毎週新誌』959号，p.15

1902年1月11日　「『新人』の三位一体の教義について」『護教』546号，p.13

1902年1月17日　「海老名彈正氏の三位一体論を読む（一）」『東京毎週新誌』960号，pp.1-3

1902年1月15日　（植村正久）「彼我相違の点を明かにす」『福音新報』342号，pp.1, 2

1902年1月18日　「海老名彈正氏の三位一体論」『護教』547号，p.8

1902年1月24日　「海老名彈正氏の三位一体論を読む（二）」『東京毎週新誌』961号，pp.1-3

1902年1月25日　「海老名彈正氏の三位一体論」『護教』548号，pp.5, 6

1902年1月31日　「海老名彈正氏の三位一体論を読む（三）」『東京毎週新誌』962号，pp.1-4

1902年2月1日　「海老名彈正氏の三位一体論（三）」『護教』549号，pp.7, 8

1902年2月7日　「海老名彈正氏の三位一体論を読む（四）」『東京毎週新誌』963号，pp.3-6

1902年2月10日　公眼道人（松村介石）「基督教界の人物　海老名彈正」『警世』31号，pp.21, 22

1902年2月15日　「海老名彈正氏の三位一体論」『護教』551号，pp.8, 9

1902年2月8日　「海老名彈正氏の三位一体論（四）」『護教』550号，pp.7, 8

1902年2月10日　公眼道人「基督教界の人物・海老名彈正君」『警世』31号，pp.21, 22

〈著者の公眼道人は松村介石。『信仰五十年』に海老名に関する同じエ

ピソードが記されている〉
1902年2月21日　ジ，イ，アルブレクト「基督教的意識と神に関する三位一体の教義」『東京毎週新誌』965号，pp.5-8
1902年2月28日　ジ，イ，アルブレクト「基督教的意識と神に関する三位一体の教義」（前号の続き）『東京毎週新誌』966号，pp.6-9
1902年3月7日　ジ，イ，アルブレクト「基督教的意識と神に関する三位一体の教義」（前号の続き）『東京毎週新誌』967号，pp.10-13
1902年4月8日　『基督論集―海老名氏の基督論及び諸家の批評文―』警醒社書店
〈第一篇で，「基督論の発端」を記し，第二篇では，海老名の「三位一体の教義と予が宗教的意識」を記し，その後に『福音新報』植村正久の諸論，それに対する『新人』海老名・諸論と三並良，さらに『東京毎週新誌』の小崎弘道・アルブレクト，『護教』の高木壬太郎の諸論を収録したもの〉
1902年6月5日　龍山学人「偏狭なる信仰の双対」『太陽』8巻7号，pp.53, 54
〈海老名・植村論争についての論評〉
1902年7月1日　三並良「海老名君に寄せて自由基督教徒の為めに弁ず」『新人』2巻12号，pp.22, 23

1903（明治36）年

1903年3月3日　山路愛山「海老名彈正氏の耶蘇基督伝を読む」『独立評論』pp.8-23　〈民友社の『愛山文集』1917年11月20日発行では，pp.484-504〉
1903年10月15日　福永文之助編『回顧二十年』警醒社，279p
〈pp.107-124に海老名「過去五十年間日本に於ける基督教各派の発達を論ず」が収録されている〉

1904（明治37）年

1904年1月3日　旭山生（石川三四郎）「基督教界の二大人物」（内村氏と

海老名氏)『平民新聞』第8号, p.8
〈本書「Ⅵ. 他者の海老名評 (2) 石川三四郎」に全文掲載〉
1904年7月10日　『平民新聞』第35号
(無署名)「文壇演壇・戦争美(海老名彈正氏演説)」p.3〈7月3日・日曜日・本郷教会での礼拝説教「戦争美」を批判したもの。無署名だが, 著者は, この号の「平民日記」の執筆者である堺利彦〉堺生(堺利彦)「平民日記」p.5〈3日(日曜日)・午前に石川三四郎とともに本郷教会の礼拝に参加し, 海老名を初めて見た, と記している〉

1905（明治38）年

1905年2月12日　木下尚江「『新人』の国家宗教」『直言』2巻2号, p.1
〈『新人』6巻1号・海老名「日本魂の新意義を想ふ」の国家観を批判〉
1905年7月9日　　『直言』2巻23号, ＋無署名「基督教と社会主義」2巻23号, p.2
〈「日本之新聞」欄で7月2日に海老名が「社会主義と基督教」と題する説教をしたことを紹介。実際には当日の説教題は「社会主義と基督」〉
石川旭山「七月二日の本郷教会―海老名先生の社会主義評と吾同志の弁解―」p.5
〈2日の礼拝説教「社会主義と基督」の内容紹介と礼拝後の会合での説教に対する社会主義者側の発言などを紹介〉
1905年7月23日　堺利彦「社会主義と海老名君」『平民新聞』2巻25号, p.4
〈これは,『向上主義』所収の「社会主義と基督教」の署名が海老名となっているため, それを根拠として批判しているもの。しかし, 石川なども海老名にしては聞いたものと異なる(7月2日に「社会主義と基督」と題して説教)し文体もおかしいということで問い合わせ中という状態で執筆されたもの〉
〈林茂・西田長寿編『平民新聞論説集』(岩波文庫), 1961. 1.25 pp.80-83〉

1906（明治39）年

1906年5月12日　中里介山「本郷会堂と角筈櫟林　海老名彈正　内村鑑三対評」『今人古人』隆文館。

『中里介山全集』第20巻，筑摩書房，1972年7月30日，pp.31-36
鈴木範久編『内村鑑三を語る』（内村鑑三選集別館）岩波書店，1990.12.21，pp.54-62
〈本書「Ⅵ. 他者の海老名評　(3) 中里介山」に全文掲載〉

1907（明治40）年

1907年11月5日　〈記者〉（当代名士の演説振）「海老名彈正氏」（上）『読売新聞』

1907年11月6日　同上，（下）『読売新聞』
〈本書「Ⅶ. 『読売新聞』『朝日新聞』記者による海老名の演説振り」に全文掲載〉

1908（明治41）年

1908年　　　　山路愛山「海老名彈正氏の耶蘇基督伝を読む」『独立評論』
〈1965年10月10の項に，再録有り〉

1908年　　　　J. H. DeFOREST, The Rev. Dannjo Ebina, of Tokyo, Missionary Herald, p.407

1909（明治42）年

1909年2月23日　〈記者〉（当世雄弁家気質）「海老名彈正氏」（上）『朝日新聞』

1909年2月24日　同上，（下）『朝日新聞』
〈本書「Ⅶ. 『読売新聞』『朝日新聞』記者による海老名の演説振り」に全文掲載〉

1909年5月15日　局外漢「所謂基督教界の名士」『慶応義塾学報』142号 pp.33-39　〈海老名に関しては，pp.37-39〉

1909年6月15日　　局外漢「所謂基督教界の名士」『慶応義塾学報』143号
　　pp.52-59〈海老名・植村論争について，pp.55, 56 で言及〉

1910（明治43）年

1910年11月5日　　「海老名彈正氏」『霊潮』p.18
　　〈『霊潮』は高橋卯三郎・主幹の雑誌で，神戸で開催の第26回組合教会総会での海老名の言動について述べたもの〉

1910年12月1日　　山路愛山「我が見たる耶蘇教会の諸先生」『太陽』16巻16号，pp.43-48
　　（『愛山文集』民友社，1917年11月20日，pp.935-945）（『植村正久と其の時代』教文館，1938年9月18日，pp.253-257に海老名・植村評の部分掲載）
　　〈本書「Ⅵ. 他者の海老名評　(4) 山路愛山」に全文掲載〉

1911（明治44）年

1911年9月　　小崎弘道『基督教の本質』警醒社．
　　〈『小崎全集』第2巻，p.364「尚ほ此の問題〈海老名・植村によるキリスト論論争〉に対する評論は明治四十四年九月に出版した著書の「基督教の本質」である。〉
　　〈佐波亘編『植村正久と其の時代』第5巻，教文館，1928.9.18
　　「(p.434) 因に，小崎弘道は言うた。『自己は，植村対海老名の論争に促されて，日頃，訴へたく思つてゐたことどもを，ひと纏めにして『基督教の本質』と題し，明治四十四年，警醒社書店から出版したが，あれは京都同志社と東京神学社とに於て，講演を試みたるものの草稿である。之を出版するに就ては，植村のすすめもあつたのである』と〉

1912（明治45・大正1）年

1912年2月22日　　海老名著『国民道徳と基督教』の紹介『基督教世界』1484号，p.10

Ⅲ. 海老名関連の著書・論文・記事

1912年4月29日　読売新聞　朝刊 p.1　新刊書籍と雑誌欄に海老名の著書『国民道徳と基督教』が掲載される。

1912年8月29日　金森通倫「信教当時の回顧」『基督教世界』1511号，p.2〈迫害時，山奥の叔父宅に隔離されるにあたり，洋書をすべて取り上げられることになったので，フンドシに福音書の洋書分冊を巻き込んで隠したことや，その表紙に「エビナ，カナモリ，エビナ，カナモリ」とローマ字で並べて書いて自らを慰めたこと，などが記されている。海老名が金森の迫害について記したものと合わせ読むと，金森の迫害の全体像がより明白になる〉

1912年9月20日　村上俊吉『回顧』警醒社
〈1881年12月から1882年6月まで，海老名の代理として，安中教会伝道師を勤めた記録が，「安中巡遊伝道」として pp.88-92に記されている〉

1914（大正3）年

1914年12月5日　魚住影雄『折蘆遺稿』岩波書店
〈一高入学前後，本郷教会に出入りし，『新人』にも原稿を寄せており，随所に海老名の名が出ているが，主なものとして，pp.307-310, 346, 347, 564, 628, 659, 755, 866〉

1915（大正4）年

1915年7月1日　南洋学人〈渡瀬常吉〉「海老名牧師と朝鮮」『新人』16巻7号，pp.101-104.

1915年7月1日　栗原生〈栗原陽太郎〉「平壌に於ける海老名師」『新人』16巻7号，pp.104-107〈1915年6月3日 -7日の，海老名夫妻の動向〉

1915年7月1日　渡瀬常吉「京城より」・石田貞蔵「鎭南浦より」・栗原陽太郎「平壌より」『新女界』7巻7号，pp.27-29〈渡瀬・栗原の文章は，『新人』掲載のものと同文ではない〉

1915年11月25日　T.K 生による，海老名彈正著『基督教十講』の紹介〈『福音新報』1065号，p.10の新刊紹介欄に掲載されているもの〉

1916（大正5）年

1916年　　　　　J.Merle Davis, Davis Soldier Missionary, The Pilgrim Press 1916
〈同志社・学生時代，組織神学（系統神学）を教えた教師・宣教師〉

1917（大正6）年

1917年11月20日　山路愛山『愛山文集』民友社
「海老名彈正氏の耶蘇基督伝を読む」pp.484-504　〈1903年『独立評論』からの再録〉
「我が見たる耶蘇教会の諸先生」pp.935-945　〈1910年『太陽』からの再録〉

1918（大正7）年

1918年9月1日　「海老名氏著『基督教新論』合評」『新人』19巻9号，久布白直勝, pp.104, 105.　富永徳麿, pp.105-107.　杉浦貞二郎, pp.107, 108.
1918年10月　　　『同志社ローマンス』警醒社
〈随所に海老名関連の記事有り〉

1919（大正8）年

1919年1月30日　「海老名牧師の渡欧を送る」『基督教世界』1841号，p.3
1919年2月1日　吉野作造「海老名先生を送る」『新人』20巻2号，pp.2-6
1919年2月1日　「国体問題立合演説会」『新人』20巻2号，p.67
〈『新人』掲載の「超国家の権力」を巡って，1月16日に行われた海老名と皇国青年団との演説会の模様〉（吉野の浪人会との立会演説会は1918年12月13日）
1919年2月5日　「海老名氏夫妻＝今朝出発　夫人は万国婦人大会へ」『東京日日新聞』p.7
1919年10月　　　『自由評論』10月号　山川知応之の署名で「咄！　海老

名彈正，迷牧師海老名彈正牧師を痛撃す，海老名彈正の傍若無人，非人道的行為，不徳漢，半狂的思想，忠孝論の破壊者，売国的行動言論」（『新人』20巻12号，p.69）
1919年12月1日　有田四郎「「自由評論」の記事に就て新人記者へ」『新人』20巻12号，p.69　〈上記の『自由評論』の記事について，有田が著者の山川から直接話を聞き，山川が勝手に都合よく著書から引用され迷惑がっていることを記述〉

1920（大正9）年

1920年1月8日　「海外に於ける海老名原田両博士」『基督教世界』1888号，p.7
〈海老名については，アメリカのコングリゲーショナリストに肖像と共に掲載された紹介文〉

1923（大正12）年

1923年4月1日　吉野作造「新人運動の回顧」『新人』24巻4号，pp.9-15
1923年4月21日　徳富健次郎『竹崎順子』福永書店
〈随所に海老名関連の事柄が記されているが，特に pp.333-355に海老名の熊本時代の活動が詳しく記されている〉

1925（大正14）年

1925年5月3日　卜部幾太郎『植村先生の面影』アルパ社
〈pp.99-101, 173, 245-248で海老名に言及〉
1925年9月23日　老いたる海老名彈正―帝国主義の宗教家―　『読売新聞』東京　朝刊 p.5　〈「教界月旦」の短評であるが，本郷教会・『新人』での活躍を知る者は「恐らくは氏を現在の人とは思ふまい。」と結論づけている〉

1929（昭和4）年

1929年7月28日　井上哲次郎「海老名君の論を読みて」『読売新聞』朝刊，

p.4
〈海老名の，読売新聞の連載「基督教縦横論」を「私は非常に興味を以て読んでゐる」と前置きし，連載が継続中に記者の求めで，批評を記したもの〉

1929年8月4日　　三並良「宗教に於ける現代の要求」　読売新聞，p.4
〈海老名の『読売新聞』連載「基督教縦横論」について冒頭で「本欄に於ける海老名氏の宗教論は，私も亦多大の注意を以て読む者の一人である。之に対する井上哲次郎博士の短評も亦時に取つての有益な批評であつた」と冒頭に記して，海老名と井上に対する批評をしたもの〉

1929年8月11日　　逢坂元吉郎「海老名氏神観を質す」　読売新聞，p.4
〈海老名が「基督教縦横論」で掲載した遍在神の神観を批判したもの〉

1929年8月20日　　井上哲次郎「再び海老名氏に質す」（1）　読売新聞，p.4
1929年8月21日　　井上哲次郎「再び海老名氏に質す」（2）　読売新聞，p.4
1929年8月22日　　井上哲次郎「再び海老名氏に質す」（3）　読売新聞，p.4
1929年8月23日　　井上哲次郎「再び海老名氏に質す」（4）　読売新聞，p.4
1929年8月24日　　井上哲次郎「再び海老名氏に質す」（5）　読売新聞，p.4
〈以上5点は，海老名が連載の「基督教縦横論」を8月17日で終了したことを受けて，井上が批判したもの〉

1929年8月27日　　松村介石「諸教の批判（1）」読売新聞　朝刊 p.4
〈この中で，「此度海老名君と井上君とが此の新聞で討論を始めたので大愉快を感じて居る訳だ」と記している〉

1929年9月3日　　萬木源次郎「海老名井上両氏の論争に就て」　読売新聞　朝刊 p.4
〈冒頭で「本紙上に於ける海老名，井上両先輩の論戦は近頃心霊界における最も面白き一現象であると思う」と記したあと，海老名が同志社大学総長当時広島で重症を得て再起不能と聞いていたのと，井上博士については，1926年9月に筆禍事件を起こしたが，二人が元気に言論に文章に活躍するのは喜ばしいことと述べ，最後に「卑見としては全部とは云はぬが，両先生の何れにも賛同し兼ねる点あることを遺憾

ながら一言して置く」と結んでいる〉

1930（昭和5）年
1930年7月15日　『同志社五十年史』同志社校友会蔵版，カニヤ書店，399p
〈「海老名総長時代」の項目がある pp.121-123〉

1931（昭和6）年
1931年5月28日　鈴木文治『労働運動二十年』一元社
〈一. 生ひ立の記の，四　大学時代 pp.20-28に少しだけ出ている〉
1931年6月20日　柏木義円「海老名先生と私」『上毛教会月報』391号，pp.5-8
1931年6月20日　柏木義円「謹んで罪を海老名先生に謝す」『上毛教会月報』391号，p.10
1931年7月1日　青山霞村『同志社五十年裏面史』からすき社
〈随所に名前が出て来るが，pp.296, 297, 299, 300, 320-323にまとまった記事〉

1932（昭和7）年
1932年9月15日　湯浅三郎編『湯浅治郎』発行・湯浅三郎
〈pp.130-45に海老名の「懐旧談」があるが，同志社学生時代以来の密接な関係があった人物なので，随所に海老名の名前がある〉

1934（昭和9）年
1934年1月1日　「海老名彈正先生御夫妻」『主婦之友』，p.62
〈各界の名士8人のうちの1人として，夫妻の団欒の写真と近況が記されている〉

1935（昭和10）年
1935年9月20日　青芳勝久『植村正久伝』教文館

〈pp.341-362で，海老名・植村神学論争での植村側の主張が取上げ論じられている。p.493から，本書「Ⅳ. 海老名による横浜・熊本・札幌バンドの特色（8）」に関係部分を掲載〉

1935年10月25日　比屋根安定『日本近世基督教人物史』基督教思想叢書刊行会
　〈特に「海老名，植村の論戦」pp.431-433.「海老名彈正の勇退」pp.518-20〉

1935年10月27日　同志社文学会編『同志社交友著作目録（同志社創立六十周年記念）』同志社文学会
　〈p.1, pp.12, 13, p.72に，分野別に掲載されているので左記の3箇所に分れているが，23点が記載されている〉

1936（昭和11）年

1936年4月15日　海老名彈正先生　謝恩記念碑建設募金　『同志社新報』1号，p.23

1936年9月1日　海老沢亮「日本基督教の先覚者・海老名彈正氏」『現代』19巻9号，口絵の頁

1936年10月4日　『本郷教会創立五十年』日本組合本郷基督教会〈この五十史は八十年史の「まえがき」で「五十年史は主体を海老名牧師に置いている」（p.6）と記されているようにほとんど全体にわたって海老名関連の記事で埋められている〉
　五十年略史・草創時代，pp.17-18, 24-25, 28-29, 本郷教会の再興，pp.30-34
　教勢発展時代，pp.34-41, 時代思潮と教界の動き，pp.41-45, 牧師の交代と新会堂の建立，pp.45-47
　年表，pp.53-78
　回顧と感想・海老名彈正「創業時代の本郷教会」pp.81-99
　渡瀬常吉「余の思ひ出」pp.125-132
　「本郷教会員としての先代小林富次郎氏」pp.139-144〈文末に「加藤直士著『小林富次郎伝』より」とある〉

山本忠美「私の本郷教会時代」pp.145-149
村上幸多「母教会としての本郷教会」pp.150-154
安井哲「私と本郷教会」pp.155-157
内ケ崎作三郎「本郷教会時代の憶出」pp.158-170
野口末彦「本郷教会の憶ひ出」pp.171-179
額賀鹿之助「回顧と展望」pp.181-184
鹿子木津也「私の信仰経歴と本郷教会」pp.185-188
相原一郎介「憶ひ出づる事と人々」pp.189-204
鈴木衡平「日曜学校の思出」pp.205-212
栗原陽太郎「母教会の憶ひ出」pp.213-221
和田信次「本郷教会と私」pp.222-228
石川武美「私の求道時代」pp.229-231
上村邦良「憶出のままに」pp.232-240
松本宗吉「私の居た頃の本郷教会」pp.241-244
今村重蔵「回顧『基督の奴僕』」pp.245-251
有富虎之助「海老名先生と教会と『新人』」pp.252-257
創業時代の本郷教会 pp.263-271〈海老名を囲む座談会。1934年7月25日発行の『月報』122号よりの転載〉
本郷教会を語る pp.271-282〈海老名は参加していないが，渡瀬常吉など数名の座談

1937（昭和12）年　〈5月23日・海老名死去・80歳8カ月〉

1937年5月26日　本郷教会牧師・額賀鹿之助「海老名彈正氏と日本の基督教」読売新聞，p.5

1937年5月27日　『基督教世界』2776号
　今泉真幸「海老名彈正先生逝く」p.1
　「故海老名彈正先生の略歴」pp.2, 3

1937年5月27日　K・S生「教界の巨星復た隕つ！　海老名彈正氏逝く」『福音新報』2152号，p.5

1937年6月3日　『基督教世界』2777号（海老名先生追悼号）

山口金作「思想の人としての海老名先生」p.1〈本書「Ⅵ. 他者の海老名評　(8) 山口金作」に全文掲載〉
　　「噫海老名彈正先生」p.2
　　鈴木浩二「弔辞」p.2
　　谷津直秀「弔詞」p.2
　　湯浅八郎「弔辞」p.2
　　野口末彦「海老名先生を憶ふ」p.3
　　渡瀬常吉「海老名先生の追慕」p.3
　　堀貞一「世の灯台たりし人」p.4
　　鈴木浩二「或る時代の青年層を把握し指導せられし人」p.4
　　南石福二郎「時代を貫きての印象」p.4
　　今中次麿「先生の心境を表現するもの」p.4
　　海老沢亮「偉大なる印象」p.4
　　青山武雄「青年の父」p.4
　　奥山龍三「同志社と海老名先生」p.5
　　内ケ崎作三郎「霊前に献ぐる吾人の決意」p.5
　　卜部幾太郎「海老名先生の凱旋」p.5
　　井上活泉「弔海老名先生」p.5
　　松本宗吉「海老名先生」p.6
　　田川大吉郎「御葬儀に陪するの辞」p.6
　　安井哲「弔詞」p.6
1937年6月10日　『基督教世界』2778号
　　小崎弘道「故海老名彈正君」(式辞・葬儀当日述べられたるもの) p.2
　　松野菊太郎「海老名・植村の両先輩」p.2
　　牧田忠蔵「気をつけ給へ」p.2
　　小鹿子「海老名先生の長逝を送りて」p.2
1937年6月17日　『基督教世界』2779号
　　伊藤勝義「海老名先生についての今昔」p.2
　　亀山昇「畏友海老名君を追悼す」p.5
1937年6月20日　『新生命』466号　海老名彈正先生追悼号

栗原陽太郎「恩師海老名先生を偲ぶ」pp.1, 2
「海老名先生書翰」p.2
前橋基督教会「弔詞」p.3
松尾音平「海老名先生の思出」p.4
斉藤壽雄「海老名氏を憶ふ」p.4
柏木義円「海老名彈正先生を憶ふ」pp.5, 6
「海老名先生と前橋教会」(前橋教会五十年史より) p.6
柏木隼雄「海老名先生御臨終の病床を訪問して」p.6
菅井吉郎「悼海老名老師」p.7
井上浦造「海老名先生の印象」p.8
菅井吉郎「海老名先生の追憶」pp.8, 9
青柳新米「始めて海老名先生に接せし時の印象」p.9

1937年6月21日　『ともしび』84号
福田令寿「自叙略歴を通して海老名先生を偲ぶ」pp.1, 2
寺沢愛之「信仰の祖父　海老名彈正先生」p.2

1937年6月24日　『基督教世界』2780号
遅々生「海老名先生と語る」p.5
難波宣太郎「悼海老名先生」p.5
菅井吉郎「弔海老名老師」p.5
小崎道雄「海老名先生を追想す」p.5
塚本道遠「先生の偉大さ」p.5

1937年7月1日　『基督教世界』2781号
安部清蔵「海老名先生を憶ふ」p.7
山本節「輓海老名先生」p.7

1937年7月8日　『基督教世界』2782号
千葉昌雄「斯ることもあつた―海老名彈正先生の事―」p.7
松本青坡「憶　海老名先生」p.7

1937年7月10日　中島重「海老名先生についての断片」『社会的基督教』6巻7号，社会的基督教全国連盟，pp.19-24

1937年7月15日　『基督教世界』2783号

松本宗吉「海老名先生」p.3
　　西内天行「海老名先生の思ひ出」p.5
1937年7月20日　『新生命』467号
　　「海老名先生の思出」p.6
　　桑島定助「海老名先生を偲ぶ」p.6
　　柏木義円「私の姉と海老名先生」p.8
1937年7月29日　一神戸教会員「海老名先生と神戸教会」『基督教世界』
　　2785号，p.6
1937年8月15日　『同志社新報』16号（故海老名彌正先生記念号）
　　末光信三「海老名彌正先生」pp.1, 2
　　「故海老名元総長追悼礼拝式」（式次第）p.2
　　「追悼の辞」（6月20日・追悼礼拝でのもの）
　　同志社総長・湯浅八郎 p.3，交友会長・石川芳次郎，p.3，同窓会長・
　　松田道，p.3
　　浮田和民「青年時代の面影を偲ぶ」p.4
　　牧野虎次「愛国的預言者」p.4
　　中村久栄「壇上の威容」p.4
　　久永機四郎「求めて止まず　与へて残さず」p.4
　　千葉豊治「書翰の一節」p.4
　　和田祝恵「"我等の総長"であつた」p.5
　　磯村義雄「秘書代りをして」p.5
　　今中次麿「あの頃の同志社　精神的には張り切つていた」p.5
　　安部磯雄「一種の禅味があつた」p.6
　　亀山昇「花岡山血盟　首謀者の一人」p.6
　　千葉豊治「キヤピテン・ヂエーンスとの会見」p.6
　　松波仁一郎「海老名先生を憶ひ硬軟一つづつ」p.7
　　奥照敏「"我大和民族"」p.7
　　和田琳熊「大雄弁の威力」p.8
　　福田令寿「先生の和歌」p.8
　　田中久彦「後進を永く指導援助せらる」p.8

村田勤「熊本時代の想出」p.8
田辺繁子「先生の女性観」p.8
湯浅半月「精神の父」p.9
アシカガタケチヨ「エイセイ」p.9
住谷悦治「教師の特質を見抜いて愛された」p.9
加藤延年「自動車がおすきであつた」p.9
難波紋吉「雄弁は金なり」p.9
露無文治「"どうか新しき世界を開拓してくれ"」p.10
塩見清「慈父の温顔」p.10
富森京次「他を酔はしめ自らも酔ふ」p.10
宗藤圭三「説教の特徴」p.10
橋本喜作「宗教家臭くない」p.11
松尾音治郎「最高峯の一つ」p.11
中川精吉「高商移転の際の涙ぐましき同情」p.11
南石福二郎「伝統的神学の型に拘泥せず」p.11
松井七郎「国際主義を高調」p.11
辻密太郎「過去半世紀を顧みて」pp.11, 12
L. Burnell Olds〈無題。英文メッセージ〉p.12
片山江州「弔海老名元総長」p.12
〈『追悼集』VI pp.162-210に再録〉
「海老名彈正先生　謝恩記念碑募金報告」p.16
1937年10月7日　日高猪兵衛「海老名先生への追慕（私は先生から何を得たか）」『基督教世界』2795号, p.4
1937年10月　　（赤司）宙子「海老名彈正先生の奥様の御許に」『生命の泉』57号, pp.5, 6

1938（昭和13）年

1938年9月18日　佐波亘『植村正久と其の時代』第5巻, 教文館
〈神学上の論争の項で「植村正久対海老名彈正の神学上の論争」と題して,『福音新報』『新人』を中心に両者の文章を引用している〉

pp.243-438

1938年10月5日　小崎弘道『小崎全集』第二巻，小崎全集刊行会
「日本基督教史」第4篇　試練の時代，第3章　同志社及基督教教育問題，熊本英学校，p.152
第5篇　基督教会発展の時期，第1章　大挙伝道及特別伝道，神学上の論争，pp.182-184
「我国の宗教思想」第9章　新神学と福音主義，pp.362-369

1938年12月25日　渡瀬常吉『海老名弾正先生』龍吟社，508p.

1939（昭和14）年

1939年3月19日　小林橘川「海老名彈正」　名古屋新聞（日曜評壇）
〈渡瀬常吉『海老名弾正先生』の紹介と，19日午後7時から「東海基督教会」で渡瀬の出版記念講演会の案内〉

1940（昭和15）年

1940年2月22日　KY（山口金作）「自由主義と伝統主義—海老名先生と小崎先生との足跡を偲ぶ—」『基督教世界』2916号，p.1

1940年5月16日　『基督教世界』2928号（海老名先生記念号）
K・Y（山口金作）「宗教に於ける偉人の感化—海老名先生記念号に題して—」p.1
魚木忠一「海老名先生の神学思想」p.2
相原一郎介「先生と新人同人会」p.2
今中次麿「柳河人としての先生」p.2
中島重「海老名先生—日本人として稀な型の思想家—」p.3
加藤直士「恩師以上の恩師」p.3
小山憲佐「慈父の如き人格」p.3
内ケ崎作三郎「先生と新人会」p.3
今泉真幸「海老名先生と組合教会」p.4
栗原陽太郎「海老名先生の説教」p.4
額賀鹿之助「本郷教会の創業時代」p.4

渡瀬常吉「海老名先生の信仰」p.5
鹿子木津也「海老名先生と私」p.5
難波紋吉「海老名先生と同志社」p.6
今井三郎「海老名先生と私」p.6
松本宗吉「海老名先生」p.6
海老名彈正「我が信仰生活の発展」p.7
（1921年11月17日発行の『基督教世界』に掲載したものを転載）
中村正路「海老名先生の説教」p.8
「海老名彈正先生『片言居要』より」p.8
1940年5月23日　『基督教世界』2929号
野口末彦「海老名先生と本郷教会」p.4
茂義太郎「永遠の若人―同志社総長時代の海老名先生―」p.4
1940年5月30日　『基督教世界』2930号
額賀鹿之助「海老名先生と本郷教会」p.3
「海老名彈正先生記念会」p.6
1940年6月6日　本宮弥兵衛「海老名先生を憶ふ」『基督教世界』2931号，p.2

1942（昭和17）年

1942年2月10日　湯浅与三『我国における三大基督教思想家―植村・海老名・小崎―』警醒社，74p（海老名，pp.30-51）
〈海老名はpp.30-51であるが，この書は「昭和十五年按手礼論文として認めたもの」（『小崎弘道先生の生涯』p.111）とのこと〉

1945（昭和20）年

1945年9月1日　『基督教研究』（海老名日本神学講座記念）21巻4号，
大塚節次「巻頭の辞」pp.2-4
牧野虎次「海老名先生と同志社」pp.5-15
魚木忠一「海老名先生と日本基督教神学」pp.16-37
中島重「海老名先生の思想と信仰」pp.38-48

村田四郎「日本基督教学の動向」pp.49-53
野口末彦「牧者としての海老名先生」pp.54-62
有賀鐵太郎「海老名彈正と希臘神学―歴史神学思惟の一研究―」pp.63-83
大下あや子「父の思出」pp.84, 85
松本雅太郎「非常時下に海老名先生を憶ふ（小楠先生と海老名先生）」pp.85-87

1946（昭和21）年

1946年3月　　　『基督教研究』22巻1号,
富森京次「海老名先生における基督観」pp.1-21
山崎亨「海老名先生に於ける律法主義の超克」pp.22-27
三井久「海老名先生の包国家的基督教」pp.28-39
加藤直士「文芸を通じての海老名先生の感化」pp.40-45
大塚節治「海老名先生と贖罪論」pp.46-76
〈大塚節治『基督教人間学』全国書房，1948年10月25日発行の「海老名先生と贖罪論」pp.253-300のオリジナル〉

1948（昭和23）年

1948年10月25日　大塚節治『基督教人間学』全国書房
「海老名先生と贖罪」pp.253-300〈『基督教研究』21巻4号掲載論文の再録〉

1949（昭和24）年

1949年10月10日　比屋根安定『日本プロテスタント九十年史』日本基督教団出版事業部〈pp.84, 85で1901・2年の海老名・植村論争に言及〉
1949年11月1日　今中次麿「海老名彈正先生」（明治基督教人物評伝）『開拓者』第479号，pp.40-46

1951（昭和26）年

III. 海老名関連の著書・論文・記事

1951年4月20日　松本雅太郎「海老名弾正先生の風格」（評伝）『基督教研究』25巻1号，pp.103-108

1954（昭和29）年
1954年3月5日　『明治文化史　6　宗教』洋々社
〈pp.293-298，熊本バンド pp.380-384，海老名の国家的精神主義，新神学について言及〉

1954年12月　鈴木省吾「『海老名弾正対植村正久の神学論争』に関する一考察」同志社大学大学院修士論文，（手書き原稿）182p. 文献目録6 p.

1955（昭和30）年
1955年9月7日　賀川豊彦「海老名弾正の精神生活」『天の心，地の心』実業之日本社）
〈『賀川豊彦全集』第4巻，キリスト新聞社，1964年1月1日，pp.474-479に収録。本書「Ⅵ. 他者の海老名評　（6）賀川豊彦」に全文掲載〉

1955年10月1日　『弓町本郷教会創立七十年史』弓町本郷教会（非売品）
海老名弾正「良種良田」pp.82-88（昭和11年10月，本郷教会創立五十周年記念式典に於ける式辞）
和田信次「海老名先生の思想上の立場」『本郷教会創立七十年史』pp.89-91
海老名弾正先生彰徳碑建立，pp.265-269
本郷教会関係文献，pp.263, 264
新人と新女界覚書，pp.269, 270
本郷教会出身知名人，pp.270, 271

1956（昭和31）年
1956年3月26日　鈴木俊郎編『回想の内村鑑三』岩波書店
石川三四郎「内村さんの思い出」pp.63-68〈海老名と内村の両者に関係のあった著者による比較がある〉

蔵原惟人「内村鑑三の手紙」pp.176-188〈1893年2月17日付蔵原惟郭宛の海老名の書簡。惟郭夫妻の結婚の仲人が海老名夫妻であったことなどが記されている〉

1956年4月5日　久山康編『近代日本とキリスト教―明治篇―』，基督教学徒兄弟団，382p　〈随所に，熊本バンド，海老名にふれた箇所有り〉

1957（昭和32）年

1957年1月5日　　大内三郎「植村―海老名　基督論論争―日本プロテスタント思想史上の意義―」『福音と世界』1月号，pp.63-72

1957年6月15日　　高橋虔『宮川経輝』比叡書房，552p
〈熊本洋学校以来，64年の長期にわたり親友であった宮川の日記であり，随所に海老名が出ている。1996年7月27日に大空社から伝記叢書の1冊として復刻版が刊行〉

1957年7月5日　　高橋昌郎「海老名弾正と日本国家」『福音と世界』7月号，pp.64-71

1957年　　　　　新保満編『安中教会年表』（謄写版印刷）1957年

1957年　　　　　『東京大学基督教青年会年表　附解説―明治元年（1868）―昭和二十七年（1952）―』東京大学基督教青年会，
〈海老名は，たびたびこの青年会で講演をしている。特に，海老名・植村論争の頃には，両者の講演会には，学生たちは期待していた〉

1958（昭和33）年

1958年2月　　　湯浅与三『基督にある自由を求めて―日本組合教会基督教会史―』（発行所はなく，印刷・創文社とある）
〈pp.3, 4で自由主義神学の代表者として海老名に言及。pp.239-246は「奈良大会宣言の経緯」が述べられているが，この中で大会の「宣言書」は海老名が起草の中心であり，以来組合教会では自由主義的神学が大勢を支配した観があるとしている。pp.249, 250，組合教会総会関連の大演説会（1896年4月2日・平安教会）での海老名の「我党の伝道」と題する演説の要旨。pp.265-270で1901・2年の海老名・植村論争

について言及〉
1958年7月15日　田中惣五郎『吉野作造』未来社
　〈2章　東京帝大学生時代
　3　本郷教会，戦争，ソシヤリズム，pp.55-68〉
1958年11月30日　江川栄編『安中基督教会八十年の歩み―明治十一年―昭和卅三年―』安中基督教会，20p　〈pp.1-6に海老名への言及がある〉

1959（昭和34）年

1959年6月10日　森岡清美編著『地方小都市におけるキリスト教会の形成―上州安中教会の構造分析―』日本基督教団宣教研究所
　〈森岡清美「安中教会の成立」pp.8-46　新保満「安中教会の存在形態」pp.48-99
　pp.100-130　参考文献・年表など　安中教会80年の歴史をカバーしたもので，初期の歴史に海老名の名前は随所に登場〉
1959年7月　　　Kiyo Takeda Cho "Japan's First Christian Love Letters -A Glimpse at the Correspondence of Danjo and Miyako Ebina-" "The Japan Christian Quarterly" Volume XXV. Number 3, pp.212-218
1959年11月1日　比屋根安定『教界三十五人像』日本基督教団出版部，
　〈海老名弾正，pp.44-50　説教の様子の描写。植村との論争の描写が興味深い〉
1959年　　　森岡清美編著『地方小都市におけるキリスト教会の形成―上州安中教会の構造分析―』日本基督教団宣教研究所，1959年

1960（昭和35）年

1960年2月20日　大内三郎「海老名弾正の聖書的立場」『近代日本の聖書思想』日本基督教団出版部，pp.53-64
1960年3月1日　砂川万里「海老名弾正伝」(1)『宗教』（二瓶要蔵主幹，宗教社発行）　368号，pp.16, 17及 p.8
1960年4月1日　砂川万里「海老名弾正伝」(2)『宗教』369号，pp.14-17
1960年5月1日　砂川万里「海老名弾正伝」(3)『宗教』370号，pp.15-17

1960年6月1日　　砂川万里「海老名弾正伝」(4)『宗教』371号，pp.16, 17
　　　　　　　　及 p.15
1960年7月1日　　砂川万里「海老名弾正伝」(5)『宗教』372号，pp.15, 16
1960年8月1日　　砂川万里「海老名弾正伝」(6)『宗教』373号，pp.15, 16
1960年8月30日　　海老名弾正著『新人の創造』(日本宣教選書4) 教文館，
　　　　　　　　153p
　　〈pp.1-114が海老名の文書よりの収録。以下に出典を記す〉
　　神人の三識　『新人』1巻2号。我が活ける神　『新人』1巻6号。新し
　　き日本魂　『新人』15巻3号。新日本の精神的国是　『新人』4巻1号。
　　国民教育とキリスト教　『新人』7巻8号。永遠の希望　『新人』15巻
　　11号。超国家の権力　『新人』19巻11号。天より観たる人　『新人』
　　21巻9号。十字架に現われたキリストの生命　『新人』22巻3号。
　　片言居要　〈『新人』に掲載された「断想録」をまとめた『片言居要』
　　(1933年刊) からのもの〉
　　キリスト教と社会問題　『基督教大観』(1939年刊)，170-179頁。
　　〈pp.103-114では，武田清子が「愛の往復書簡」と題して，海老名と
　　横井美屋の書簡を紹介しているが，これは，武田が執筆時に存命中で
　　あった海老名の長女・道子から直接借り受けて部分的に紹介したもの
　　である。現在この書簡は同志社人文研所蔵〉
　　武田清子「海老名弾正評伝」pp.115-148.「海老名弾正年譜」pp.149,
　　150.「解説」pp.151-153.
1960年9月1日　　砂川万里「海老名弾正伝」(7)『宗教』374号，pp.16, 17
　　　　　　　　及 p.8
1960年10月1日　　砂川万里「海老名弾正伝」(8)『宗教』375号，pp.16, 17
1960年11月1日　　砂川万里「海老名弾正伝」(9)『宗教』376号，pp.16, 17
1960年12月1日　　砂川万里「海老名弾正伝」(10)『宗教』377号，pp.16, 17
　　　　　　　　及 p.12

1961（昭和36）年

1961年1月1日　　砂川万里「海老名弾正伝」(11)『宗教』378号，pp.16, 17

III. 海老名関連の著書・論文・記事

1961年2月1日　　砂川万里「海老名弾正伝」(12)『宗教』379号, pp.15-17, 及 p.11
1961年3月1日　　砂川万里「海老名弾正伝」(13)『宗教』380号, pp.17, 18
1961年3月31日　　隅谷三喜男『近代日本とキリスト教』新教出版社
〈海老名を集中的に扱った章はないが，数か所に渡瀬常吉『海老名弾正先生』からの引用などがある〉
1961年4月1日　　砂川万里「海老名弾正伝」(14)『宗教』381号, pp.17, 18
1961年5月1日　　砂川万里「海老名弾正伝」(15)『宗教』382号, pp.17, 18
1961年6月1日　　砂川万里「海老名弾正伝」(16)『宗教』383号, pp.18, 19
1961年7月1日　　砂川万里「海老名弾正伝」(17)『宗教』384号, pp.17, 18
1961年8月1日　　砂川万里「海老名弾正伝」(18)『宗教』385号, pp.16, 17
1961年9月1日　　砂川万里「海老名弾正伝」(19)『宗教』386号, pp.15, 16 及 p.9
1961年10月1日　　砂川万里「海老名弾正伝」(20)『宗教』387号, pp.17, 18 及 p.16
1961年10月　　徳永新太郎「宗教的回心における文化の連続と非連続―海老名弾正のばあい―」『社会科学論集』(九州大学教養部社会科学科紀要) 第2集, pp.59-92
1961年11月1日　　砂川万里「海老名弾正伝」(21)『宗教』388号, pp.16, 17
1961年12月1日　　砂川万里「海老名弾正伝」(22)『宗教』389号, pp.16, 17

1962（昭和37）年

1962年1月1日　　砂川万里「海老名弾正伝」(23)『宗教』390号, pp.16, 17
1962年2月1日　　砂川万里「海老名弾正伝」(24・終)『宗教』391号, pp.15-17及 p.6
1962年12月　　大江捷也「熊本バンドその後　海老名弾正の場合」『思想の科学』12月, pp.18-26

1963（昭和38）年

1963年3月　　徳永新太郎「宗教的回心における文化の連続と非連続―

海老名弾正のばあい―」『社会科学論集』（九州大学教養部社会科学科紀要）第3集，pp.59-74

1963年4月　　　高道基「熊本バンドと新神学問題（覚え書）『キリスト教社会問題研究』第7号，pp.91-113〈特に，pp.108-110で，1901・2年の海老名・植村論争に言及〉

1963年8月　　　Fred Notehelfer, EBINA DANJO: A CHRISTIAN SAMURAI OF THE MEIJI PERIOD Papers on Japan, Vol.2 Aug. 1963 East Asian Research Center, Harvard University, 56 p

1964（昭和39）年

1964年1月10日　　『賀川豊彦全集』第4巻，キリスト新聞社〈「海老名弾正の精神生活」pp.474-479〉

1965（昭和40）年

1965年8月15日　　同志社大学人文科学研究所編『熊本バンド研究』みすず書房，648p
〈土肥昭夫「海老名弾正の神学思想―思想史の一精神―」pp.279-305
「熊本バンド成員並びに関係者の雑誌・新聞に発表された論文リスト」の「海老名弾正」pp.474-485

1965年10月10日　山路愛山「海老名彈正氏の耶蘇基督伝を読む」『山路愛山集』（明治文学全集・35），筑摩書房，pp.347-355〈1903年3月3日『独立評論』からの転載〉

1965年11月20日　土肥昭夫「海老名弾正―思想と行動―」和田洋一編『同志社の思想家たち』同志社大学生協出版部，pp.83-143

1965年12月8日　砂川萬里『海老名弾正・植村正久』東海大学出版会，230p〈海老名，pp.5-118。1960年3月―1962年2月に『宗教』誌に連載した「海老名弾正伝」に加筆修正したもの〉

1965年　　　　　Charles H.Germany " Protestant Theologies in Modern Japan" IISR Press Chapter II Modern Japanese Liberalism and Its Social Concern Danjo Ebina（1856-1937）pp.19-27

1965年　　　　『同志社九十年小史』同志社
　　　　　　　〈随所に海老名関連の記事有り〉

1966（昭和昭和41年）

1966年8月31日　『植村正久著作集』4　神学思想　新教出版社
　　　　　　　〈pp.327-451　が「キリスト論論争」の項で，海老名との神学論争関連〉
1966年10月3日　『弓町本郷教会創立八十年史』弓町本郷教会
　　　　　　　教会略史・第一　草創時代，pp.10-13，第三　海老名時代，pp.17-26
　　　　　　　年表，pp.97-100
　　　　　　　正牧師略歴・海老名弾正，pp.108-111
　　　　　　　説教と講演・海老名弾正「我が信教の由来と経過」，pp.131-137〈海老名弾正著『基督教概論・我が信教の由来と経過』の「我が信教の由来と経過」の一部 pp.72-81を収録〉
　　　　　　　青年会　明治・大正時代，pp.239-241
1966年10月　　土肥昭夫「日本における福音の土着化―日本キリスト教思想史の問題として―」『福音と世界』昭41年10月
1967年2月1日　熊野義孝「海老名弾正の『思想の神学』上」『福音と世界』22巻2号，pp.76-83

1967（昭和42）年

1967年2月5日　武田清子『土着と背教―伝統的エトスとプロテスタント―』新教出版社，360p　〈海老名を「協調的妥協型」（p.121）と分類〉
1967年3月1日　熊野義孝「海老名弾正の『思想の神学』中」『福音と世界』22巻3号，pp.88-95
1967年3月　　杉井六郎「明治思想史における自由キリスト教提唱の意味」『キリスト教社会問題研究』11号，pp.25-73
1967年4月1日　熊野義孝「海老名弾正の『思想の神学』」『福音と世界』22巻4号，pp.88-95
1967年9月　　土肥昭夫「海老名弾正における儒教とキリスト教」『出

会い』1巻4号，NCC（日本基督教協議会）宗教研究所，pp.22-43
1967年11月30日　湯浅與三『小崎弘道先生の生涯』118p
〈印刷は「創文社」であるが，特に発行所はなく，「三百部限定版」となっている。1942年2月の『我国に於ける三大基督教思想家』も再録されている〉

1968（昭和43）年

1968年6月20日　酒枝義旗「明治年代におけるキリスト論」『キリスト論の研究』創文社，pp.517-549，〈特に，pp.542-548は「植村と海老名の論争」と題して，二人の論争を取り上げている。しかし，論争に至る植村側の経緯は記されているが，紙数の関係か，論争の内容・経過などは具体的に最後までは記されていない〉

1968年6月30日　熊野義孝『日本キリスト教神学思想史』新教出版社「海老名弾正の『思想の神学』」pp.145-180　〈1967年『福音と世界』に連載したものの再録〉

1968年7月25日　マリウス B. ジャンセン編『日本における近代化の問題』岩波書店
第四部・第六章　ジョン・F・ハウズ（佐藤敏夫訳）「日本人キリスト者とアメリカ人宣教師」pp.233-268　〈5人のアメリカ人，ヘボン・クラーク・ジェーンズ・バラ・デーヴィスと5人の日本人，海老名弾正・小崎弘道・本多庸一・植村正久・内村鑑三との対比で，日本の近代化とプロテスタント・キリスト教の関係を論じたもの〉
オリジナルは，Edited by Marius B. Jansen "Changing Japanese Attitudes Toward Modernization"　Princeton University Press, 1965

1970（昭和45）年

1970年3月15日　杉井六郎「「奉教趣意書」成立に関する若干の考察」『キリスト教社会問題研究』第16号・17号，同志社大学人文科学研究所，pp.38-86
1970年8月31日　堀光男『日本の教会と信仰告白』新教出版社

〈pp.32-34で，1901・2年の海老名・植村論争について言及。また，pp.221，222では，1955-60年頃に盛んに行われた小田切信男の反三位一体論について，海老名の反三位一体論が哲学的合理主義からのものであるのに対して，小田切はそれを聖書解釈からしているだけの違いとしている〉

1970年10月30日　海老沢有道・大内三郎『日本キリスト教史』日本基督教団出版局
〈大内三郎が執筆の「日本プロテスタント史」のpp.341-355で，海老名・植村論争について言及〉

1971（昭和46）年

1971年1月5日　加藤常昭「日本キリスト教説教史研究―海老名弾正の説教　その1―」『福音と世界』26巻2号，pp.97-103

1971年1月16日　大杉栄『自叙伝　日本脱出記』岩波書店
〈pp.169-178に，海老名より受洗し，後離脱した事情を記している〉

1971年2月1日　加藤常昭「日本キリスト教説教史研究―海老名弾正の説教　その2―」『福音と世界』26巻3号，pp.75-81

1971年3月1日　加藤常昭「日本キリスト教説教史研究―海老名弾正の説教　その3―」『福音と世界』26巻4号，pp.88-95

1971年5月1日　加藤常昭「日本キリスト教説教史研究―海老名弾正の説教　その4―」『福音と世界』26巻6号，pp.41-48

1971年6月25日　熊本日日新聞社編『百年史の証言―福田令寿氏と語る―』日本YMCA同盟出版部。
〈pp.33-124の「熊本英学校」「続・熊本英学校」が参考になる。本書「IV. 海老名による横浜・熊本・札幌バンドの特色（14）」にpp.92, 93を掲載〉

1971年12月25日　青木次彦編「『新女界』総目次　付『新女界』刊行一覧表」『人文科学』1巻3号，同志社大学人文科学研究所，pp.129-220が『新女界』総目次
〈『新人』の兄妹誌として，1908年4月に創刊され，1919年2月に終刊し

た，全巻の総目次〉

1972（昭和47）年

1972年3月31日　加藤常昭『日本の説教者たち』新教出版社，「海老名弾正」pp.180-238〈『福音と世界』26巻2-6号に掲載したものの再録〉

1972年6月10日　三谷太一郎「思想家としての吉野作造」『吉野作造』（日本の名著48）中央公論社，pp.17-23〈「海老名弾正との出会い」「『科学と宗教との衝突』の解決」「海老名の歴史主義的聖書解釈」「海老名神学の基礎」の項目を立て，吉野に対する海老名の思想的影響が大きいことを説く〉

1972年8月　笠原芳光「日本臣民・キリスト者―朝鮮伝道と柏木義円―」『月刊　キリスト』pp.20-25〈海老名が同志社総長に就任する際に宛てられた書簡を収録〉

1973（昭和48）年

1973年2月28日　加藤常昭編『海老名弾正説教集』（日本人のための福音2）新教出版社，353 p・索引3 p
〈収録されている海老名の説教・全て『新人』からのもの。
　1. 我が活ける神　1巻6号　　2. 永生　2巻3号
　3. キリスト復活の内容　2巻4号　4. わが党の使命　3巻7号
　5. キリスト観1　3巻8号　　6. キリスト観2　3巻9号
　7. 新武士道　3巻10号　　8. 士の宗教　2巻11号
　9. 個人の価値　4巻1号　　10. 真のパン　4巻4号
　11. 予が人格観　4巻11号　　12. わが慕う人格　4巻12号
　13. 神子の成長　5巻2号　　14. わが神観　5巻4号
　15. 帰一の大道　5巻7号　　16. 放蕩子の譬喩　6巻2号
　17. 予が最も愛するもの　6巻3号　18. キリストの自覚1　7巻2号
　19. キリストの自覚2　7巻3号　20. 予が罪悪観　7巻7号
　21. 幸わう言霊　7巻12号　　22. 仲保者　8巻4号

23. 復活の福音　8巻5号　　　　24. キリストに対する信仰　9巻9号
　　　25. エルサレム城の静夜　9巻12号　26. 自我の救い　10巻5号
　　　27. 利己主義の自滅　10巻12号　28. 舟を沖に出せ　11巻3号
　　　29. 永遠のキリスト　11巻11号　30. わが信教の由来と経過　23巻7号
　　「解説」pp.343-346。「海老名弾正略年譜」pp.347-350〉

1973年3月15日　　同志社大学人文科学研究所編『人文科学』2巻1号，特
　　集「新人」総目次，284p　〈pp.3-14に，杉井六郎「『新人』の総目次に
　　よせて」と題する解説がある〉
1973年8月31日　　今中寛司「キリスト教受容の三つの類型―小楠・愛山・
　　一敬の場合―」同志社大学人文科学研究所・キリスト教社会問題研究
　　編『日本の近代化とキリスト教』新教出版社，〈三者は海老名と深い
　　関係のある人たちであるが，一敬は徳富蘇峰・蘆花兄弟の父であり，
　　85歳で海老名から洗礼を受けた人物〉
1973年9月5日　　岩井文男『海老名弾正』（人と思想シリーズ）日本基督
　　教団出版局，302 p　〈海老名の晩年，特に海老名が東京に移転して
　　から親しく接し，回顧談を聞いた体験がある。しかし，資料を十分に
　　準備しての執筆ではないとの断り書きがある。〉
1973年9月20日　　今中次麿『海老名弾正先生召天三十五年記念礼拝説教・
　　記念講演』日本基督教団弓町教会牧師・大倉幾代編集発行，68 p
1973年11月20日　　住谷悦治『ラーネッド博士伝―人と思想―』未来社，
　　〈巻頭の写真集の中に，「1928（昭和3）年9月15日，ラーネッド夫妻
　　が，同志社を去る日，神学館前にて海老名総長，ラーネッド博士に日
　　本刀を贈呈す」があることと，第一篇　人　第三章　教え子の観たラ
　　ーネッド博士，pp.51, 52に海老名の文章あり〉

1974（昭和49）年

1974年6月15日　　三谷太一郎『大正デモクラシー論』中央公論社
　　〈「四. 思想家としての吉野作造」pp.155-229 の内, pp.166-176に海老名
　　の影響が記されている。1972年の日本の名著・吉野作造の再録である
　　が，一部加筆されている〉

1974年6月20日　『木下尚江全集』第七巻 pp.219-375『荒野』（1909年10月15日，昭文堂発行が初版）教文館　〈特に，pp.340-346〉

1975（昭和50）年

1975年3月15日　『キリスト教社会問題研究』第23号．
　　今中寛司「海老名弾正のキリスト教信仰とその思想—その楽天的積極主義神学—」pp.1-27
　　竹中正夫「海老名をとらえる視点—海老名の神学思想についての一考—」pp.28-43
　　武邦保「海老名弾正の戦争論」pp.44-82
　　辻野功「石川三四郎—海老名弾正との関連において—」pp.83-115
　　橋本滋男「海老名における聖書理解」pp.176-182
1975年4月15日　大下あや『父　海老名弾正』主婦の友社，169 p。〈著者・大下あやは海老名の次女〉
1975年6月30日—10月20日　複製『新女界』（創刊号—11巻2号）友愛書房
1975年11月30日　青木次彦『「新女界」解説・総目次』（複製「新女界」附録）友愛書房　〈pp.1-14『新女界』解説。pp.1-79『新女界』総目次。pp.80-86『新女界』刊行一覧表。pp.1-25『新女界』執筆者索引〉
1975年　　　　土肥昭夫『日本プロテスタント教会の成立と展開』日本基督教団出版局

1976（昭和51）年

1976年3月15日　『キリスト教社会問題研究』24号
　　飯沼二郎「初期『新人』における海老名と渡瀬」pp.18-49
　　笠原芳光「海老名弾正と柏木義円」pp.50-82
　　茂義樹「日本基督伝道会社の独立と海老名弾正」pp.83-132
1976年7月1日　「植村正久と日本の教会　6植村・海老名論争」『福音と世界』pp.66-73
　　〈堀光男・小川圭治・土肥昭夫の3氏の座談会のシリーズ。1975年6月号の第1回—1976年9月の第7回までのシリーズであり，各回に海老名

Ⅲ. 海老名関連の著書・論文・記事　　169

　　関連の資料となるものがあるが，この第6回が最も重要〉
1976年7月20日　　渋谷浩「吉野作造」『キリストの証人たち―地の塩として4』日本基督教団出版局
　　pp.60-103　吉野の東大入学以来の海老名との関連が随所に記されている。
1976年9月20日　　武田清子『正統と異端の"あいだ"―日本思想史研究試論―』東京大学出版会，344p　〈pp.92, 93で海老名・植村論争について言及。「植村正久が海老名弾正の立場を論破した」(p.93)とある〉
1976年10月3日　　『弓町本郷教会創立九十年史』弓町本郷教会
　　教会略史・第一　草創時代，pp.17, 18　第三　海老名時代，pp.23-32
　　教会年表，pp.78-82
　　歴代牧師略歴・海老名弾正，pp.153-157
　　本郷教会関係文献，pp.380-383
1976年　　　　　『平安教会百年史』日本基督教団平安教会
　　〈創立の時に海老名が関係した教会の100年史〉

1977（昭和52）年
1977年7月10日　　大塚節治『回顧七十七年』同朋社，
　　〈海老名の同志社総長時代，大塚は神学部の教員であったので，その時代の海老名の動向が記されている〉
1977年12月　　　小川圭治「イエス・キリストとはだれか―植村正久のキリスト論をめぐって―」『福音と世界』〈pp.12, 13で海老名・植村論争について言及〉

1978（昭和53）年
1978年1月31日　　大内三郎「日本キリスト教思想史における『伝統』の問題」，『季刊　日本思想史』(日本思想史懇話会編集)，1978年・Ｎｏ．6，ぺりかん社
　　〈pp.94-110，特に pp.105-108では，著者が考える1901・2年の海老名・植村論争の決定的相違点を記している〉

1978年2月10日　辻野功『明治社会主義史論』法律文化社
「石川三四郎―海老名弾正との関連において―」pp.150-173
（1983年4月10日，増補版）
〈1975年3月15日『キリスト教社会問題研究』第23号，に掲載の「石川三四郎―海老名弾正との関連において―」とほぼ同じもの〉

1978年4月10日　石川三四郎「内村さんの思い出」『石川三四郎著作集』第6巻，青土社，pp.75-80〈1956年3月26日の再録〉pp.460, 461に海老名の著書『基督教本義』の6行ほどの紹介がある。

1978年11月20日　武邦保「海老名弾正」『基督教文化学会年報』No.24, pp.29-39

1978年12月20日　田中啓介・上田穣一・牛島盛光『ジェーンス　熊本回想』熊本日日新聞社〈L. L. ジェーンズが，熊本に滞在した1871-1876年の遺稿。プリンストン大学に寄贈されたもののダイジェストで，1977年4月8日-12月23日まで，熊本日日新聞に連載したものに加筆したものが本書。海老名は，4年間身近に接し，プライベートでも通訳として行動を共にしているので，海老名理解の重要な史料の一つ〉

1978年　　　吉馴明子「海老名弾正と『新人』の青年たち」『跡見学園短期大学紀要』15, pp.53-77　〈海老名の第二の回心，「神子」の確信と，『新人』誌の青年たちの多様な思想についての論考〉

1978年　　　渡辺和靖「キリスト教と儒教との関連―明治時代を中心として―」日本思想史懇話会編集『季刊　日本思想史』第6号，ぺりかん社　〈pp.119-121に海老名の引用あり〉

1979（昭和54）年

1979年5月31日　鵜沼裕子「国民道徳論をめぐる論争」『日本思想論争史』ぺりかん社，pp.356-379　〈特に，pp.370-372　において「海老名弾正と小崎弘道のキリスト教日本化の主張」の見出しで海老名に言及〉

1979年7月20日　大濱徹也『明治キリスト教会史の研究』吉川弘文館〈特に，第3章・第1節「西上州におけるキリスト教会」は，海老名が牧会した諸教会の信徒の詳細な社会学的分析が記されている〉

1979年8月25日　鈴木範久『明治宗教思潮の研究―宗教学事始―』東京大学出版会
〈海老名の名前は，熊本バンドの一員として，あるいは柏木義円を論じているところで，授洗者として出ているが，海老名を取り上げて論じてはいない。ただ，付録1で取り上げている「今岡信一郎氏に聞く」の今岡は，海老名と五高・東大を通じて，密接な関係にあった人物〉

1979年9月30日　徳永新太郎「海老名弾正―宗教的回心における文化の連続と非連続」『横井小楠とその弟子たち』評論社，pp.163-250
〈pp.163-189「実学とプロテスタンティズム」は，海老名伝で，藩校・熊本洋学校での実学の影響を論じたもの。オリジナルは『社会学における理論と実証』（蔵内博士退官記念論文集，1963年）。pp.190-250「海老名弾正―宗教的回心における文化の連続と非連続―」は，「宗教的回心における文化の連続と非連続―海老名弾正のばあい―」(1)(2)九州大学『社会科学論集』1961年・1963年がオリジナル〉
〈『横井小楠とその弟子たち』pp.187, 188と249, 250は，本書「Ⅳ. 海老名による横浜・熊本・札幌バンドの特色 (16)」に関係部分を掲載〉

1979年11月29日　『同志社百年史　通史編1』同志社
1979年12月25日　『明治文化史　6　宗教』原書房　〈1954年3月5日の新装版。海老名に言及しているページは同じ〉

1980（昭和55）年

1980年1月30日　三井久著・竹中正夫編『近代日本の青年群像―熊本バンド物語―』日本YMCA同盟出版部
〈特に「海老名喜三郎の体験」，pp.105-114. 本書「Ⅳ. 海老名による横浜・熊本・札幌バンドの特色（17）」にpp.235-237を掲載〉

1980年4月10日　萩原俊彦「安中教会と新島襄・海老名喜三郎」『新島研究』57号，pp.12-21

1980年7月30日　土肥昭夫『日本プロテスタント・キリスト教史』新教出版社

〈pp.164-166, pp.173-179〉

1981（昭和56）年
1981年2月28日　大内三郎「日本キリスト教思想史上における神把握の問題―世界創造の唯一神を中心として―」『神観念の比較文化論的研究』講談社
〈pp.419-446　海老名については，p.437以降〉
1981年10月1日　藤田治芽『植村正久の福音理解』新教出版社
〈pp.60-65, 90, 126で海老名に言及〉
1981年　　　　松井七郎『安中教会初期農村信徒の生活―松井十蔵・たくの伝記―』第三書館

1982（昭和57）年
1982年4月15日　今中次麿先生追悼記念事業界編『今中次麿―生涯と回想―』法律文化社　〈I. 政治学の歩み　II. 時々事々　3-58頁は，今中が執筆したり，新聞・雑誌に発表したものを集めたページであるが，ここには海老名宛て書簡，など海老名が度々登場〉
1982年5月20日　吉馴明子『海老名弾正の政治思想』東京大学出版会，242p・索引2p
1982年9月30日　吉馴明子「海老名弾正」『近代日本哲学思想家辞典』東京書籍，pp.97-100
1982年12月31日　『熊野義孝全集』第12巻，新教出版社
後篇I・海老名弾正の「思想の神学」pp.145-180　〈1967年『福音と世界』に連載したものの再録〉
1982年　　　　Ｃ．Ｈ．ジャーマニー『近代日本のプロテスタント神学』日本基督教団出版局
第二章　近代日本における日本自由主義神学とその社会に対する関心　海老名弾正 pp.54-65〈1965年の翻訳〉

1983（昭和58）年

1983年2月15日　群馬県史編さん委員会編『群馬県史』(資料編22　近代現代6) 群馬県
〈「安中基督教会録事」pp.880-885, 海老名の消息が随所に出ている〉
1983年4月20日　吉馴明子「海老名弾正の『神の国』論」日本プロテスタント史研究会編『日本プロテスタント史の諸問題』雄山閣, pp.161-187
1983年12月25日　関岡一成「海老名弾正におけるキリスト教受容—神観を中心として—」『神戸外大論叢』34巻5号, pp.25-47

1984（昭和59）年
1984年7月30日　「海老名弾正—時代とともに歩んだ伝道者—」『図説　教育人物事典』(下) ぎょうせい, pp.684-687

1985（昭和60）年
1985年1月10日　大山寛「組合教会の三元老—海老名弾正を中心として—」『基督教世界』3416号, p.3
1985年3月20日　関岡一成「海老名弾正におけるキリスト教受容」『近代日本のキリスト教受容』昭和堂, pp.112-138〈1983年12月25日の再録〉
1985年4月20日　渋谷浩, 吉馴明子著『海老名弾正の政治思想』書評,『内村鑑三研究』22号, キリスト教図書出版社, pp.122-128
1985年6月5日　飯沼二郎・韓晳曦『日本帝国主義下の朝鮮伝道』日本基督教団出版局
〈第2章　日本組合教会の朝鮮伝道　で　「『新人』における海老名の信仰」の項があり, 飯沼が海老名の信仰を pp.74-79で論じている〉
1985年　　　　F. G. Notehelfer, AMERICAN SAMURAI — Captain L.L. Janes and Japan —, Princeton University Press, 1985
〈特に, VII.The Kumamoto School for Western Learning,pp.130-150. IX. Christianity,pp.179-209. X.The Years of Controversy,pp.210-233. XI.Japan Again:Kyoto and the Doshisha Lectures,pp.234-256.〉

1986(昭和61)年

1986年2月10日　小野静雄『日本プロテスタント教会史』(上)明治・大正篇, 聖恵授産所出版部,〈pp.180-188で海老名・植村論争について言及〉

1986年10月12日　『日本キリスト教団　原市教会百年史』日本基督教団原市教会, 601頁
〈原市教会は海老名が最初に伝道した教会〉

1986年11月10日　『弓町本郷教会百年史』日本基督教団弓町本郷教会, 974p
第一篇　宣教の業の展開—百年略史
第1章　伝道の開始, pp.18-21
第2章　教会の設立, pp.22-43
第3章　理想の灯をかかげて, pp.44-88
第二篇　竹中正夫著　本郷教会の人びと—明治・大正期を中心として—, pp.221-446
〈特に第7章・第6節「海老名の人と思想」pp.437-444〉

1986年12月10日　『創設期の同志社—卒業生たちの回想録—』同志社社史資料室
〈海老名弾正 pp.293-296, 海老名みや pp.419-424〉

1986年　　　　田代和久, 吉馴明子著『海老名弾正の政治思想』の書評『日本の神学』25, 日本基督教学会, pp.111-115

1987(昭和62)年

1987年3月25日　鬮岡一成「海老名弾正と天皇制」土肥昭夫教授退職記念論文集編集委員会編『キリスト教と歴史』新教出版社, pp.99-120

1987年3月　　　竹中正夫「日本組合基督教会の歴史と課題—その百年にあたって—」『基督教研究』48巻2号, pp.128-172〈特に, pp.144-145, 154, 157-158, 165で海老名に言及。p.170で海老名のものとしている『新人』からの記事は, 野口末彦のもの〉
〈この論文は, 1986年9月に同志社神学協議会で為された, 講演を原稿に

したものであるが，1987年5月に「1986年度同志社神学教義会実行委員会が」46ページの小冊子にして発行もしている〉
1987年10月　　関岡一成「プロテスタント・キリスト教受容の諸相―明治30年代までを中心として―」『キリスト教文化学会年報』No.33, pp.1-12.

1988（昭和63）年
1988年3月20日　　幸日出男・関岡一成著『キリスト教と日本の諸宗教』三和書房
1988年4月10日　　吉田千代『評伝　鈴木文治-民主的労使関係をめざして―』日本経済評論社　〈特に，二章　3　pp.54-62。五章　2　pp.129-132〉
1988年6月-1992年10月　　　『新人』（復刻版）龍渓書舎
1988年11月15日　鵜沼裕子『近代日本のキリスト教思想家たち』日本基督教団出版局,
　〈海老名，pp.101-130〉
1988年　　　　新島学園女子短期大学新島文化研究所編『安中教会―創立から100年まで』日本基督教団安中教会,

1989（昭和64）年
1989年3月　　　土肥昭夫「近代日本草創期の神学的動向（1）」『基督教研究』50巻2号，pp.101-115　〈海老名に関しては，pp.102-104, 114, 115〉
1989年4月25日　古屋安雄・大木英夫『日本の神学』ヨルダン社,
　〈「第5章　キリスト者のナショナリズム」の pp.133, 134で海老名に言及〉
1989年4月30日　小野静雄『日本プロテスタント伝道史』日本基督改革派教会・西部中会文書委員会，〈pp.37-43で海老名・植村論争のきっかけとなった「20世紀大挙伝道」，海老名・植村の福音主義理解の相違点について言及〉

1989年12月　　土肥昭夫「近代日本草創期の神学的動向」(2)」『基督教研究』51巻1号
〈pp.1-7, 21-23 で「海老名弾正と植村正久の神学論争」と題して海老名に言及〉
'Christliche Fuhrungspersonlichkeiten der ersten periode' "Theologiegeschichite der Dritten Welt/ Japan" ubersetzt von Repp u. F. Bienbiger. Chr. Kaiser Verlag, 1991〈1989年3月・12月に『基督教研究』で発表されたものの独逸語訳〉

1990（平成2）年
1990年2月25日　　金文吉『日本の思想と朝鮮―海老名弾正の思想―』蛍雪出版社，150 p. 図表 3p.
1990年6月15日　　武邦保「海老名弾正―国家と個人の接合点」，キリスト教文化学会編『プロテスタント人物史』ヨルダン社，pp.131-147〈1978年11月20日『基督教文化学会年報』の再録〉

1991（平成3）年
1991年2月1日　　川合道雄『武士のなったキリスト者　押川方義　管見（明治編）』近代文芸社〈p.284, pp.300, 301, pp.318, 319で海老名に言及〉
1991年3月19日　　フレッド・G・ノートヘルファー著，飛島井雅道訳『アメリカのサムライ― L.L. ジェーンズ大尉と日本―』法政大学出版局〈特に，第7章・熊本洋学校 pp.182-208，第9章・キリスト教 pp.245-285，第10章・争論の歳月 pp.286-317，第11章・日本ふたたび・京都と同志社講演 pp.318-348〉
1991年9月13日　　潮谷総一郎『熊本洋学校とジェーンズ―熊本バンドの人びと―』熊本年鑑社，201p〈随所に渡瀬常吉『海老名弾正先生』からの引用がある〉

1992（平成4）年

1992年11月30日　關岡一成「海老名弾正研究の諸問題」『神戸外大論叢』
　　43巻6号，pp.1-17
1992年12月10日　渡瀬常吉『海老名弾正先生』(復刻版) 大空社
　　〈1938年12月25日の復刻版　關岡一成「解説」pp.1-7〉

1993（平成5）年
1993年1月22日　　『追悼集Ⅵ-同志社人物誌　昭和十年-昭和十二年』同志社社史資料室
　　〈「海老名弾正」pp.162-215〉
1993年3月31日　　『大西祝・幾子書簡集』教文館
　　〈p.349に，1895年1月27日付，海老名より大西宛書簡〉
1993年7月　　　　吉馴明子「ローマ書一三章における忠誠の問題―明治プロテスタントの場合―」『キリスト教史学』第47集，pp.1-17
　　〈教会と国家の問題を植村正久・海老名弾正・内村鑑三を取り上げて論じている〉
1993年10月26日　原達郎『柳川文学散歩案内』「白秋・アンデルセンハウス」設立準備室（「海老名弾正―同志社大学第八代総長　屋敷跡―」pp.113-115）

1994（平成6）年
1994年5月16日　　松尾尊兊『大正デモクラシー』(同時代ライブラリー184) 岩波書店
　　〈1974年5月に岩波書店から刊行されたものがオリジナルということであり，海老名は特に取り上げて論じられていないが，「第9章民本主義者の朝鮮論」は，海老名も関係した日本組合教会の朝鮮同化問題が論じられている〉
1994年7月3日　　大山寛『めぐみのせせらぎ―日本基督教の源流をたずねて―』日本基督教団京都教会，〈pp.7-16で海老名について言及〉

1995（平成7）年

1995年3月1日　關岡一成「日本的キリスト教―海老名弾正を中心に―」『はなしあい』376号，p.2
〈1994.11.12に，クリスチャン・アカデミーの関西セミナーハウスでの発表の大意〉

1995年4月5日　花立三郎著で「明治の青年」として，1995年4月5日‐11月5日にかけて『熊本日日新聞』に145回にわたって連載された。〈連載の（47）‐（99）では，海老名と　横井小楠・熊本洋学校のことが中心に記されている〉。

1995年5月10日　飯田泰三「（解説）吉野作造の哲学と生き方」『吉野作造選集』（12），岩波書店　〈特に「一　海老名神学とヘーゲル論」pp.366-369〉

1995年7月10日　小熊英二『単一民族神話の起源―〈日本人〉の自画像の系譜―』新曜社〈第3章　国体論とキリスト教，pp.49-72．第6章　日韓併合，pp.104-116の中で海老名に言及〉

1995年10月31日　關岡一成「海老名弾正の第一回欧米旅行について」『神戸外大論叢』46巻5号，pp.13-40

1995年12月20日　關岡一成「海老名弾正における世界主義と日本主義」『キリスト教社会問題研究』44号，pp.26-48

1996（平成8）年

1996年5月25日　若山晴子「ソール書簡―訳および註（五）」神戸女学院史料室編『学院史料』Vol. 14　神戸女学院史料室，pp.23-54
〈海老名が，神戸教会牧師に就任した当時の，院長代理であったソールの1893年の書簡。海老名とは緊張関係にあったことがわかる書簡〉

1996年7月12日　『前橋教会史―110年の歩み―』日本基督教団前橋教会，非売品
324p〈海老名は前橋教会の初代牧師であり，生涯にわたって，関係を持ち続けたので，死去の前年の1936年7月12日の前橋教会50周年記念礼拝の記事が出ている120頁まで，しばしば演説・講演会を行った

記事が掲載されている〉
1996年10月10日　『弓町本郷教会110年小史―1987年～1996年―』日本基督教団弓町本郷教会
〈この書は，弓町本郷教会の110年史であるが，最後の「資料集」の項で，筆者が提供した資料が掲載されている。「資料（二）「本郷基督教会堂（東竹町会堂）」pp.87-97〉
1996年10月12日　關岡一成「海老名彈正の思想」『キリスト新聞』p.2
〈9月1日　弓町本郷教会創立百十周年記念の講演会で「海老名彈正―日本のキリスト教化とキリスト教の日本化をもとめて―」と題した講演を「キリスト新聞社」記者がまとめた大意〉
1996年11月30日　加藤正夫『明治期基督者の精神と現代』近代文芸社。〈pp.94-101〉
1996年12月　　　片野真佐子「非戦の思想とその継承―柏木義円関係資料（未公開）の周辺―」『キリスト教社会問題研究』第45号。

1997（平成9）年

1997年6月　　　安達征次「柳川生まれ，柳川育ちの海老名弾正先生について」『柳川郷土史』第1号，p.226
1997年8月1日　秋山繁雄編『井深梶之助宛書簡集』（明治学院創立120周年記念）明治学院，pp.235, 236に昭和9年11月27日付の井深宛の書簡が収録されている。
1997年9月19日　『熊本バンド研究』新装版，みすず書房，649p
〈1965年8月15日の初版で字句などに誤りがあったのが修正され，最後のページに杉井六郎氏の「復刊にあたって」がある〉

1998（平成10）年

1998年1月20日　金文吉「海老名弾正の朝鮮伝道と日本化問題につて」『キリスト教社会問題研究』46号，pp.230-266
1998年4月17日　「海老名弾正の碑　建立を」『有明新報』15244号
1998年4月20日　木下尚江「『新人』の国家宗教」『木下尚江全集』第17

巻, 教文館, pp.20-24〈1905年2月12日の再録〉
1998年6月24日　金文吉『近代日本キリスト教と朝鮮―海老名弾正の思想と行動―』明石書店, 206p.
1998年9月30日　本井康博「『同志社アカデミズム』の落とし穴・海老名弾正」『同志社大学広報』312号, p.12
1998年12月　　太田雅夫「大杉栄と本郷教会　平民社」『初期社会主義研究』11号
1998年11月10日　太田愛人『上州安中有田屋―湯浅治郎とその時代―』小沢書店
　265p〈海老名が同志社学生時代, 1年を終えた夏期に安中教会に伝道して以来, 深い交流のあった湯浅治郎の人と思想の書なので, 随所に海老名は登場している〉
1998年12月　　中山善仁「儒学的キリスト教と『帝国主義』―海老名弾正の政治思想に関する一考察」東京大学大学院法学政治学研究科・修士論文, 50p

1999（平成11）年

1999年3月1日　　關岡一成「海老名弾正の『神道的キリスト教』とは何か」『福音と世界』54巻3号, pp.54-57〈金文吉『近代日本キリスト教と朝鮮―海老名弾正の思想と行動―』の書評〉
1999年3月30日　同志社大学人文科学研究所編『「新人」「新女界」の研究―二〇世紀初頭キリスト教ジャーナリズム―』人文書院
　竹中正夫「『新人』における宗教思想」pp.39-62
　奥村直彦「『新人』に見る時代思潮―明治・大正代替りを中心に―」pp.99-117
　太田雅夫「本郷教会の人びと―会員原簿を中心に―」pp.202-234
　關岡一成「海老名弾正の神学思想」pp.237-258
　關岡一成「『新人』と綱島梁川」pp.259-280
　太田雅夫「吉野作造とキリスト教」pp.281-308
　坂本清音「『新人』『新女界』における海老名みや―主として家庭論を

中心に—」pp.352-367
定家終身「『新人』,『新女界』を支えた本郷教会の実業家信徒」pp.299-423
1999年4月5日　佐藤敏夫『植村正久とその弟子たち　1　植村正久』新教出版社
〈第五章　植村とキリスト論論争 pp.40-51で対海老名論争に言及〉
1999年9月30日　河村哲夫『柳川城炎上—立花壱岐・もうひとつの維新史—』角川書店
〈pp.332-338で，海老名の柳川城炎上の目撃記事が紹介されている〉

2000（平成12）年
2000年2月29日　中山善仁「海老名弾正の政治思想—儒学的キリスト教・『共和国』・『帝国主義』」『国家学会雑誌』113巻1・2号，pp.90-153
2000年11月　　足立三郎『明治の青年—熊本の維新に生きた若者たち—』熊本日日新聞社
〈1995年4月5日より11月5日まで『熊本日日新聞』に連載されたものを熊日新書（上・下）の2冊で出版されたもの。（上）の pp.127-194（下）の pp.7-59が海老名関連〉。

2001（平成13）年
2001年11月30日　闘岡一成「海老名彈正と『日本的キリスト教』」『神戸外大論叢』52巻6号，pp.1-23

2002（平成14）年
2002年4月30日　闘岡一成「海老名彈正—キリスト教による同化を主張した牧師—」舘野晢編『韓国・朝鮮と向き合った36人の日本人』明石書店，pp.38-43
2002年9月30日　「海老名弾正とキリスト教」『新柳川明証図会』pp.180-182
2002年11月18日　千木良秀子『評伝・千木良昌庵—新島襄から洗礼を受け

た，安中藩最後の藩医―』自費出版
〈海老名が神学生時代と卒業後の安中伝道で接した，湯浅治郎とともに安中教会の中心的人物の評伝。海老名の名前は数箇所に出ているが，二人の関係など詳細なものはない〉
2002年12月25日　闢岡一成「海老名彈正『自伝的略年譜I』について」『神戸外大論叢』53巻7号，pp.1-22.

2003（平成15）年

2003年1月30日　本井康博「海老名弾正」(『同志社山脈―113人のプロフィール』晃洋書房，pp.20, 21)
2003年3月15日　闢岡一成「解説」『海老名彈正』（日本の説教1）日本キリスト教団出版局，pp.205-230　説教の出典は以下。
　1. 基督の福音　『新女界』8巻4号
　2. 愛の権能　『新女界』8巻6号
　3. 天来の慰藉　『新女界』5巻9号
　4. 基督教の要領　『基督教世界』1274・5号
　5. クリスチアンの情操　『新女界』8巻10号
　6. 真のパン　『新人』4巻4号
　7. 恩寵の霊　『新女界』4巻7号
　8. 予が罪悪観　『新人』7巻7号
　9. 基督信徒生活の秘訣　『新人』5巻1号
　10. 罪悪の根絶　『新女界』9巻10号
　11. 現代に対する基督教の使命　『新人』12巻4号
　12. 世に勝つの信『新人』4巻3号
　13. 人生の悲劇と信仰『新人』19巻7号
　14. 研究より生活へ『新人』14巻11号
　15. 永遠の生命『新女界』3巻2号
　16. 家庭の基督『新女界』8巻3号
　17. 女子の友『新女界』5巻12号
　18. 内界の基督教『新人』10巻2号

2003年　　　　原島正「佐藤敏夫著『植村正久とその弟子たち1　植村正久』新教出版社，1999年・大内三郎『植村正久　生涯と思想』日本基督教団出版局，2002年」の書評　『日本の神学』日本基督教学会，2003年

〈佐藤敏夫の著書の書評で，植村・海老名のキリスト論論争に言及，p.161〉

2004（平成16）年

2004年2月20日　　『海老名彈正資料目録』同志社大学人文科学研究所，220p・索引14p

2004年3月　　　　芦名定道「キリスト教思想研究から見た海老名弾正」『アジア・キリスト教・多元性』第2号（現代キリスト教思想研究会）。京都大学。pp.1-30.

2004年6月25日　　土肥昭夫『歴史の証言―日本プロテスタント・キリスト教史より―』教文館

第8章・3　海老名弾正と植村正久の神学論争，pp.244-250

第11章　海老名弾正の思想と行動，pp.308-348

〈第11章は，1965年の「海老名弾正―思想と行動―」に加筆修正したもの〉

2004年11月15日　『同志社タイムス』（同志社校友会）594号で，「海老名弾正『生誕の地』碑建立」が報じられる。

〈「顕彰碑」の除幕式は，海老名の誕生日である9月18日に，誕生地に近い，川下りコース沿いの顕彰碑の前で開催された。9月19日の『朝日新聞』（福岡版）では，「関係者200人が出席して除幕式があった」と報道されている。

海老名の略歴は，当時神学部の教授であった本井康博が記したものであるが，碑文の選択は筆者に依頼があり海老名が同志社の第8代総長に就任した時の「就任の辞」から言葉を選んだ。

海老名の総長就任式は，1920年4月16日（金）午前に行われた。式辞そのものは，かなり長いものである。碑文としては，式辞での最後の

「私は人物が欲しい，之れは私の苦悶であります。独り私の苦悶にあらずして，日本の苦悶であります。今後願はくば，日本を世界に指導し行く所の人物を作りたい」を選んだ。
海老名の顕彰碑建立については，同志社が創立130周年の事業の一環としたことを始め，地元の柳川の同志社卒業生の働きもあったが，発案から実現に至る5年間のいきさつについては，最大の尽力をされた，当時の同志社校友会・久留米クラブ会長の秋島晃二（後に，海老名弾正顕彰委員会会長）の詳細な「建立のいきさつ」が『同志社タイムス』にある。筆者が撰んだ碑文の海老名の同志社総長「就任の辞」の全文は『同志社時報』175号にある。なお，渡瀬の『海老名弾正先生』の pp.413-426に，総長「就任以来の事を叙して見たい。併し凡て同志社新報に拠ることとする」として，pp.422-426に「就任の辞」も掲載されている。これは『同志社時報』175号のものと全く同じで，渡瀬の『同志社新報』は誤りで『同志社時報』が正しいと思われる。ちなみに，海老名は柳川が生んだ7賢人の一人として郷土史などには，記されているとか〉

2005（平成17）年
2005年6月10日　森岡清美『明治キリスト教会形成の社会史』東京大学出版会，480p
　第1部　明治前期の士族とキリスト教
　第1章　青年士族のキリスト教入信
　3節・1　海老名弾正，pp.49-57
　第2章　キリスト教界指導者たちの家族形成
　3節　熊本バンドの人たち　1　海老名弾正，pp.87-91
　第2部　明治期地域社会のキリスト教
　第1章　安中キリスト教会の形成と展開，pp.117-184
　第3部　明治期キリスト教の教派形成
　第2章　日本組合教会
　1節　安中教会設立期の制度化状況，pp.373-379

3節　安中教会の教会規則，pp.385-390
2005年11月28日　『初期社会主義研究』第18巻，初期社会主義研究会
　　　　　太田雅夫「石川三四郎と本郷教会・平民社」pp.58-75
　　　　　後藤彰信「石川三四郎の自由恋愛論と社会構想―本郷教会と平民社における自由恋愛論争と国家魂論争―」pp.76-86
2005年12月　　　Michael Shapiro: Constructing the Divine Nation:Empire and Providence in the Thought of Ebina Danjo（Research Report）"Social Science Japan" University of Tokyo, pp.20-22

2006（平成18）年

2006年1月10日　鬼童忠恕『明治という時代の「良心」―柳川が生んだ海老名弾正の日本的キリスト教―』発行者・田中省三（鬼童忠恕の本名），自費出版，211p〈学術的なものではない〉
2006年7月10日　田澤晴子『吉野作造―人世に逆境はない―』ミネルヴァ書房
　　　　　〈特に，「第二章　キリスト教への入信と政治学への志」の「3　東京帝国大学で二人の師に出会う」pp.46-61，「4　クリスチャンとして政治評論を開始する」pp.61-66〉
2006年12月8日　『同志社理事会記録　摘録』(1) 1904年―1937年，同志社大学人文科学研究所，179頁〈海老名が総長時代，1920年4月―1928年11月の理事会の記録が収録されている〉
2006年12月26日　近藤勝彦「植村正久の贖罪理解とその今日的意義」『神学』68号（東京神学大学神学会）pp.3-27〈pp.6-11で「海老名弾正との論争の文脈において」と題して，植村と海老名の神学論争に言及〉

2007（平成19）年

2007年9月28日　雨宮栄一『若き植村正久』新教出版社
　　　　　〈pp.102, 103で海老名に言及〉
2007年12月25日　輪島達郎「海老名弾正の平和論」『青山学院女子短期大学総合文化研究所年報』15号。pp.113-125

〈日露戦争後期から，第一次世界大戦にかけての，海老名の平和論の考察〉

2008（平成20）年
2008年12月10日　大内三郎「植村 - 海老名基督論論争―日本プロテスタント思想史上の意義」（大内三郎『植村正久論考』新教出版社，pp.117-136）〈1957年1月5日のものを収録〉

2009（平成21）年
2009年3月25日　西田毅「大正デモクラシーと同志社―海老名弾正と『同志社アカデミズム』の形成―」（人文研パンフレット　No.29），同志社大学人文科学研究所
〈2009年2月28日に同志社で開催された，第64回公開講演会の「大正デモクラシーと現代」のテーマの講演会記録（pp.29-62）で，1920年4月-1928年11月の海老名の総長時代の言動に言及したもの〉

2014（平成26）年
2014年3月　　洪伊杓「海老名弾正の神道理解に関する類型論的分析」『アジア・キリスト教・多元性』（現代キリスト教思想研究会）

2015（平成27）年
2015年3月　　洪伊杓「海老名弾正をめぐる「神道的キリスト教」論争の再考察」『アジア・キリスト教・多元性』（現代キリスト教思想研究会）
2015年9月30日　闞岡一成『海老名彈正―その生涯と思想―』教文館，564p　vii p

2016（平成28）年
2016年4月1日　闞岡一成「海老名彈正」（近現代史の人物史資料情報）『日本歴史』吉川弘文館，pp.94-96
2016年　　　　原誠（書評）闞岡一成著『海老名彈正』。『日本の神学』

55.（日本基督教学会）

2017（平成29）年
2017年2月9日　　洪伊杓「朝鮮伝道をめぐる海老名弾正の「内地＝日本」認識―柏木義円・吉野作造との比較を中心に―」『明治学院大学キリスト教研究所紀要』49巻，pp.143-183

2018（平成30）年
2018年1月26日　　洪伊杓「海老名弾正の「殖民地民」理解―海老名弾正の『ど人』と吉野作造・石川三四郎の『土民』の比較を中心に―」『明治学院大学キリスト教研究所紀要』50巻，pp.123-155
2018年3月31日　　本田逸夫「海老名弾正のローマ書一三章論」『政治研究』（九州大学政治研究会）第65号　（抜刷・pp.1-34）

Ⅳ．海老名による横浜・熊本・札幌バンドの特色

Ⅳ. 海老名による横浜・熊本・札幌バンドの特色

(1) 海老名弾正「教会合同の根本問題」『基督教世界』1821号, 1918（大正7）年9月5日, p.3 （講演筆記）

「曾て吾等旧知の人々が相会して往時を語つた事がある。其時内村鑑三君が『海老名君の基督教は国民的基督教で植村君のは教会的基督教。我等のは霊的基督教である』と言つた。予は『内村君のは個人的基督教である』と訂正したので，一座之れに賛したのであつた。此の国民的と言ひ，教会的と言ひ，又個人的と云ふ所は確かに当つて居る。熊本出身の人々は国民教化と云ふことを念とし，札幌党は個々別々に行動して一致しない所がある。而して横浜出身者は専ら教会本位である。之れは自ら日本にて出来た教界の気風である。之れが十年，二十年，四十年と経過する時は，そこに異れる特色が生じて来るのである。教派は斯くして生じてくるのである。」

(2) 海老名弾正「植村牧師を想ひて」『福音新報』1893号, 1932（昭和7）年1月1日

「曾て，内村君が言ふ事に，『君と僕とは切つても切れぬ縁がある。内村と言へば海老名を想像され，海老名と言へば内村を想像される』。それは，私と植村君との関係にもあてはまると思ふのであります。植村と言へば海老名を，海老名と言へば植村をと言ふ風に，これも仲々切つても切れぬ間柄でありました。しかしそれかと言つて，両者が必ずしも相提携していたわけでない。時としては，各々の特色を以て，反対の側に立つことも屢々でありました。嘗て，家庭学校〈留岡幸助1864-1934）創立〉で十名程の者が集つたことがありました。植村君は居りませんでしたが，内村君が『植村は教会主義で，おまへは国家主義，そしておれは精神主義だ』と申しました。私は『内村，そりや我田引水と言ふものぢや，植村は教会的精神主義，おれのは国家的精神主義，君のは精神的個人主義と言ふのだ』と申しました処，一同ドツと笑ひ出したことを思ひ出します。さすがの内村も，それには反対出来なかつた様であります。この精神主義は，基督教の中心を通つてゐることで，他の点に於ては多少異つてゐる点がありまして

も，この共通点に立つ時は，皆親しく提携して行けるのであります。〈植村全集刊行の記念会での話し〉

(3)『植村正久と其の時代』第5巻，教文館，1938（昭和13）年9月18日，pp.430, 431

「最後に，昭和六〈1931〉年十二月十九日，神宮外苑の日本青年館に於ける植村全集刊行記念講演会にて，『植村牧師を想ひて』と題し，海老名彈正がなせし演説の略記を抄録する。（略）曾て，家庭学校で十名程の者が集つたことがありました。植村君は居りませんでしたが，内村君が『植村は教会主義で，おまへは国家主義，そしておれは精神主義だ』と申しました。私は『内村，そりや我田引水と言ふものぢや，植村は教会的精神主義，おれのは国家的精神主義，君のは精神的個人主義と言ふのだ』と申しました処，一同ドッと笑ひ出したことを思ひ出します。さすがの内村も，それには反対出来なかつた様であります。この精神主義は基督教の中心を通つてゐる事で，他の点に於ては多少異つてゐる点がありましても，この共通点に立つ時は，皆親しく提携して行けるのであります。」

(4) 海老名彈正「内村君と私との精神的関係」『内村鑑三全集月報』，1933（昭和8）年3月，p.3（『内村鑑三を語る』岩波書店，1990年，p.177）

「色々面白いことがある。嘗て留岡幸助君の『家庭学校』に集つて皆な胸襟を開いて語り合つたことがある。植村君は其の時ゐなかつた。内村君が私の方に向つて『お前ら（熊本の連中を意味する）の基督教はナショナリズム（国家主義）だ，植村（横浜の連中をいふ）のはエクレシアスチシズム（教会主義）だ，俺（札幌を意味する）などはスピリチユアリズム（精神主義若しくは信仰主義）だ』と斯う言うた。そこで私が『君，そんなことを言つちやいかんよ，それは自惚だ，植村も精神主義さ，我々も精神主義さ，精神主義を一人モノポライズ（独占）するのは怪しからん，精神主義は皆なコンモン（共通）である，君のはインデイヴイヂユアリズム（個人主義）といふのだ』と言つたら，廻りのものはドッと笑つて『さうだ』と肯定した。内村君もこれには閉口したらしい。内村君は考へが簡単

である。内村君は多少自惚れてをつたであらう。」

(5) 海老名「熊本洋学校と熊本バンドと」(講演速記)，1935（昭和10）年6月13日　処・熊本偕行社，p.17

「併(しか)しながらこれは熊本の空気に依つて養成された処(ところ)の一つの特色であつた。茲(ここ)で一寸(ちょっと)申上げて置きますが，日本にキリスト教の指導者になつた所の，三つの中心があります。一つは北海道の札幌にある農学校。一つは熊本の洋学校。一つは横浜の何とか云ふ学校，名前は一寸(ちょっと)忘れましたが，宣教師の学校であります。

此の横浜の学校から出身した所の者にはキリスト教会と云ふものが主眼と成つてゐます。それから北海道から来た所の人は，同(ど)うも一種の個人主義を大いに鼓吹(こすい)したものであります。之に就ては内村鑑三氏が，嘗(かつ)つて私共に，――私共の集会に来て言はれた事がある。

横浜から来た者は，エクレジアスチカルと云つた。それから，札幌はスピリチユアルで，熊本はナシヨナル，国家的キリスト教と言はれた。其の時『それは内村君，君のは君の方に余り良い所ばかり取つて居る。横浜はエクレジアスチカルで，熊本はナシヨナル。それは何(ど)うもさうだ。が，君の方のスピリチユアルが問題だ。精神的は三者共通で君等の独占でない。君等のはインヂヴキヂユアリスチツクだ』（笑声）と云つた。内村君は喫驚(きつきょう)して居つたが。皆んなが，『海老名の云ふ事が当つて居る。内村の敗(ま)けだ。』と云つた。熊本のはナシヨナリズム，国家主義―それは熊本バンドが日本に貢献した所のもので，熊本バンドのキリスト教は一面に於て，非常に強い国家主義であります。何でも之(これ)から割り出して行く所があります。私は確に熊本に負ふ所があります。確に此の日本の国家を如何にするのかと云ふ事が，始終念頭にあつた。これは私が熊本で養成された所の信念であります。其のナシヨナルな，国家的キリスト教と云ふものは，此処で造られて，さうしてそれが非常に，日本のキリスト教会に，大変広く感化を及ぼして，今日では，大抵皆な斯う云ふ風になつて居るのであります。それは真に此の熊本が貢献したものであると云ふ事を，深く私は信ずるのであります。」

(6) 海老名「思出を語る」『ともしび』64号，1935（昭和10）年7月10日，p.2

「曾(かつ)て内村鑑三が日本基督教の三潮流を評して，札幌は霊的(スピリチュアル)，横浜は教会主義(エクレジアステイカル)，熊本は国家主義(ナショナル)であるといつた，私はその席で横浜と熊本はその通りだが札幌は個人主義(インデイヴイジユアリステイック)也と改正して一同それに賛成したことがある。熊本バンドは確かに国家主義である。日本国家の精神界指導といふ意味で我らはキリスト教伝道に従事したものである。それは又只宗教家となつたものゝみでなく各方面から日本精神文化に貢献したものも少くない。

熊本洋学校設立の目的は薩長土肥に負けたことを取り返へさんとするにあつた，彼等は日本政治界に多くの人物を排出した。然し精神界には絶無である，然(しか)るに熊本バンドはそれを補(おぎな)つた。この点熊本バンドの貢献は多大なものがあると思ふ，この意味で洋学校設立の目的は達成せられたりと云ふことが出来るのである。」

(7) 海老名「熊本バンドを語る」『ともしび』69号，1936（昭和11）年1月30日

「日本のキリスト教の指導者になつた所の，三つの中心があります，一つは北海道の札幌にある農学校，一つは熊本の洋学校，一つは横浜の宣教師の立てた学校であります。この横浜から出身した所の者にはキリスト教会といふものが主眼と成つてゐます。

それから北海道から来た所の人は，どうも一種の個人主義を大いに鼓吹(こすい)したものであります。之(これ)に就(つい)ては内村鑑三氏が曾(かつ)て私共の集会に来て云はれた事がある。横浜から来たものはエクレジアスチカルと云つた，それから札幌はスピリチユアルで熊本はナシヨナル，国家的キリスト教と言はれた。其の時私が『それは内村君，君のは君の方に良い所ばかり取つて居る。横浜はエクレジアスチカルで熊本はナシヨナル，それはどうもさうだ。が君の方のスピリチユアルが問題だ。精神的といふのは三者共通で，君等の独占ではない。君等のはインデヴイジユアリスチツクだ』と云つた。皆んなが『海老名の言ふ事が当つてゐる(み)，内村の敗けだ』と云つた。

熊本のナショナル，国家的キリスト教，これが熊本バンドの特徴であります。」

(8) 青芳勝久『植村正久伝』教文館出版部，昭和10（1935）年9月20日発行，10月18日，再版，p.493
「嘗(かつ)て内村と海老名とが対談をしてゐる時に，内村はこんなことを言った，『海老名君，君の基督教は国家主義だ。植村のは教会主義，それで僕のは精神主義だ』。海老名はこれに答へて，『それや違ふ，誰のも皆精神主義だ。僕は精神的国家主義，植村のは精神的教会主義，君のは精神的個人主義だ』これで二人相顧(あいかえり)みて哄笑(こうしょう)したといふ。
　或人々は，植村は『是(ぜ)が非(ひ)でも我が教会』主義の人であつた。即ち党派心の盛んな人であつた，といふやうに考へ，彼を親分，政党の領袖か何かのやうに思ふてゐる人もある。そんな印象も局外の多くの人に与へてゐることは真実であると思ふ。
　今日(こんにち)の智識階級，ことに基督者は概して自由主義に傾いてゐるので，頑固な国家主義に心服しないと同じ意味に於て，教会主義に好意を寄せない。況んやこれが使徒信経の一ケ條として神を信ずるやうな意味に於て之(これ)を信ずるかは疑はしい。」

(9) 佐波亘編『植村正久と其の時代』（第一巻），1937（昭和12）年12月10日，p.540
「日本のキリスト教の指導者になつた所の，三つの中心があります。一つは北海道の札幌にある農学校，一つは熊本の洋学校，一つは横浜の宣教師の立てた学校であります。この横浜から出身した所の者にはキリスト教会といふものが主眼と成つてゐます。それから北海道から来た所の人は，どうも一種の個人主義を大いに鼓吹したものであります。
　之(これ)に就(つい)ては内村鑑三氏が嘗(かつ)て私共の集会に来て云はれた事がある。横浜から来たものはエクレジアスチカルと云つた，それから札幌はスピリチュアルで熊本はナショナル，国家的キリスト教と言はれた。其の時私が『それは内村君，君のは君の方に良い所ばかり取つて居る。横浜はエクレジア

スチカルで熊本はナショナル，それはどうもさうだ。が君の方のスピリチュアルが問題だ。精神的といふのは三者共通で，君等の独占ではない。君等のインデヴィジュアルスチツクだ』と云つた。皆んなが『海老名の言ふ事が当つてゐる，内村の敗けだ』と云つた。熊本のナショナル，国家的キリスト教，これが熊本バンドの特徴であります。(昭和十一年一月・ともしび)」

(10) 渡瀬常吉『海老名弾正先生』龍吟社，1937（昭和12）年，p.271
「嘗つて内村君が言ふ事に『君と僕とは切つても切れぬ縁がある。内村と言へば海老名が想像され，海老名と言へば内村が想像される』それは私と植村君の関係にもあてはまると思ふのであります。植村と言へば海老名を，海老名と言へば植村をと言ふ風に，これも仲々切つても切れぬ間柄でありました。しかしそれかと言つて，両者は必ずしも相提携してゐたわけではない。時としては，各々の特色を以て反対の側に立つことも屢々(しばしば)でありました。しかしそれかと言つて，両者は必ずしも相提携してゐたわけではない。時としては，各々の特色を以て反対の側に立つことも屢々でありました。嘗(か)つて，家庭学校で十名程の者が集まつたことがありました。植村君は居りませんでしたが，内村君が『植村は教会主義で，おまへは国家主義，そしておれは精神主義だ』と申しました。私は『内村，そりや我田引水と言ふものぢや，植村は教会的精神主義，おれのは国家的精神主義，君のは精神的個人主義と言ふのだ』と申しました處(ところ)，一同ドツト笑ひ出したことを思ひ出します。さすがの内村も，それには反対出来なかつた様(よう)であります。此の精神主義は基督教の中心を通つてゐる事で，他の点に於ては多少異なつてゐる点がありましても，この共通点に立つ時は皆親しく提携して行けるのであります。」

(11)『高坂正顕著作集』第七巻，理想社，1969（昭和44）年，p.175
「私は以上，新島・植村・内村及び小崎等における基督教への回心の姿を描いてみた。そしてそれらは皆それぞれに特色をもっている。しかし小崎その他熊本バンドに属する人々は，新島の同志社から巣立って行くか

ら，それらは結局，新島・植村及び内村の三人の線に纏(まと)められると言つて
よいであろう。それについて海老名弾正の次の言葉は注意されてよいであ
ろう。『日本のキリスト教の指導者になった所の三つの中心があります。
一つは北海道の札幌にある農学校，一つは熊本洋学校，一つは横浜の宣教
師の立てた学校であります。この横浜から出身した所の者には，基督教会
といふものが主眼となってゐます。それから北海道から来た所の人は，ど
うも一種の個人主義を大いに鼓吹したものであります。之に就ては内村鑑
三氏が嘗て私共の集会に来て云はれた事がある。横浜から来た者はエクレ
ジアスチカルと云った，それから札幌はスピリチュアルで熊本はナショ
ナル，国家的キリスト教と言はれた。その時私が『内村君，君のは君の方
によい所ばかり取つて居る。横浜はエクレジアスチカルで熊本はナショナ
ル，それはどうもさうだ。が，君の方のスピリチュアルが問題だ。精神的
といふのは三者共通で，君等の独占ではない。君等のはインデヴイジュア
リスチックだ』と云った。皆んなが『海老名が云ふ事が当ってゐる。内村
の敗けだ』と云った。熊本のナショナル，国家的キリスト教，これが熊本
バンドの特徴であります』(『ともしび』昭和十一年一月)。この海老名の
言葉は，一応この三者の傾向を簡潔に示したものと言ってよいであろう。」

**(12) 岩井文雄『海老名弾正』(人と思想シリーズ第2期) 日本基督教
団出版局，1973.9.5, pp.9, 10**

〈『植村正久と其の時代』第5巻，431頁，渡瀬常吉著『海老名弾正先
生』271頁からの引用をし，そのあとに以下の言葉を記している〉

「これは海老名の自慢話で，折にふれ，いろいろな場所で話されたとい
うことである。海老名が自慢しているところは，個人主義の名札(なふだ)を内村
にも持ってもらい，内村だけが独占していた精神主義は，共有財産にして
もらった。しかも，それぞれの個性をよく表現させてやったというところ
であろう。しかし私は海老名の海老名らしい性質をよく表わしているとこ
ろは，むしろ彼が説明しているおしまいのほうにあると思ふ。『多少異な
っている点がありましても，この共通点に立つ時は，皆親しく提携して行
けるのであります』というところに。植村がいたら，どのように言ったで

あろうか，もちろん想像外のことに属する。海老名という人は，ずいぶん強直（ごうちょく）な意志を持っていた人だと思うが，人と人との精神的つながりなどにおいては，徹底的に対決の姿勢を貫き通して，相手の立場をまずくするようなことは，しなかったし，またできなかったようである。わざわざ，皆親しく提携して行けるなどという説明を加えているところなどは，いかにも海老名らしい人がらを示しているように思われる。」

（13）古屋安雄・大木英夫『日本の神学』，ヨルダン社，1989年，pp.133, 134

「次にこの『二つのJ』を言った内村は海老名弾正（1856-1937）のような国家主義的なキリスト者ではなかったことに留意せねばならない。海老名は植村正久と内村鑑三とならぶ明治以来の代表的キリスト者であるが，ある時，植村がいなかったところで海老名と内村との間で次のような会話がかわされたという。

内村『植村は教会主義で，おまえは国家主義，そしておれは精神主義だ』。

海老名『内村，そりゃ我田引水と言うものじゃ。植村は教会的精神主義，おれのは国家的精神主義，君のは精神的個人主義と言うのだ』（『植村正久と其の時代』第五巻，教文館，一九六〇年，四三一頁）。

ここからわが国のプロテスタンティズムの三源泉について，横浜バンドは教会的，札幌バンドは個人的，熊本バンドは国家的という類型化がなされるようになったのである。本論の文脈でいえば，三人ともナショナリストであるが，植村は教会的ナショナリスト，内村は個人的ナショナリスト，海老名は国家的ナショナリストといってよいであろう。いずれにせよ海老名は徹底した日本主義者，帝国主義者であり，同じ熊本バンド出身の徳富蘇峰にまさるとも劣らない帝国膨張論者であった。日清・日露戦争を熱烈に支持したことはいうまでもない。

『その罪悪と戦い，無常と争い常に戦捷者（せんしょうしゃ）たらしむクリスチャン魂と，いかなる敵国と戦うも必ず勝つ所の日本魂とは，共に生きて生き，進んで進む点において誠に同様なものである』。

日露戦争のときにこうのべた海老名と，非戦論を唱えた内村は，その神観と人間観におけると同じく帝国主義においてもまさに正反対であった（吉馴明子『海老名弾正の政治思想』東京大学出版会，一九八二年，一七三―二〇一頁）。」

(14) 福田令寿『百年史の証言―福田令寿氏と語る―』日本YMCA同盟出版部，1971.6.25, pp.92, 93

「海老名弾正―武士道的キリスト教
　そらま，やっぱりひと口に言えば，国士(こくし)というような人でしたろな。大体，熊本洋学校あるいは熊本におけるキリスト教を特徴づけるなら，これは武士道的キリスト教である，という考えがあるんです。
　ある時，熊本，横浜，札幌三バンドの代表の人たちが集まった時に，雑談ではございましたが，熊本バンドは武士道的，横浜バンドはエクリジアスチック（教会的）だという批評が出ましたね。その時，内村鑑三が『札幌はスピリチュアルだ』と言った。つまり精神的というか心霊的というか……。そしたら，即座に海老名が『それは内村君違うよ。精神的はみんなどのバンドも精神的だ。何も札幌だけが精神的というわけではない。札幌はインディビジュアリスチック（個人主義的）だ』と言った，という話が残っとります。
　これはあたっておるように思いますね。熊本のは武士的地盤の上に築かれたキリスト教，横浜のはアメリカ直輸入だから，やはり教会主義的，そして札幌の方は，少し自由になりすぎたんでようね。内村自身は精神的と言ったけれど，これは多分に個人的という傾向があったでしょうね。
　そういう熊本バンドの傾向が，海老名さんにも大いにあったと思います。
　もともと海老名の家柄はヤリです。柳河藩(やながわはん)の槍術指南(そうじゅつしなん)ですね。海老名自身も，武士的訓練を受けておったでしょう。槍術も，ある程度わきまえておったと思います。そういうところから，武士道精神というものを，もともと身近にもっておって，その基礎の上にキリスト教が加わったわけですね。確かに武士道的キリスト教だといえると思います。

あれは，特に，意識してやっておったのかどうかは知りませんけれど，ヤリの柄(え)をステッキにして持って歩いておりましたよ，とがった金(かね)の地突きのついたやつを，一メートルばかりの長さに切ってね。多少，護身用という意味もあったからかもしれません。海老名に打ちかかってくるというような，迫害事件などはなかったのでしょうが……。」

(15) 三井久「日本組合教会について」『キリスト教社会問題研究』第24号（1976.3），同志社大学人文科学研究所，pp.16, 17

「組合教会は，国家主義の色彩が強いといわれている。海老名弾正の自慢話の一つに，キリスト教代表者の集まった席上で，内村鑑三がテーブルスピーチを行い，日基は教会主義，組合は国家主義，我々無教会は精神主義であるといったことがある。海老名は直(す)ぐにその後に立って，内村は自分のところばかりを精神主義といったけれども，精神主義はすべてのものに共通している。日基は精神的教会主義，組合は精神的国家主義，無教会は精神的個人主義であると答えたという。

組合教会の国家主義といわれるものは，熊本出身の人々が，国の政治に深い関心があったためである。組合教会のみならず明治時代のキリスト教指導者の多くは，国家の前途に対する関心を持っていた。組合教会の国家主義の傾向は渡瀬常吉〈1867-1944〉の朝鮮伝道となってあらわれ，中島重〈1888-1946〉の社会的キリスト教，更に現代の労働者伝道にいたっている。」

(16) 徳永新太郎『横井小楠とその弟子たち』評論社, 1979（昭和54）年9月30日，pp.187, 188, pp.249, 250

「後年，彼〈海老名〉自身しばしば語っている，キリスト教のなかでも，内村鑑三の特徴は individual，植村正久のは ecclesiastical，自分のそれは national であると。しかし彼はまた言う，自分は国賊とよばれたことがある。天皇のほかに神を愛したからである。しかし国君にして天地の心を心として国民にのぞむならば，国民のなかに神を愛する者がいることを見て大いに喜ぶはずである。国君が自己中心で国民を奴隷視するならば，神

を愛する国民は逆臣とみなされる。自分はかかる暴君の下ではむしろ逆臣とよばれたいと。新島にかかわる右の回想のなかでも帝国や民族主義のほかに博愛平等の倫理思想，人道の大義，人類理想の具体的実現などとも言っている。そこにはすでに nation 的『私心』『割拠見』を超えるものが含まれているのである。」

　「かさねて，かれが強調する自主性の当体はなにか。内村鑑三について海老名が語った追憶のなかに次のような一節がある。かって内村が海老名にむかって『お前ら（熊本の連中を意味する）のキリスト教はナショナリズムだ，植村（横浜の連中をいう）のはエクレシアスチシズムだ，おれ（札幌を意味する）などはスピリチュアリズムだ』と言ったので，海老名は『スピリチュアリズムは共通だ，君のはインディヴィデュアリズムというのだ』と言いかえしたという。この話を海老名は種々の席でくりかえしている。ともあれ，ある意味ではナショナリズムも共通であった。内村も横井時雄の追悼会の席でつぎのように語っている。『横井君も私どもも，明治の初年においてキリスト教を信じたのは，自分の霊魂を救われんがためよりも，むしろ日本国を精神的に救わんがためでありました。』またイエスの J と日本国の J と二つの J のうちいずれが貴いかときかれたら，いずれとも答ええなかった私たちだった，とも言っている。（内村鑑三「横井君のために弁ず」）しかし海老名に特にナショナリズムの色彩がつよかったことは自他ともに認めたところであった。ただナショナリズムを国家主義と訳すれば，佐々克堂らも当然ナショナリズムであった。しかし佐々らのそれにはむしろ statism 国権主義の色彩が濃かった。これに対し海老名のそれは，小楠が経国でも特に新民をおもんじたように，またジェンズが愛国とは国民を愛することであると説いたように，さらにまた『新人』が例えば日露戦争当時「韓国の将来」に言及して『日本帝国の朝鮮政策は韓国民生の幸福利益を眼目とすべきものにして，かの国の貴族と宮廷は第二第三の考量条件たるべきは勿論なり』と述べたところにもその傾斜がうかがわれるように，むしろ国民主義的要素を多くふくんでいた。しかもその nation もそれ自体閉鎖的完結的な絶対者究極者ではなく，結局はその

地位も役割りも神の国の自主的実現者という意味との連関において見られる。そして神子の自覚は，かれをして『われらの神』というだけでなく，時に『わが神』と呼ばしめた。それはかれの合理主義にもかかわらず，かれを生涯宗教界に居らせ，またかれの強いナショナリズムにもかかわらず，nation にさえ埋没されぬ自我の独立と共に humanity への動向を併せて基礎づける機能をいとなんだように見える。」

(17) 三井久著，竹中正夫編『近代日本の青年群像　熊本バンド物語』日本 YMCA 同盟出版部，1980.1.30, pp.235-237

「海老名弾正が語った話がある。それは，留岡幸助の家庭学校の会合の席上，内村鑑三が立って，日本のキリスト教の特徴をあげて，日本基督教会は教会主義のキリスト教，組合教会は国家主義のキリスト教であるが，われわれ無教会は精神主義のキリスト教である，という話をした，するとその後に海老名が立って，内村君は自分のところばかり精神主義と言ったけれども，精神主義は，全部につけねばならない言葉で，日本基督教会は精神的教会主義，組合教会は精神的国家主義である。無教会は，むしろ個人主義と呼ぶべきで，精神的個人主義であると語り，列席の人びともこれに賛成したという。

　国家主義キリスト教といわれるのは，多分熊本バンドばかりでなく，明治時代の人びとに共通したものであった。植村正久も，本多庸一も，また内村鑑三自身の中にもそうした傾向は見られる。しかし，組合教会がとくに国家主義といわれるものは，日露戦争時代の海老名の戦争論，また近年再び問題となっている，海老名，渡瀬常吉などの朝鮮伝道，小崎弘道の南洋伝道など，国家の方針と関係の深い伝道を行なったためであろう。

　組合教会は，ほかの教派と比べて社会の問題に関心が深く，石井十次，留岡幸助などの社会福祉事業とともに，明治時代の国家主義的傾向は，昭和初期に中島重などの社会的キリスト教として現われ，今日の関西労働者伝道などもその流れの一つと言わねばならない。

　一九三六（昭和一一）年の熊本バンド六十周年のときに，私はその記念事業の計画を持って大阪に赴き，当時大同ビルにあった組合教会本部を訪

ねたことがあった。たまたま，ここに居合わせていた大賀寿吉氏に紹介された。大賀は，ダンテ研究家として有名で，浪花教会員，田辺製薬の顧問などをしていた人物であった。ところが，大賀は頭から，熊本バンドは組合教会に害毒を流したグループであると言った。私は，大いに憤慨してこれに反論したが，このとき，組合教会の中にも熊本バンドにたいして，好感をもっていないものも少なくないことを知ったのである。」

Ⅴ．海老名の人物評

(1) 本多庸一（その1）

「君が長崎にて激烈なるインフリユエンザに罹りたりとは，一昨日日曜日教会よりの帰途電車にて聞いた。昨夕復々君がチブスにて県立病院の隔離室に入つたとの報に接し，頓に心遣を増した。我も前週は二十五年以来絶へてなかつた烈しきインフリユエンザにかゝり，漸く起き出たばかり。ぶりかへしを恐れつゝ外出した位であつたが，旅行先のチブスと聞いては恐らくは不帰の人たらんかと心配しつゝあつた。昨朝は心配そうに綱島氏〈綱島佳吉・1860-1936〉は電話にて君の病状を我に告ぐ。彼れも我れも未だチブスのことを知らざりし故に，次便を待つと答へて置いた。然るに本日午後二時頃青山よりの電話に，本多先生本日午前十時三十分なくなられたとある。嗚呼本多君は他界に去つたか，真に惜しき限りである。君はメソジスト三派合同の発起者であり，自から責任を負うてその完成を期し，監督の重任を荷ふて粉骨砕身，東西南北に奔走して，席温るときもなかつた。君は近頃急に老衰したやうに見えたが，我は同情に堪へなかつた。君ならずしては三派の纏りも容易とは思はれぬその際，君の長逝を聞く，メソジスト派の為に大息せざるを得ぬ。

　日本基督教会同盟の会長としては君をおいて，適任の人はない。君が三教会同の際尽して呉れた功労は永久に没すべからず。君の年齢といひ，度量といひ，親切といひ，英気といひ，円熟といひ，独り基督教代表者の長たるのみならず，実に三教代表者の長者たる資格が備つて居つた。誰れか君に代つて同盟の会長たるを得やう。嗚呼惜みても又惜みても尽きない，真に残念至極である。君は我の知己である，又心友であつた。別に繁々往来したでも何でもないが，君は我の長兄として交るに足る人であつた。君が勇ましき武士根性，君が男児といふ一声，我旧藩主立花宗茂以来の武士共が一斉突貫して我が目前に雲集するの心地をなしつゝあつた。嗚呼君去つて我に武士の友なし，寂寞の感何ぞ痛切なる。

　我れ嘗て正統派クリスチヤンに排斥せられたとき，君一人ならば我れは如何にもして君を救ひ得る，異端派を連れ来る勿れと，君は富士見軒にて我に勧告した。我は断じて異端派を死地に陥しいれないと答へたとき，君が

深酷の苦痛をその眉宇の間に表はしたる面相我は永久に忘れ能はぬ。

その翌年の福音同盟会の際，君は我に来つて最早道なし，我れ君の頸を切ると告ぐ。我は遠慮なく切り給へと答へた。連日解決し得なかつた異端排斥問題に君は最後の断案を下した。而して曰く，我れ友人の頸を刎ねたるが故に，同盟会々長の任を辞すと，同盟会も亦同時に破滅を免れなかつた。君は真に日本男児，我党の首領たるは唯君あるのみである。君去つて復た君に代るべきものがない。我が長兄は，去つた。我には最早長兄はない。

宗教家と教育家との懇談会のとき，我は真に汗を握つて君の卓上演説を聞いた。然かして我は二時間の大演説したよりも疲労した。帰途君は我に語つて君は多くの集会には欠席勝ちなるが今度は始終中来て呉れたな〜と。心配でたまらなかつたからさ〜。君の御蔭で万事満足にいつた。君復復引き続き西走ぢやな〜，我は東奔ぢや〜，と語り合つて，夜更けて，電車に乗り，彼は青山に我は小石川に向ふ，是れ最後の決別であつた。噫々。

三月二十六日夜認む，海老名生。

本多庸一（その2）

「維新の年少志士，本多庸一君はクリスチヤン社会の元老と仰がる。彼は最も善良なる東北人の代表者であつた。その可愛らしき童眼は，吾人折々善良なる東北人の眸子に見るを得る。彼の体格は東北式の最善であつた。その雪の如き肌は偶々白人かと疑はしむ。その体躯と頭骨とは，最もよく比例を取つて円満に発達して居つた。彼の人格がこの円満なる体格に宿つて居つたことを忘れてはならぬ。彼の心霊はその鳩眼の眸子より覘いて，我々に親しく語り，以てその人となりを知らせたのである。

年少の志士が東北の諸藩を結合して，官軍に当らんと試みたる気概は，そのメソヂスト三派合同の動機に復活し来つたのではなからうか。彼が庄内藩との盟約を重んじ，津軽藩論の変動に際し，身を以て同盟の藩主に応へんと決したる男児の意地，後日その出処進退に幾回となく発現し来りたるを徴せずんばあらず。メソヂストの三派合同は彼れの意志より発し

V. 海老名の人物評

た。之を成立させんが為め、東奔又西走、遠く海外にまで出馬して、席温まる時なく、終に又身を以て長崎に斃れたる、明かに日本男児の意地を見せて居る。彼はドコマデも聖霊の洗礼に由つて潔められたる日本武士である。

　本多氏の意地は、美はしき日本男児の意地であつた。僻めるにあらず、頑なるにあらず、負け惜しみにあらず、偏りたるにあらず、義理の明白、天下の大勢、公明にして正大なるものは能く彼をして屈伸自在ならしめ、変通自由ならしめたのである。彼が強ひて死するを肯んぜず、強ひて自説を固守せず、武士の面目を施したる後、遂に藩論に従つた所は、亦美はしき男児の行為である。この日本男児の気概と欧米のクリスチヤンのそれとは、相感応交渉したに相違ない。色々の理屈もあつたらうが、そのクリスチヤンとなつた重なる動機は蓋しこの感応交渉にあつたらうと思ふ。彼も維新の大業には逆境に立ちたるもの、星雲の志を得なかつたもの、さなきだに公明正大の道義には触れ易き彼れをして外形の改革よりも多く内部の改新を重視せしめ、其の燃るが如き愛国心をして、欧米文明の根本的精神に触れしめたのは、又自から然からしむるものゝあつたからであらう。彼は教父クレメントやヂヨスチンの如く宇宙の真理を捜し求めて、終にキリストの福音に遭遇したのではない。その真理に達したる道行は哲学者のそれではなかつた。又彼はフランシスの道をも踏まず、ロヨラの実験をも経ず、唯如何にして日本を興すべきかの大問題に悩まされ、真面目なる日本志士の意気地よりして、欧米の健全なるクリスチヤン道徳に接触し、日本武士道徳の到底及ぶべからざるを看取し、彼の長を取つて日本の精神界を一掃し、以て新日本を造らんとの熱誠に動かされたものであらう。彼は身を終るまで志士であつた、藩士としても志士、国士としても志士、クリスチヤンとしても志士、教育家としても志士、監督としても志士であつた。その志士たるは終始一貫して居る。

　本多氏は頗る保守的であつた。彼は藁沓の如く、その旧き物を去り、冠冕の如くその新しき物を着た人ではない。その一旦使用したる物はよしや旧びて用ひるに足らずとも、断じて之を棄てなかつた。彼は新しきに向つて進まなかつたのではないが、その旧き物を去ることを肯へてしなかつ

た。彼は弘前人〈ひろさきじん〉であつたが，その弘前人たることは何時までも忘〈わす〉れなかつた，その旧藩主に対する態度は終世慇懃〈しゅうせいいんぎん〉であつた。彼はクリスチヤンになつたなればとて，その武士道〈ぶしどう〉の訓練を放擲〈ほうてき〉しなかつた。彼はメソヂスト派となつては，身を終〈を〉る迄此〈は〉の派に忠実〈まじめ〉にして他意なかつた。彼〈かれ〉れ亦〈また〉外国〈ぐわいこく〉宣教師〈せんけうし〉と親しき交となりたる以上は，之と衝突するが如き行為を力〈つと〉めて避けた。彼〈か〉れ亦〈また〉その旧友〈きういう〉と主義を異にせることありと雖〈いえど〉も，断〈だん〉じて之を疎んずることをしなかつた。彼れは一旦その敬愛したるものより，終世離れ得なかつた。假令〈たとひ〉如何〈いか〉なる欠点を見出すことあるも，欠点〈けつてん〉は欠点としてその長所〈ちやうしょ〉を看過することは出来なかつた。その友人のうち基督教を蔑視〈けいかう〉するが如き傾向を示したるとき，彼は動揺〈どうえう〉の景色〈けしき〉も見せず，毫〈ごう〉も基督教に対〈たい〉する態度を変じなかつた，こは其の常識に富めるが為にあらずして，その自得〈じとく〉したものを放棄〈はうき〉することの出来ない性格に起因したのであらう。彼は一旦厚く親しんだものはその何〈なん〉たるを問はず，之を疎外〈そぐわい〉することは出来なかつた。彼〈かれ〉の如きは実に信頼〈しんらい〉すべき宣教師の友であつた。彼がメソヂスト派の為に粉骨砕身〈ふんこつさいしん〉したるは，その旧藩及藩主〈きうはんおよびはんしゅ〉の為に尽したる心事〈しんじ〉と同一〈どう〉であつたらう。彼は余りに旧情〈きうじゃう〉に厚かりしが為に，革命的英邁〈かくめいてきえいまい〉の気象を発揮〈はっき〉し得なかつた。彼が専ら〈もっぱ〉宗教界〈しゆうけうかい〉に其の身を投じたのは日本の憲法に余儀〈よぎ〉なくせられたからであらう。併し一毫〈いちごう〉の遺恨〈いこん〉なく却て神の恩恵〈おんけい〉なりと感謝〈かんしゃ〉したのであらう。

本多氏は新島氏の熱誠焼〈ねっせいや〉くが如き，迫〈せま〉れる熱情〈ねつじゃう〉を有つて居なかつた。彼〈かれ〉は横井氏〈よこゐし〉の才気〈さいき〉なく，押川氏〈おしかわし〉の猛烈〈もうれつ〉なる気概〈きがい〉なく，植村氏の学殖〈がくしょく〉なく，小崎氏の論理なく，宮川氏〈みやがはし〉の雄弁〈ゆうべん〉なく，之〈こ〉れと取り上げて論ずべき異彩〈ろん〉を見せなかつた。彼は極めて平凡であつた，実に凡中〈ぼんちう〉の凡〈ぼん〉といはれても不快を感じなかつたらう。しかもその凡なる所に凡〈すべ〉てのものを包容する総合〈そうがふ〉の才を見せて居た。彼の偉大〈ゐだい〉は自己を中心としたる愛憎〈あいぞう〉の念を有して居なかつた所に存す。彼れの人物取捨〈じんぶつしゅしゃ〉は自己本位より出づるにあらずして，何時も事業の成敗如何に関係して居つたことは疑ひなからう，故に彼〈かれ〉に捨てられたればとて，人の悪〈わる〉い男であるとは思はれなかつたのであらう。この凡なる所〈ところ〉に彼の長所もあり，又その短所もあつた。彼は凡なりしが故に，預言者〈よげんしゃ〉たるを得なかつた。しかも彼は凡〈ぼん〉なりしが故に，政治家〈せいぢか〉たるを得

た。彼は凡なりしが故に，自から一新面目を開くことを得なかつた，しかも彼は凡なりしが故に，勢ひの向ふ所を統一することが出来た。彼は凡なりしが故に，乗るか，そるかの英断を肯へてし得なかつた，しかも彼は凡なりしが故に取り返しのつかぬ失策を拵へなかつた。凡は万有に遍在する，凡ての秀でたる所は，その万有に遍在するに存して，その万有に卓越するのではない。本多氏が衆人に過ぐれて長者たるを得たのは，その最も凡なるが為ではなかつたらうか。

　本多氏の長所は能くその自からを知つてゐたことである。彼は真にその自からの凡なるを知つて居つた。彼は又その短所を知つて，別に之を悲観して居らぬ。故に彼は毫もブルが如き弊風を吹かせなかつた。その凡を天真に公言して憚らざりし所は，常人の為し得なかつた所である。之を聞くものをして寧ろ彼の偉大を感ぜしめた。彼は学なきを公言して学者と争はず，能なきを表白して能者と争はず，しかも侮るべからざる見識あり，恐るべき呑舟の度量あり，奪ふべからざる志気あり，親炙すべき温情あり，小児の如き敬虔の祈禱をなした。誰れか本多氏の下に立つを恥辱としたのであらう。宜なり，本多氏の感化を受けて奮発興起したるもの，東北の天地亦甚だ少くなかつた。彼れは青年学生の偶像ともならず，又その侮辱を受くることもなかつた。彼は自から凡俗といつて，神学の議論を肯へてしなかつた。彼れの如く何の苦痛もなくその愚を表白し，夢にも装ふ所がなかつたものは，吾れ堂々たる士君子に於て始めて之を見るを得る。

　本多氏は自己中心の自惚がなかつた，他人の長所を見て不愉快に感じたことはなかつたらう。彼は欧米の長所を見，日本に優るからとて忌々しき気にはならなかつたのであらう。彼は欧米人の短所も知つて居つたのであらうが，その短所を蝶々と公言して快哉を呼ばしむるを快心とは思はなかつたらう。彼は天主教の根拠が日本仏教のそれよりも遥かに深きを知つて居つた。彼は英米クリスチヤンの概して日本人に勝れたるを認めて居つた。彼は日本化したる基督教論や，日本武士道化したる基督教論の甚だ虚喝なるを知つて居つた。彼は基督教化したる日本，基督教化したる武士道でなければならぬことを知つて居つた。

　彼は何と威張つても，日本の教師が外国宣教師に及ばないことを認めて

居つた。彼は肩をあげ，臂を張り，眉を動して，強ひて日本魂を賛美することを苦々しく感じて居つた。彼は外国宣教師に対しては，一見利口ものゝやうに思はれたこともあつたらうが，彼は真実から宣教師を尊敬し，英米メソヂスト教会の義侠心に感服して居つたに相違ない。故に彼には別に気抜と思はるゝ所もなかつたやうであるが，しかし彼れが内外人に関する判断は最も公平であつた。彼はドコまでも内外人の調和が取らるゝ筈のもの，又取られねばならぬと信じて居つたのであらう。故にその行為は余りに姑息的と評されたこともあらうが，その実は大成を期して，彼は着々その歩武を進めつゝあつた。急激の行動を取るには彼の器量は余りに円満であつた。メソヂスト派伝道の成立が組合，日基のそれとはその性質を異にして居つた丈，外国ミッションより独立することは六ケ敷かつたのであらうが，彼の手段一見甚だ手ぬるく，何時成就せらるゝとも，見当のつかない程であつた。併し不得要領の彼はこの不得要領の運動に於て大成を期し，其の胸奥の要領を実現せんと奮闘しつゝあつたことは疑ひない。

　本多氏は神学者ではなかつた。彼の眼中には旧神学もなければ，新神学もなかつた。彼は神学論の為に教派が分離し，又は人心が離散し信仰の冷却するが如きを痛く気遣つたものである。新説を主張するものが余りに勝気にはやつて飛躍するを危んだ。神を愛し，人を愛するの実行さへ挙がれば，彼は旧新孰れにても撰ばなかつたのであらう。彼は常に新神学者の突飛なるを戒めて居つた。それとて彼を以て唯宗教界の政治家と見るは過りである。彼には真実なる宗教心があつた，之れなくしては全身を挙げて宗教界に居られたものではない。然れども宗教家がその宗教意見の為に四分五裂をも厭はざるが如き狂熱を彼は迷惑に思つたのである。況んや神学論の熱に駆られて団体より離れ，何時とはなしに不信仰の人となるを甚だ憂慮したのである。故に新説が無遠慮にその鋒鋩をあらはし，人心を騒がすのを痛く心配した。彼は嘗は南部馬の一見鈍にして，しかも戦争に耐ふる能力あるを賞したことがある。彼は新思想の勝利を祝して居つた訳でもなく又その衰退を願ふた訳でもなく，新旧思想は何の時代にも相競争し相軋轢して存在するものと諦めて居つたのであらう。その競争と軋轢とが余りに激烈となりて，四分五烈せざるやうにするが，教会政治家の技能と要

する所と思つたのであらう。彼は監督としては能くこの消息を知つて又能く調理するの同情と度量と識見と伎倆とを有して居つた。

　本多氏の同情と度量とは一見誰れにも了解の出来る所であつたが，その識見と伎倆とはその円満なる体躯の中に包まれて居つた。その志士たると武士たるとは心ある人の直に認めた所であらうが，その敬神の至誠に至つては知る人極めて少かつたらうと思ふ。嗚呼本多氏は宗教臭くない宗教家であつた。その臭くないのは宗教の分子が少なかつたが為にあらず，能く之が消化して居つたからである。彼が長崎に於て斃れたる有様を見るに，彼も亦気概の人であつた，熱情の人であつた，信仰の勇士であつた。信仰の志士であつた。」

(2) 山路愛山

　「山路愛山の葬儀は三月十九日〈月〉午前十時青山学院講堂に於て執行せられた。徳富蘇峰〈1863-1957〉はその履歴を語り平岩〈平岩愃保・1856-1933〉監督は説教をなす。徳平二君は愛山の先輩にして，又友人である。愛山の地上に於ける生活はあからさまに告白せられた。彼は読書の人，文筆の人，意気の人，感情の人，義侠の人，素朴なる江戸子であつた。彼が文学界に貢献したるもの実に多大であつた。彼は平民的文学者であつて常に官僚的学者と論戦した。彼は弱者を助くる義気に富んで居つた。

　彼が基督教界に於ける地位を観るに，始めはオルソドツクスであつて，彼が護教の主筆振りは如何にもオルソドツクスらしかつた。その時自由主義を代表して居つた，今の基督教世界の前身基督教新聞の主筆であつた渡瀬常吉氏と論戦した。彼は真面目に奮戦したのであるが，彼に声援する人々の彼が期待した程多くなかつた事を憤慨し，彼はオルソドツクスの人々を腑甲斐ない看て取つたか，詰らぬと云はぬ許りの気色を示して護教の主筆を辞し去つた。後自由派を代表し，孤軍奮闘の苦境に立つて居つた，本郷教壇に同情を表し，一度ならず登壇して，その所信を発表した。彼は意気に富んだ快男児であつた，その為めにか，信仰上深き思慮はなかつたやうである。短気であつて深刻な実験も出来なかつたのであらう。

　晩年に至つて彼は基督教を棄てたと公言したこともあるが，昨年協同伝

道に際し，早稲田組合教会の招きに応じて演説したさうである。所が前講師の如きオルソドツクスの信仰にあらずと力めて弁明したといふ。兎に角に協同伝道の教壇に立つたといふが，聊か彼の胸中の一片の信仰あつたことが分る。彼は本誌新人の為めに執筆したこともあるが，主筆〈海老名〉が余りに世界主義を主張するから，執筆はいやになつたといつたさうである。近年に至り愛山の頭脳は大分頑固になつたかの観を呈した。アメリカをカルセージ比し，日本をローマに比した所の観察の如き，全く死せる史実に捕はれて居つた一例である。又日本が独逸と開戦したことを憤慨したやうに聞き及んで居るが，之も彼が世界の大勢たる民主思想を看過した一例である。彼は嘗て国家社会主義など唱へたこともある，民主々義は彼の同情を引くべきものなるが，その民主々義は幡髄院長兵衛の侠気的民主々義ではなかつたらうか。

　彼は英米の書も読んだのであるがその根本思想は矢張支那日本の思想系を脱し得て居らない。人各々その読む所の感化を受くるのであるが，愛山は正しくその思想に於て趣味に於て，タツプリと東洋流の性格を持つて居つた。結局東洋の書物を多く読んで，西洋の書を少く読んだのであらう。否生来東洋式の天才であつて，西洋趣味を解し得なかつたのであらう。是れ恐らくは彼が深く基督教に入ることの出来なかつた強い理由の一であつたかと思ふ。」

(3) 植村正久（その1）
「植村君は東京下谷で暫く牧師をしてゐた。私も同君と一緒に説教をしたこともあるが，一向振はなかつた。そして教会も又余りに振はなかつた。然し，植村君は感化力のあつた人で，教えたといふ訳でもないだらうが，弟子といふものが出来てゐた。嘗て下谷教会で，信州に伝道にいつた小林某が説教したが，眼を閉づること，吃ること，手を動かすことまで悉く植村君そのままであつた。

　植村君の思想の傾向は，私と同じ方向に進みつつあつた。植村君は放胆の人で腹を立てたり，無作法の行為もあつて，粗暴のやうでもあつたが，其の思想は用意周到であつた。そして非常に智恵があつた。ステーツマン

シップをもつてゐた。其の方面から見て，教会政治，謂はゞエクリジアスチスといふ，教会政治家の資格を充分もつてゐた。植村君はなかなかの読書家であつた。其の学問はどれくらゐ深いか判らぬが，広く読んだといふ点に於ては間違ひない。故に新思想は承知してゐた。けれども若い者が新思想を知つてゐるほどに発表しなかつた。といふのは用意周到で，用心深いからである。之がため植村君は保守的思想家であつたかのやうに思はれた。所謂正統派の人と思はれたのである。けれども保守的思想の人に対しては，割合に進歩思想で対峙するのであつて，串談半分に保守思想を罵倒することもあつた。然し，進歩思想の人が屡々脱線して仕舞ふのがよく見えるから，非常に用心してゐたのである。

植村君は，自己の思想を貫徹するために，真正面に立たなかつた。それで植村君の思想は，誰かが代わつて発表してをつたのである。要するに彼は帷幄の人であつた。人をして言はせ，且つ行はしめたのである。所がさういふ人々が年を経るとともに居なくなつたので，自分が真正面に立たなくてはならぬ場合に立到つたのである。斯うなると植村君は矢面に立つてよくやつた。

彼是いふ人もあるけれども，別に野心があつて首領株をとつたといふ訳でない。段々と進んで行くうちに，途中で先輩が倒れたり，脱線したり，死亡したりしたので，勢ひその位置に据るようになつたのである。植村君は徳川家康のような人であつた。長い歳月のあひだやつてきて，自然に首領株となつたのである。教会の如きも，まあ下谷教会──初めから知つてゐるが──振はない教会であつた。それから一番町教会に移つたが，矢張り何うしても振はなかつた。日曜日の集会でやつと七八十人から百名を越す位であつた。長い間苦心をして，二十四年のあひだ一番町教会を牧したが，依然として振はなかつた。然し，一番町教会が富士見町に移つた頃から，俄に面目を一新して，遂に東京第一の教会となつた。之には深い理由があると思ふ。

要するに植村君のことは，一朝一夕に俄に花が咲いたのではない。但し文章だけは初めから立派なものが出来たのである。然しその後熟練しても別に優れたとも見えなかつた。事業としては牧会，伝道のこと，乃至は日

本基督教全体を率(ひき)ひてゆくことなど，長い年月を経て，次第に其力が現はれて来たのである。然も過去二十年の間に於て，益々この方面にその天稟(てんぴん)を輝して来たのである。

　植村君からすれば業半(ぎょうなか)ばにして逝(ゆ)くのであらうが，外からは教会といひ，日本基督教会の全体に就(つい)てといひ，最もよい所まで夫等(それら)を率(ひき)ひて行つたと思ふ。指導者として真によき最期(さいご)を遂(と)げた訳である。其の感化力は死しても尚ほ残るであらう。そして植村君の事業を継承するものも出来るであらう。」

植村正久（その2）

「世間では，基督教の三村と言つて有名であるが，私はもう一人を加へて，四村と言ひたいのであります。それは，植村，内村，松村，田村の四君であります。この四君の中，植村，内村の二君は既に故人となられましたが，尚二村は残つて居ります。松村君〈松村介石・1859-1939〉は健在，田村君〈田村直臣・1858-1935〉は病床にあられるもかかわらず，よく読み，よく書いて居られるのであります。私は此の四村何れにも交りを忝(かたじけ)なうしてゐました。曾て，内村君が言ふ事に，『君と僕とは切つても切れぬ縁がある。内村と言へば海老名を想像され，海老名と言へば内村を想像される(いず)』。それは，私と植村君との関係にもあてはまると思ふのであります。植村と言へば海老名を，海老名と言へば植村をと言う風に，これも仲々切つても切れぬ間柄でありました。しかしそれかと言つて，両者が必ずしも相提携してゐたわけでない。時としては，各々の特色を以(もっ)て，反対の側に立つことも屢々(しばしば)ありました。曾(かつ)て，家庭学校に十名程の者が集つたことがありました。植村君は居りませんでしたが，内村君が『植村は教会主義で，おまへは国家主義，そしておれは精神主義だ』と申しました。私は『内村，そりやア我田引水(がでんいんすい)と言ふものぢや，植村は教会的精神主義，おれのは国家的精神主義，君のは精神的個人主義と言ふのだ』と申しました処，一同ドツと笑ひ出したことを思ひ出します。さすがの内村も，それには反対出来なかつた様であります。この精神主義は，基督教の中心を通つてゐることで，他の点に於ては多少異つてゐる点がありましても，この

V. 海老名の人物評

共通点に立つ時は，皆親しく提携して行けるのであります。

私は，植村君とは，明治十一〈1878〉年から知人になつたのであります。実は，植村君からは知られてゐましたが，私は初め知らなかつた。このことについて面白いことがあります。明治十一年頃，私は群馬の安中で，植村君は東京で，各々(おのおの)伝道致して居りました。その頃，植村君が高崎へ伝道に来られたので，わざわざ安中に私を訪ねてくれましたが，あひにく私は他へ伝道に参つてゐたので，面会することが出来ませんでした。私は元来文章が書けないものであります。偶々(たまたま)植村君の書いた文章を読んで，非常によい印象を受けてゐました。その後，彼の文章を数多く読む程，いよいよ植村君を恋ひ慕ひ，彼を理想化して頭の中に描いていました。どうかして一度会つて，彼と交りを忝(かたじけの)うしたいと，蔭ながらこの理想の人物を恋ひ慕ふてゐたわけなのであります。私は折々東京へ出ることがありましたが，不幸にして一度も植村君に出会ふことが出来ませんでした。或時，どうかして会ひたいものだと，京橋の新栄町の日本基督教会の礼拝に出席しましたが，その時も，一寸した行違ひで会ふことが出来ず残念でした。これが，たしか，十三年の春のことだつたと記憶して居ります。ところが，丁度，その頃，小崎〈小崎弘道〉が新栄町の下宿に住つてゐましたので，私は，屡々(しばしば)その宿を訪ねましたが，その部屋へよく一人の青年が来ては何か話をして帰ります。段々聞いて見ると，それは『六合(りくごう)雑誌』の編輯のことを話しに来る植村と言ふ男だと言ふこと。そこで，或時，『何だ君が植村君か』と言ふわけで，初対面の挨拶をしたのでありますが，頭の中に描いてゐた理想の人物とのあまりのへだたりに驚かされたことでした。まあこんな様なことで申し上げたいことはいくらもありますが，この位に止めて置きませう。

植村君に近接してゐた或弟子が，私に植村君を酷評致しまして，『植村牧師には天使と悪魔とが同居してゐる』と申したことがありましたが，これは，植村君だけのことではない様に思はれます。人は誰でも同様でせう。ただその同居してゐる悪魔が，どうしてゐるかと言ふ点に，問題があるのではありますまいか。即ちその悪魔が縛られてゐるか，座敷牢の中に閉じ込められてゐるか，或は隠宅の様な所に幽閉してあるか，それとも

解放して野放しに，自由に出入の出来る様にしてあるかと言ふことにあるのであります。植村君のは，どうもその悪魔が，野放しにしてある様に思はれます。しかし，それは，決して，悪辣(あくらつ)なのではなく，返(かへ)つて無邪気(むじやき)(Innocence)なものであつた様に思ひます。それは恰(あたか)も主人を訪問する時に，その家の飼犬に吠えられる場合のそれのやうに，どうかすると，植村君のその悪魔に吠えつかれることがあるので，どうかすると，知らぬ人達は，すぐ行きにくくなつて了(しま)ひます。しかし，それは間違ひで，吠えるのは飼犬，主人としては全く別なものです。私も，しばしばその飼犬に吠えられましたが，しかし，よく御主人を知つてゐましたから，何でもありませなんだ。他の人々，植村君と私とが，敵対してゐる様に考へられたやうであるが，それは大きな間違ひであります。それは誤解と言ふものであります。勿論，議論は違ふ，けれ共，それは，お互によく知つてゐるのであります。植村君は，真に指導者の資格を持つた人でありました。そして，いつも，この自覚と責任とを感じてゐましたから，事(こと)を軽々(かるがる)しくいたしません。一寸(ちよつと)見るといかにも我儘者(わがままもの)やうでありましたが，これは，自ら大任を負ふてゐたから，つまり指導者感が強かつたからであります。随つて態度が慎重でありました。植村君は博学な人で，自己はオルソドツクスでもヘテロドツクスでも，何でもよく知り抜いて居ましたが，他方，充分に責任を感じて居たので，決して軽率な事を敢(あへ)てしない，また，言はない。用意周到，これが植村君の特長であつた様に思はれるのであります。また，これが，彼が日本基督教会の指導者たる所以(ゆゑん)であるのであります。我々は，時としては，その様な事は考へないで，勝手に気儘に批判してやつてのけやうとするのでありますが，植村君は，批判すべきことを，自己ではちやんと知つてゐるにも拘らず，指導者感からして，一人で飛び出す様な軽率をしなかつた人でありました。

　しかし，また，他面，植村君は，非常に自己の本領に強い人でありました。忠実に，堅く本領を守る人であつたのであります。指導者としての資格は，ここにも見られると思ひます。我々は良いことであるなら，基督教に取入れてもよいと考へます。しかし，植村君には，決してそう簡単には行かない。他にそれがあれば，おれの方にも，これを持合せてゐるとこう

言ふのであります。権威ある自覚，そこに植村君の強みがあつたのであります。しかし乍ら，この強みがあると同時に，他に対して門戸を閉ぢてゐた様なふしもある。知らないのではない，よく知つてゐるのですけれ共，それはそれ，これはこれといふ行き方で，一見，どうも同情が少い様にも思へました。しかし，それで居て，実は保守的でないと言ふ様なわけですから，同じ仲間でも保守的な人をよく啓発しやうと考へて居られ，同時に，極端に脱線する者は，どしどし取挫いたのであります。とにかく，自分の立場を重んじ，時とすると，偏することさへ無きにしもあらずでありました。しかし，決して，自ら暗くなつたことは無いのであります。曾て，彼が何かの機に『三位一体主義に立たないと，真に敬虔な信仰は起つて来ないやうだ』と申したので，『必ずしもそうでない。旧約の詩篇はどうだ』と申した所，何とも答へられませんでした。詩篇は植村君の愛読せられしもの，私よりはるかに深く触れてゐる彼が，その後もそれについて語らなかつた所をみると，私の説をそのままうけ入れられた様であります。この様に彼はよくもののわかる人でありました。

　種々と申上げたいことも沢山ですが，最後にただ一つ，植村氏の最も美しい時は，如何なる時であつたかを申上げたいと思ひます。それは，彼が，神に対する時であります。その時には，例の悪魔はちつとも居りません。或は，悪魔は，彼の後に平身低頭してゐたかも知れませんが，それは，まことに天使ばかりの世界でありました。これは即ち宗教であります。植村牧師の最も尊い所は，この宗教でありました。なるほど，彼の文章は綺麗でありました。しかし，その綺麗な文章は，単に文学として研究された美しさではなく，それは，実に，神に対するこのうつくしい敬虔，至誠のあらはれであつたのであります。また説教について考へて見ても，植村君は，決して講壇の人ではなかつた様であります。しかも実に有力な説教家でありました。私の聴いた中で，何人の追随もゆるされない，立派な説教が一つあります。それは，小崎牧師の長女が腸カントンで，忽焉として亡くなつた時の葬儀の説教でありました。何とも言へない，それはそれは立派な，一点非の打ちどころのない，誰も之を真似ることの出来ない，尊い説教をしました。私の隣の席に，徳富蘇峰〈1863-1957〉君が居

りましたが，いたく感激して居られた様子でした。私も，その結論に至つて，何とも言へぬ感激にうたれたのでありました。この時の植村君の説教のやうな立派な説教は，私の長い生涯に二度と聴けないものでありました。私などの到底及びもつかぬものであります。これこそ，彼の信仰のあふれ，神への聖(きよ)い信仰，平安，心情の最も美しいものが発露したものでありました。言葉の用ひ方，例の引き方，ことごとく皆真実に生きて居て，さながら，天来の声を聞いているかのやうでありました。真のエロクエンスとは，これならんと思はせられたことでした。植村君は，かかるものを持つてゐました。しかして，これは全く神への信仰の賜物であります。彼には色々なことで欠陥もあり，粗暴もあり，また咎(とが)むべきこともありましたらう。また，或人々には反感をさへ持たれました。しかし，それ等の人々は，彼のこの方面の美しさに触れてゐなかつたのであります。即ち形而下に交りを求め，形而上のもの，天上の方面に於て交つてゐなかつた人々であります。

　この度全集が出ました。一番良いものがこの中に残されてゐると思ふのであります。植村君に対する批評，また逸事は，記したならば，沢山あることでせう。しかし，それは襤褸(ぼろ)であつて，腐るべきもの，亡びるもの，一番尊いことは，真情からあらはれた此の文章であります。これは容易に見付け難き寶(たから)であります。所謂偉い文豪は数多くは居ります。しかし，以上申し上げた様な美しさに於ては，何人も植村君に及ばぬと言つてよいのであります。真の敬虔は，明治時代に於ては植村君の文章にのみ見うけられるとも思へます。この意味に於て，此度(このたび)の全集が，現代に，また後代に，必ず貢献あるべきことを信ずるのであります。此(こ)の聖(きよ)き信仰の消息を言ひあらはしたものが，永久に人々の霊をうるほすことでありませう。（文責在記者）」

(4) 内村鑑三（その1）

「大正六〈1917〉年の夏，御殿場(ごてんば)の東山荘(とうざんそう)で，内村君も避暑してをり，私も避暑してをつたことがあつた。そして親しく会うて，種々(いろいろ)音楽のレコードを聴かせられたことがあつた。其折に内村君が言うたことに，『内村

V. 海老名の人物評

と海老名とは切つても切られない縁があるものと見える，内村の名の出て来る処にはきつと海老名の名がある，海老名の名の出て来る処にはきつと内村の名がある，いつでもドツチか一方が書かれると必ず他の方も出て来る，まことに切つても切られない縁がある』と。それは何も彼も爾(さ)ういふ訳ではないけれども，如何に内村と海老名とは一種の切り離されない関係があつたかを語つてゐる。其は二人が特別に親しい訳け合ひで同気相求め同情相牽(あひひ)くといふ様に性質を同じうしてゐたからではない。却つて反(かえ)対な性格であつた為めに，対照するに都合が好かつたものと見える。

其の各々の生れ故郷を考へて見れば，内村君は群馬県高崎(ぐんまけんたかさき)の上州人(じょうしゅうじん)である。こゝは一口に言へば山国である。高崎は北，南，悉(ことごと)く連山に囲まれてゐる，それも余り遠くない。たゞ東の一方が拡がり武蔵の原まで来る訳け合だ。海は見ようと思つても見ることは出来ない。山は悉(ことごと)く有名な嶮岨(けんそ)な山であつて，西に妙義山(みょうぎさん)，北から東にかけて榛名(はるな)，赤城(あかぎ)の山々である，南の方に御荷鉾山(ミカボ)がある，相当に高い山であるが見たところ然(そ)う高くはない。川も平地の川でなく，何れも急流である。其中最も大きいのは利根川(とねがわ)。内村君は利根川には少年の折に行つたか行かなかつたか知らないが，余り遠くない。あの辺は急流である。直ぐ傍に流れてゐるのが碓氷(うすい)峠から流れて来る碓氷川。これも忽ちにして水がでるといふ様な山の川であつたから，人が流されることもなかつたではない。南の方から高瀬川(たかせがわ)，これも急流であつた。川々が悉く急流であつて，山は峨(が)々たる岩山(いわやま)であつた。これは一体，上州人の気風を表はしたものである。此の天然であるが，内村君も丁度上州の山川の様な性格をもつてをられた。又風，天気なども，非常に静穏であるかと思ふと，急に風立つて来ることがある。或は赤城颪(あかぎおろし)，浅間颪(あさまおろし)，榛名(はるな)から吹きまくる風。これを上州の空風(からつかぜ)といふ。朝は静かでも午(ひる)から急に風立つて来る。夜中に雨が降り出してこれは明日は如何かと思ふと朝になるとすつかり霽(は)れてゐると言ふ様な急激な変化をする。斯ういふ中に育(こ)つた内村君は上州人の気分を最もよく持つてをつた所の人であつた。

私は，海老名は，平地に生れ平地に育つた。有明湾(ありあけわん)に添うた柳河に育つた。山は遠方に大きな山を望むことが出来た。西には肥前の多良山，南に

は島原の温泉岳，此の二つが最も大いなる山であつて朝に夕に興味を以て遥かに此の山々を見たものである。遠方から見たのであるから岩や樹は分らない，曖々(あい)たる姿を見るだけである。東北は山であつたが悉(ことごと)く遠く，一番近いところが二里位，遠い処は七里も八里もある。たゞ北の方に一つの大きな土堤(どて)を築いてゐる様に見える位である。冬に，それを北山と言つて，雪が積るのを見て寒さを知つた。いつたい坂がない。十まで坂を登つたことがない。一番高い所は橋であつた。老人は橋を越えることを怖れた。有明湾は広いが静かである。大風の時に波を揚げ何処其処の土堤を壊つたなどといふ話をきかせられた位のものであつた。其の湾から南，温泉(ウンゼン)の南に広い海があることはきかせられてゐたが，有明湾の静かな水を見て育つたに過ぎない。私は平地に育ち，比較的に静かな海に接してをつたのであつた。また気候から言ふと中々雨が多かつた。春雨が長かつた。梅雨は一ケ月も降り続いた。雨の降る前には二日も三日も降る催ほしがある。今日も降るか今日も降るかと思つても降らず，五日も続くことがある。降り出すと一日では済まぬ。これが上州とは非常な相違。風は冬に西風が吹く。一年か二年に一回，大風が吹く。これは上州にない。私は此の気分と気質を多少受けてをつただらうと思ふ処がある。

　内村君が海老名は決して腹立たないと言つた。其の怒らないのが善いことにも悪いことにも言つた様であるが，内村君は怒り易い。それが上州の空みたいなものである。私は有明湾の様である。内村君はガンガンと来る，然(しか)し直ぐ霽(は)れる，まことに淡泊である。処(ところ)が私は然(そ)うは行かぬ。怒れば長引く。直ぐ忘れることが不可(いか)んことがある。これが対照するには宜(よ)かつたかも知れぬ。

　学問の仕方も違つてゐた。内村君は科学者で科学もナチユラルサイエンス（自然科学）の方をやつたが，科学には明かに自信も自負心もあつた。そして頭脳(あたま)は簡単で明瞭であつた。私の方は神学をやつた者である。そして其れと近い哲学思想があつた。或は歴史の方に考が及ぶ。内村君とは考へ方が違つた。爾(さ)ういふ処があるので，内村君と私とはウマが合ふと云ふとか何とかいふのではない。あらゆる事に於いて違つてゐた。ドウも二人の議論を対照しても，気象を比べても違つてゐた。対照する者から見て之

は面白かつたであらう。丁度山水の様なものである。内村君の山も富士山でなく赤城山位であつたらう。私の海も太平洋でなく有明湾位なもの。然し兎に角，山と海との対照が描き出されたものである。

　然しまた或処がある，非常に一つ合つた処がある。それは神学思想や何かではない。我々はドツチも愛国者であつた。考への形式は違つてゐても，愛国の精神は余程よく通うてゐた。モウ一つはドツチも宗教家，ドツチも神を敬ひ神を慕ふ者である。此のハートになつて来ると同じ様。同じ型から打ち出された様になつて来る。心情の同じ泉から湧いて来た様に，同様同感になつたものである。そこに非常に同情相憐み同気相牽くといふ処があつた。

　私が始めて内村君と出会うたといふことは明治十六〈1883〉年東京に全国基督信徒大親睦会が開かれた時であつた。その時私も演説をしたが内村君の演説は非常な興味を惹いた。その題は「空の鳥と野の百合」といふのであつた。さすがに科学者の声，未だ爾ういふ題を掲げて演説をしたものはなかつた。題そのものがアトラクチブである，そして話に一種フアスシネーチングのところがあつた。其の演説をきいて私は親しく思ひ，これは友として親しむ可き人であるといふ感想が覚えず湧いて来た。その日か其の翌日か覚えてゐないが，或は上野の奥の方で親睦会があつたので，又た其処に集つたであらうと思ふ。

　我々はそれより更に奥に行つて今の日暮里ステーションの上の狭い径を避けて，武蔵の原の一部を眺めつつ，暫く休んで草の上に足を投げ出して話をした。その時の話はよく覚えてはゐないが，結局，信仰を以つて日本の社会を教化して行くといふ話で，其の為めに教育の仕方は違つてゐたが，協心同力して行かうと云ふ話であつただけは確かである。私は其の時以来，内村君を決して忘れたことはない。

　其の後，其の年の秋であつたらうと思ふが，私は上州安中の教会の牧師をしてをつたが，内村君が安中に来たことがある。安中に来たとき内村君は面白い話をした。それは雑誌か新聞にあつた話であつたかも知らないが，それは斯ういふ筋の話であつた，『二人の友達がをつた。何でも火事か何か起つて大騒ぎが起つて来た。二人はビツクリした。どうかして此処

を飛び出さなければならない。一人のものは遁(に)げ穴を探してあつちにぶつかりこつちにぶつかり頭を打つたり手に怪我をして大騒ぎをしてをつた。一人はヂツと坐つて遁げ穴を考へてゐた。さうして兎に角しまひに二人とも戸外に出た』と。その時に何だか内村君の心もちが読めた心地がした。俺はブツカツて出て行く，お前はブツカラないで出て行く，どつちがよいか判らないが兎に角さうである。内村君は爾(さ)う思つてをるなと私は思つた。あれから内村君は伊香保(いかほ)の方に行つたと私は思ふ。内村君は幾多の家庭悲劇を持つてをつた人である。丁度やつと遁(に)げ穴が見つかつて出た人の様な生活をされた。それに比(くら)べると私の如きは一度婚姻して別れることもなく五十年の金婚式を挙げるといふ様な訳である。

　また札幌時代のことを言つたのであつたと思ふが，内村君は私に『海老名君，思つて呉れ給へ，同じ処(ところ)に下宿してゐる者が夜になると皆な女を連れて来る，その中で自分は一人で勉強してゐるのだ，察して呉れ』と，言つたことがある。さういふ処を離れて身を潔くすることはやさしい，然し其の中にゐて一人勉強してゐたといふのは偉い。私などは然(そ)ういふ経験はない。内村君はさういふ処を通つてゐる。これは余(あま)り人の知らない事であらうと思ふ。

　爾(さ)ういふ様な違つた処があつた。内村君はその悲劇の中に言ふ可(べ)からざる宗教的経験を持つてをられたと思ふ。十字架がキリストのハートでありブラツドである。たゞ其処に，あすこに，倚(よ)り縋(すが)つて行くといふ，それが内村君の心髄であつたらうと思ふ。私から見るとさうは行かぬ，同情はするが，ハートは重んずるが，其(そ)が身代(みがわ)りとは取れない。倫理的，哲学的，歴史的に考へる。内村君は単純にハートで考へる。その辺のところが違つてゐた。然し我々が如何(いか)にハートの処(ところ)に於いてトツチ〈touch・触れる〉する処があつたかといふと，斯ふいふ事があつた。内村君から見ると私は異端者，正反対の者。然(しか)るに其の当時，福音同盟会といふのがあつて，其から私を除名し破門するといふ。其の時内村君は非常に私に同情し，『私はお前に同情する，議論ではない，ハートである』と言うて私に同情して呉れたことがある。

　色々面白いことがある。嘗(か)つて留岡幸助(とめおかこうすけ)君の家庭学校(かていがっこう)に集つて皆な胸襟(きょうきん)

V. 海老名の人物評

を開いて語り合つたことがある。植村君は其の時ゐなかつた。内村君が私の方に向つて『お前ら（熊本の連中を意味する）の基督教はナシヨナリズム（国家主義）だ，植村（横浜の連中をいふ）のはエクレシアスチシズム（教会主義）だ，俺（札幌を意味する）などはスピリチユアリズム（精神主義若しくは信仰主義）だ』と斯う言うた。そこで私が『君，そんなことを言つちやいかんよ，それは自惚(うぬぼれ)だ，植村も精神主義さ，我々も精神主義さ，精神主義を君一人モノポライズ（独占）するのは怪(け)しからん，精神主義は皆なコンモン（共通）である，君のはインデイヴイヂユアリズム（個人主義）といふのだ』と言つたら，廻りのものはドツと笑つて『さうだ』と肯定した。内村君もこれには閉口したらしい。内村君は考へが簡単である。内村君は多少自惚(うぬぼ)れてをつたであらう。

内村君とは考へ方が一様になつたり変つたりして来てゐる。然(しか)し私とは直接に喧嘩をしたことはない。植村君や其の他の者とはしたことがあるが私とは喧嘩をしたことはない。私は内村君と喧嘩する気になれない。腹が美しく，涙がある。それを喧嘩する気になれない。内村君から見れば，海老名は喧嘩をしないだらう，腹を立てまいと考へたのであらう。しさうになるが喧嘩をしない。私の方から喧嘩をしようとした事はない，内村君の方からはあつたであらうが。内村君は非常に腹を立てるが，腹の中で泣いてゐた様な人である。

ほかにもある。

内村君は基督の再来(さいらい)を主唱した。これは哲学者，神学者，歴史家の声でない，サイエンチスト（科学者）の声である。サイエンチストの頭脳(あたま)は単純である。聖書の中にあるものより貴いものはないと考へる。さう考へれば内村君の言う通りで内村君は正しい。聖書には沢山さう書いてある。然(しか)しモウ少し方面を広くして考へる者には其は受け取れない，それは時代思想であつて永久的のものでないといふのが私の立場である。他の人であつたらば私を悪魔の様に思うたであらう。私の方からは幼稚に見える。然し内村君は私から見れば諒とする処がある。内村君は私に喰つて掛からなかつた。私の心事を汲み取つて呉れた。私は感情を悪くして喧嘩腰にはなれんのだ。内村君の方も然(そ)うであつたらう。

それに就いて想ひ出すのは，明治二十四年の秋，私は「キリスト崇拝」という論文を『六合雑誌』に出した〈実際には，1892（明治25）年1月15日〉。大分長いものであつた。私は書き方が下手糞(へたくそ)であつたが，一大論文と見られ，評判があつた。良い評判があつた。その時分内村君と会うた時に内村君が，『俺が書けばあれは半分であれだけの事は書ける』と言つた。私は『ウン，さうか』と言つて聞いてゐただけでありましたが，内村君の頭脳(あたま)は科学者の頭脳で簡単で，哲学者や神学者とは違つてゐた，その事があとでよく考へて見るとよく判つた。あとから其を解したのであつた。
　内村君が悲境にあつた頃（明治二十六年のことである―編者），熊本の英学校でひそかに教鞭を取つて呉れた事がある。その学校は私が建てた学校である，然し私に相談した訳ではない。その帰りに須磨に夏期学校があつた時である。熊本の英学校といふのは当時蔵原(くらはら)惟郭君がやつてをつたが，学校に問題があつた。それは宣教師と蔵原君との衝突であつた。私は宣教師を迎へた方で，宣教師に半分，蔵原君に半分の態度を取つてゐた。内村君が言ふのに，『海老名君，学校は蔵原君に一任だよ，あれは一生懸命にやつてゐるから，あれにやらせるより他(ほか)ないよ』と。斯(か)くして私が内村君の勧告を採用した――兎(と)に角(かく)私を決心せしめたといふことがある。
　また内村君が新潟の北越学館(ほくえつがっかん)に館長になる意味で行つたことがある（明治二十一年のことである―編者）。それはスカツドルといふ宣教師が（これは私に縁もある人であるが）私に来て呉れと言つた。私は其の時既に熊本に行く決心をしてゐた。新潟に行けば待遇も好し，然し熊本に行くことは逆境に行くのであることを承知してゐたが私は断つた。『それなら誰がいゝだらう』と言ふので，『内村君をお頼みなさい』と勧めた。そして内村君が行つて呉れたのである。然し一年かそこいらで衝突をした。
　内村君は早くから宣教師と衝突を初めてゐた。然(しか)し私はしなかつた。然しどつちも遂に衝突をしてしまつた。内村君のは独立主義であつて，日本主義が入つてゐる，多く入つてゐる。札幌独立教会を立てたのは其れである。其の為めに非常に犠牲をした。書物などを売り払つて財政を助けた。あの当時の決心は偉いもの，実に大きなものである。内村君がした様にす

れば，何処の教会も既に自給になつてゐた筈である。私も宣教師と衝突した。内村君のは独立問題，私のは少し違ふ。それは神学問題。宣教師は思想上に於いて日本人を征服した，日本人の自由の思想を拒んだ。そこで日本人の思想の自由を解放し，思想の独立を得るために経済的独立を企てたのである。私は寧ろ宣教師と協力を主張する者である。其の点では本多庸一君とウマを合せることが出来る。然し乍ら内村君とは独立の点では一緒になつた。ナシヨナリズム（国家主義）は内村君にもあつたのである。唯だ内村君は先年（明治二十四年のことである—編者）第一高等学校で不敬事件を惹き起した意味で忠君愛国の人でないやうに見られたのは不幸であつた。内村君は好い加減の事は出来ない人であつた。それを見ないで形式的の見方で人を定めるのは非常な間違ひである。然しそんな人達が帝大にゐた。内村君の如き人を黜けたのは非常な間違であつた。一言弁解して置き度い。内村君は所謂何も忘れる人であつたらうが，此の事だけは終りまで忘れず，骨身に沁みて腹を立て，腹が癒えなかつた。

我々に非常に強い，深い大なるナシヨナリスチツクの一面があつた。内村君は教会主義に公に反対した。然しナシヨナリズムには反対出来ない。非常なる気分を持つてをつた方である。其の辺が共鳴する処があつた。内村君は私の大切なところは取つてをいたと見える。

大正十五〈1926〉年六月，内村君は京都同志社に態々私に会ひに来て呉れた。会うて直ぐ何と言ふかといふと，

海老名君，君と俺が死んでしまつたら武士的基督教は無くなるヨ

その言葉は私は其時初めてきいた様な訳である。私の基督教の中に如何に武士的精神が生かされてゐるか，内村君はよくそれを知つてゐて呉れた。

その時，私は

然ういふ処もあるが，特別に悲観する程でもなからうテ

といふ話をしたと思ふ。また内村君が

外国宣教師をたゝかないではならない

と言うたので，

それはいかんテ。今日では同情してやらんといかんヨ，宣教師はもう死んでをる。死者に鞭つ様な事はしてはいけない。我々はオナラブルに葬

式をしてやらなくてはならないヨ
と私は言つた。『ウンさうなつたか。』『さうだ，これは叩いてはいかんヨ。お互いに骨折れたが，一面の目的は達した様だ。』『ウンさうなつたか，それでは叩けない。』『同情して往かうヨ』と言つたことであつた。

　内村君は随分誤解された。一番大切なものに誤解された。兄弟達に誤解された，非常に誤解された。これはまことに気の毒に耐へない。随分後年まで持つてゐた悲劇である。帝大の学者に誤解され，所謂忠君愛国の旗を挙げてゐる人々に誤解され，其上兄弟にまで誤解されたのである。これはまことに気の毒なことである。此れは内村君の如き人は謂はゞ直情径行の処がある，非常に悧巧な人であるけれども好い加減にして置けないからであると思ふ。私も違つた方面で誤解されたところが尠くなかつた。

　以上の如く内村君と私とは大分離れた処もあり違つた処もあるが，要するに国を思ふの精神が衷心から一つであつた。神を慕うて行く精神が一つ泉から湧いてゐる。内村君と私は同根でありました。明治十六年に上野の奥の土堤の崖の上で親しく話をした時の精神が断ゆることなく続いてゐました。これは最後に完うせられた処のことゝ見てをります。」

内村鑑三（その2）

「明治十六〈1883〉年の春，東京に於て開かれた全日本基督教信徒大親睦会にて，野の百合の花空の鳥と題して講壇に花を咲した内村鑑三君は，一見愛すべく親しむべく益友と認め，予は同君を伴ひ谷中の奥，日暮里停車場近き高台の小笹藪に取囲れたる空地を尋ねて相共に親しく信仰上の心事を語り，将来長く斯の道の為めに尽さんと結託したのであるが，彼は自ら科学者とし終始一貫半世紀の其の間基督教の弁護をなした。彼れは幸か不幸か官海には居られなくなり，為めに容易ならぬ逆境に陥つた，其外彼れが家族の災厄を受けたことは人の知らない断腸であつたらう，この苦悩に呻吟した彼れは時としては Misanthropic〈人間ぎらい・交際ぎらい〉に成らざるを得なかつたと思ふ。為に彼れの筆は百花爛慢たる人生の春色を書かなかつた。多くは秋風粛殺として木枯の景色を示したのである，彼れは文才に卓越して居つたが，其の筆は恐らく彼が深く傷けられたる心事の

十分の一をも叙し得なかつたのであらう。

　内村君は上州人(じょうしゅうじん)である，自らは其の上州人たるを誇りとして公言しなかつたようであるが，彼れは最も良き上州気象の表現であつた，彼の妙義(みょうぎ)，赤城(あかぎ)二峰の峨峨(がが)たると，利根，高瀬，碓氷(うすい)の衝破逆折(しょうはぎゃくせつ)と，彼浅間(かのあさま)の爆発，黒雲衝天の威勢と，彼の名高い上州カラ風(かぜ)との表現であつた，表裏もあり矛盾も多かつた，彼れが高調する彼の所謂科学そのものが，驚くべき非科学であることもある其の嚇然(かくぜん)として怒る時も，涙潜然として流るゝこと珍らしいことではない，矛盾と表裏とは数へ尽されないほどであつたが，彼れが一生涯を一貫して変らないものは，神恩と国恩の信念であつた，彼れは哲学者でもない，歴史家でもない，又政治家でもない，単純なる科学者であつた，神恩の熱誠に支配されて居つた科学者であつた。上州カラ風も毎日吹く訳ではない，高崎近傍の川々も年から年中衝波逆折して居るのではない，全然無風の快天もあり又全然無水の河原かと思はしむる時もある，然れども赤城妙義の峨々たる雄峰は百年一日の如く毫も変る時はない，内村鑑三君の神恩と国恩とは彼が一生涯を通じて終始一貫し，縦横満溢(じゅうおうまんいつ)する，内村君の伝記を愛読する者亦この一貫満溢の正気を体得すること断じて難事ではない，君は嘗(かつ)て予を同志社大学総長室に訪ね，曰(いわ)く君と僕とが死したら，武士的基督教は消えて無くなるだろうと，予は答へて曰くそう悲観するものではなからうと内村伝を読む人は深くこゝに鑑みて，願くは憂国の志士をして涙襟を濕さしむること勿れ。

　昭和十年十一月二十八日　　海老名彈正」

VI. 他者の海老名評

VI. 他者の海老名評

(1) A.B. 生

「私人を批評する或いは失礼に亘ることもあらん, 然れども海老名氏や既に基督教会の驍将として普く世に知られ, 今や首都の中央学者の淵叢に在り, 大学生その他智見ある人士に対してその懐抱を宣伝しつゝあり, 是れ立派なる社会の公人なり, 吾輩の之を評論する豈に必しも不敬なりと言はんや。

　第一, 海老名氏の所説は歴史的なり。ポーロのアレオ山に於ける演説の, 哲学的弁証的なるに比すれば, 祭司長の前に於けるステパノの演説は, 徹頭徹尾歴史的なりと謂ふべし。

　海老名氏も亦能く人の歴史的意識に訴ふ。そのシナイ山上に顕現せる風雷の神を説くも, その預言者の胸中に発動せる正義の神を説くも, 否な基督の心胸に充盈せる仁愛の神を説くも, 近年に至りて我邦の古典国史を探求するや, その所謂の神道的国粋的なる, 吾人をして藤田東湖〈1806-55〉の正気歌を読むの感あらしむるも, 凡て是れ歴史的事実に訴ふるに非ざるはなし。氏の古典を読み歴史を見るや, 科学的眼孔を以てせずして詩歌的眼孔を以てす。是れ氏が悉く歴史的事実を理想化する所以にして, 此の理想化せる歴史的事実こそ能く人をして感奮興起せしむる所なれ。

　第二, 海老名氏の所説は国家的なり。一の歴史的事実は, 必ずや一の国民的生活に関連す。故に歴史を重んずるものは, 勢国粋を重んずるに至る。アブラハム以来の祖先, モーゼ以来の愛国者を追慕するものは, 自然にイスラエルの国粋を高調するに至るべく, 神武の建国楠氏の忠勇より幕末志士の偉功を追尊するものは, 固より日本の国粋を鼓吹するに至るべし。海老名氏の所説の国家的なるは, そが歴史的なる自然の結果にして, 決して頑迷なる人士に阿るが為に非ざるなり。

　第三, 海老名氏の所説は詩歌的なり。氏の頭脳は科学的に非ずして哲学的なり。哲学的に非ずして詩歌的なり。詳細なる解剖や綿密なる考証に力を労するよりも, 寧ろ事物の根底を探つてその真相に達せんとするや, 又た慎重なる哲学者の態度を取らずして, 寧ろ直覚なる詩人の態度を取る。是れ氏の所説の, 枝葉に亘らずして根本に触るゝ所以, 翻訳に非ずして

独創なる所以、明白ならずして神秘なる所以なりとす。吾輩が氏を以て詩歌的なりとといふ、和歌に巧に漢詩を善くし美文に妙なりとの謂に非ず。唯だ氏が真理を悟得するや直覚的独創的にして、その之を発表するや又秩序的組織的ならずして、自然的流路露なるをいふのみ。故に氏の演説や勉めて調子を取るにあらねど、之に昂低あり抑揚あり節奏あるなり。

　第四、海老名氏の所説は人情的なり。歴史の目的物は人類なり。詩歌の目的物は人心なり。理化学に専心なるものは、人類を忘るゝ事もあらん。分解考証に従事するものは、人心を物質視する事もあらん。然れども歴史を重んじ、詩歌を愛する氏が人類的人情的なるは、自然の勢なり。曾て氏が、人格的神の存在を否定せるが如き論説を公にせしことあるも、そは氏が何物にか反動する所ありてなせる業にして、到底氏の本性には非ざりしならん。果せるかな、氏は昨年に於て堂々人格的神の存在を喝破せり。氏が旧約に於ける神人間の君臣的情誼を説くや、新約に於ける神人間の父子的交通を説くや、実に人情の極致を盡せるものと謂ふべし。

　第五、海老名氏の所説は預言者的なり。氏は骨董家の如く、歴史の古物を珍重するものに非ず。保守家の如く国家の偶像に屈伏するものに非ず。実は此の歴史を踏台とし、一層光栄ある新理想を発現し、此の国家に接木して一層意味ある新国家を経営せんとす。是れ実に氏が預言者たる天職を有する所以にして、その詩歌的にして人情的なるは、氏が預言者たる調子を帯びる所以なり。既に預言者たり、又た宗教家たるを得べし。吾輩が氏を以て天性の宗教家となす、蓋し謬見に非ざるべし。

　第六、海老名氏の所説に欠点多し。吾輩は、今之を詳説する能はず。唯だ一言せんのみ。氏は歴史的事実を尊んで常に之れを理想化す。然れどもその弊や、之を引証するに、牽強附会に傾き易く、針小棒大に陥り易し。且つ一面の事実を高調して他面の事実を黙過するは、一種の詐欺たるを免れず。是れ客観的事実を主とせずして、主観的理想を主とするが故ならずんばあらず。されば、氏が新約聖書若くは我邦の古典国史を研究して、之より引証し結論し来るもの、着眼の奇は即ち奇なりと雖も、吾人をして首肯せしめ能はざるもの多し。又た氏が世に所謂国家的基督教を説くや、

能く国家主義者，国粋保存者の耳を喜ばせ得るも，決して実着にして公平なる人士を満足せしめ能はざるなり。又氏の所説の，独創なれども狭隘に，神秘なれども曖昧に，新奇なれども不穏当なるは，氏の頭脳が詩歌的にして科学的ならざるが為にして，氏の所説の面白きも此に在り，その不健全なるも亦た此に在り。要するに氏は威風堂々たる預言者にして，公平慎重なる神学者には非らざるなり。氏たるもの尚一層の完全を欲せば，須らく科学者なるべし。断じて科学的ならざる可からず。是れ吾輩の希望に堪へざる所なりとす。

　我邦の基督教界を見るに，一方には欧米在来の註釈家や神学者の糟粕を嘗め居る保守党あると共に，他方には新神学を説き高等批評を叫び社会学を講ずるハイカラ党のあるが為に，独り海老名氏をして千里独往の感あらしむるは，我が基督教界の一大恨事ならずや。」

(2) 石川三四郎

「予は基督教会の多くを知らず。如何なる人が，如何なる処に，如何に基督教を宣伝しつゝあるや，予之を知らず。予は唯内村鑑三先生を見たるのみ，海老名彈正先生を見たるのみ。

　独立雑誌は，予をして初めて内村先生を想はしめ，理想団演説会は再度予をして先生を見せしめ，朝報社は三度予をして先生に介したり。然り而して予は先生に依りて，始めて心を基督教に傾けたり。

　今を去る四年前，予は種々なる事情に因り，熟々人生の無常を思ひ，慰藉求むるに道無く，鬱々として苦悶懊悩すること一年有余。適々壹岐殿坂なる本郷会堂は，予をして海老名先生に接せしめき。予は先生の説教に激動せしめられ，端なく一道の光明に接したり。内村先生は予が発心の師にして，海老名先生は予が再生の父なり。

　予は唯此二師父を見たり。然れども今此文を草す。其弟子としてに非ず，弟子として知り得たるものを，一新聞記者として書するに過ぎず。師父と言はずして，人物と言ふ所以なり。

　〈『石川三四郎著作集』『回想の内村鑑三』はここから引用開始〉

　両先生は如何の人ぞ。海老名先生は温厚篤実，而も何処となく古武士の

風露はる。内村先生は鋼強耿介，而も其間に於て自ら人を和ぐるの温情を見る。一は森然たる林の如く，一は突兀たる巌の如し。一は鬱蒼として地を蓋ひ，一は奇峭にして天を突く。予は二先生を見る毎に，直ちに仁斎〈伊藤仁斎，1627-1705〉徂徠〈荻生徂徠，1666-1728〉の両偉人を想起せずんばあらず。内村先生曾て予に談つて曰く，神学上の意見に於て，予は植村正久氏と合ふて，海老名氏と合はざるも，其心情に於て，深く海老名氏に服すと。何ぞ徂徠が言に相似たるや。徂徠は曰へり『仁斎の道徳，蕃山〈熊沢蕃山（1619-1691）〉の英才，余の学術を合して一と為さば，即ち東海一聖人を出さん』と。

　徂徠の頭脳明敏にして才学多方に亘り，殊に文章を能くせるは，内村先生の宗教以外に於て深く農学に造詣し，科学に精通し，而して其文基督教界に秀出せるに似たらずや。海老名先生は教育家的にして仁斎に似，内村先生は詩人的にして徂徠に似たり。然れども，海老名先生の活動主義を鼓吹するは仁斎に似ず，寧ろ之を明の王陽明〈1472-1528〉に比せん。内村先生が甚だ戒律を重んずるは，徂徠に似ず，寧ろ宋の朱晦庵に近し。

　一たび演壇に登りて口を開くに見よ，海老名先生は，恰も汪洋たる大河の如く，而して時に怒涛天に滔し，時に膨湃堤を決するの概あり。内村先生の弁，疾風の捲土し来るが如く，而して更に轟然たる霹雷となり，忽ち沛然たる雨となり，或は麗朗たる青天をなす。前者の弁は雄大にして，後者は矯激なり。

　其教説〈説教〉する所に聞け。海老名先生は言ふ。汝の本心に復れ，其奥に神の声は聞かるゝなり，其底に救の光明は放たるゝなり。唯汝の父なる神に行け，神は無量の慈愛を以つて汝を招きつゝあり。内村先生は言ふ。人生何れぞ罪悪多きや，神命を穢すの何ぞ甚だしきや。汝厳重に戒律を守れ。是れ救を得るの第一義なりと。

　更に前者は言ふ。衣食佳良なれ。居住壮麗なれ，唯汝が本心をして超然解脱せしむれば可なり。而して後者は言ふ，是れ汝が腐敗堕落の根源たらんと。前者は孔子の『未若貧而楽，富而好礼也』と言ふに似，後者は孟子の『為富不仁矣，為仁不富矣』と言ふに類す。

　海老名先生は広く道を伝へんとし，内村先生は強く道を宣べんとす。前

者は門を山麓に築き，後者は堂を山頂に建つ。故に海老名先生の教は，入り易くして成り難く，内村先生の道は入り難くして且つ成り難し。

　海老名先生，年将に知命ならんとし，老て益々壮なり，而も所謂俗より出でゝ俗に還らんとする者なり。内村先生は海老名先生より若きこと四五歳，漸く世俗を避けんとするの傾向あり，而も日一日円満に趣くの状を見る。今や内村先生門を閉じて読書三昧に入る。其蘊蓄愈々深きに従ひ，後世を感化する亦大ならん，

　〈『石川著作集』『回想の内村鑑三』はここで引用終わり〉

　海老名先生の門下，青年男女のパンを求めて来るもの漸く夥多なり。而して其饑渇癒され，元気鼓舞せられ，大に世に活動せんとするの風あるを見る。

　嗚呼彼の一般教会の伝道全く形式的に流れ，弊害充溢せるの時に当り，其蹶然として一は独立を絶叫し，一は自由を唱導せる。恰も徂徠仁斎が東西に崛起して林家〈江戸時代に12代にわたり幕府教学を担当した儒者の家。「はやしけ」とも（『日本史辞典』岩波）〉の学問に抗せしが如し。豈に偉ならずとせんや。吾人は現時日本の宗教界が猶ほ此二大人物を有するを見て，頗る意を強うせずんばあらず。」

(3) 中里介山

「　　　　　　　一

　秋風落日の一語を最もよく当箝め得るは，日本今日の基督教界の状態なりとす。想ふ。寛永〈1624-44〉の昔，島原の一揆が十六歳の少年四郎時貞〈天草四郎時貞〈1622頃-38〉〉を大将として苦戦六閲月，よしや其間に或一種の野心は抱かれしにもせよ。兎に角一信仰の下に結合し，信教の自由を標榜して，天下の大軍を辺土の孤城に引受けたるその殊勝さ。為に徳川家光〈第3代将軍・在職1623-1651〉の棘手一たび挙り，あわれ二十五万の生霊を屠れる絶大の大迫害を見ぬ。試に日本政教史を繙けば爛斑たる碧血の痕，転た腥気を放つて無限の悲痛を絶叫するものあるを覚ゆ。斯くの如く活気ある宗教的事実は徒らに過去の夢に過ぎざりしか。

　　　　　　　二

往時は更に云わず，近く明治に入りてその基督教史を一瞥せよ，少なくとも一時は捲土重来の勢ありて，精神界に志ある者をして眼を拭はしめずんば已まざるの概を示しき。物熾ならんとする時外必らずこれを妬むものあり。かくて事物の隆盛に比例して迫害は度を高め来る。迫害は語を更うれば事物の試金石也。西欧の基督教史は幾度か這般痛烈の試金石に逢ひて漸く今日あるを致しぬ。日本豈独り之に洩るるを得んや。過去の歴史は該教の上に齎らされし幾多の迫害の事実を示す。而して日本の基督教は能くこの迫害に勝つ事を得たりしか，否，歴史はまたこれを証す，曰わく，敗れたり。豊臣末葉の基督教は家光の一撃によつて根底より打却されたり。而して今日の基督教は井の哲〈井上哲次郎（1855-1944）・キリスト教を排撃した東大教授〉一派をすら抑ふるに足らず。

三

　吾人は常に信ず。主義信仰の生命はその標準を外部に於て迫害。内部に在つて人格に見る可しと。吾人の観ずるところ基督教の生命は，バイブルに非ず，祈禱にあらず，聖晩餐にあらず，クリスマスの祝に非ず，唯基督教信徒の人格にあり。宗教的人格を最も多く活躍せしむる宗教は，真の生命ある宗教也。而して這種の宗教が最も多く愚俗の迫害を招く也。然らざるものは形骸徒らに存じて精神蝉脱せるもの也，この意味に於て吾人敢て今日の基督教に一断案を下す，曰わく，
　曾て生けるが如かりし基督教は今は殆んど死せり。

四

　試に明治年間基督教の勃興時代を代表せる二三活躍的人物を取つて，その人物の過去と今日との対観を透して基督教の生命を験せしめよ。
　河野広中〈1849-1923〉と並び称せられし東北の傑物本多庸一〈1848-1912〉は今何の状ぞ。青山学院は長へに彼の隠居所たり将た墳墓たり終らんとするに非ずや。何れの方面よりも模範的君子人を以て許されし巖本善治〈1863-1943〉の近状に至つては言ふに忍びず。横井時雄〈1857-1927〉は西園寺某〈西園寺公望（1849-1940）〉の腰巾着となり将に富豪岩崎の機関紙に筆を執らんとするが如き無節操に陥り，小崎弘道〈1856-1938〉は古びたる霊南坂会堂の中に有るが如く無きが如く，一方の

驍将(ぎょうしょう)植村正久(うえむらまさひさ)〈1857-1925〉に至りては頃来その生死をだも疑わしむ。宮川経輝(みやがわつねてる)〈1857-1936〉関西に覇を称すと雖もこれ彼が活動の頂上のみ，奇矯児松村介石(ききょうじまつむらかいせき)〈1859-1939〉今はた何の姿ぞ。青年会館の講壇を失脚して社会教育の旗幟(き)煙の如く消え今湘南(しょうなん)の辺隅(へんぐう)に眠りて纔(わず)かに残喘(ざんぜん)を電報新聞の一隅に洩す事あるのみ。新島襄(にいじまじょう)〈1843-1890〉をして『始めて怖る可(べ)き人を見たり』と驚嘆せしめし押川方義(おしかわまさよし)〈1849-1928〉これまた金儲(かねもう)けに熱中して漸(ようやく)存在を忘れられんとす。

以上の如きは鉄中の錚々(そうそう)たる輩(やから)にして，一時彼等が気昂(きあ)り旗鮮(はたあざ)やかなりし時は日本の精神界を異彩にいろどりし者共也。然(しか)るに彼等今眠れりと云わんよりは死せるが如き状態に鎖沈せるは何ぞや，これ明らかに宗教的生命を失うたる証拠にあらずや。

よき教会の株に有附いて大往生(お)を楽しむ輩は措く。押川松村一派の覇気稜々(はきりょうりょう)たる豪傑連中は，真逆(まぎゃく)この儘往生を遂ぐるにもあらざる可(べ)し。一度は眠れる河野広中が議会を騒がせし如く，鬱勃(うつぼつ)たる覇気(はき)は何処にか爆発されずんば已(や)まざるものあらむ，彼等或はその準備中なるかも知る可からず。然れども後来如何様に目ざましく彼等が打て出ずる事あるとも开は宗教家の行動として笑ふ可きのみ。

所謂先輩導師にして猶(なお)かつ然(しか)り。以下の牧師坊主連中に至つては悉(ことごと)くこれ俗中の俗物よりも俗なる者也。あわよくば法衣を脱ぎ捨てて或は教員となり，或は会社員となり，甚だしきは金貸となりて，只管(ひたすら)前身の坊主臭きを蔽わんとする者比々(ひひ)として皆これ。

五

然(しか)り今日の基督教は見られた状態にあらず。然れども未だ万事休焉(ばんじきゅうえん)と診ず可く早計也，猶(なおいちる)一縷の生命は何処にか存在するものの如し，吾人の好奇性は其の何処に宿れるやを探求せしめて漸く本郷会堂と角筈檪林との中に髣髴(ほうふつ)を捉へ得たり。いで本論に入らしめよ。

六

本郷会堂は本郷壱岐(いき)殿坂の中途にあり，海老名彈正〈1856-1937〉が牧(ぼく)せる教会也。

角筈檪林(つのはずらくりん)には教会無し，そこには内村鑑三〈1861-1930〉が『聖書之研

究』を編みつつある也。
　本郷会堂は帝都第一等の耶蘇教会堂也。建築はもとより見すぼらしきものなれど此処に集る会衆は毎回約四百を越ゆ，多くは書生と海老茶〈学生〉也，欧米にありては千二千の会衆は敢て珍しき事にはあるまじけれど，会員よりも教役者多きが常例なる日本の教会に四百の人を集むる如きは，異数異例と云わざるを得ず。
　聖書之研究は日本唯一の基督教雑誌也。発行部数より云わば二千に出でざるべし。而も宗教雑誌も社会政治文学の趣味を加えて読者を喜ばすに非ずんば少しも，売れざる今日の社会に，純宗教的の雑誌にして義務購読にあらず如上の売高を有するは是亦異数異例と云わざるを得ず。
　約言すれば海老名の基督教は四百の聴衆をつなぐに足り，内村の基督教は二千の読者を作るに足る。

七

　今日の基督教が此の二人の間にのみ辛うじて命脈をつなぐとせば此の二人の論評聊か日本思想界の為に価値無しとせんや。況や二人の性格，思想，事業，行為は殆どあつらえたる如き好対照を成すものあるをや。
　先ず両個の風采より語らん。
　容貌品評を以て得意とせる海老茶〈学生〉の一人，嘗て余に向つて海老名の風采を激称して，日本の模範的好男子なりと云いき。余はその余りに仰山なるに恐入るものなりと雖も，兎に角海老名弾正は立派なる風采家たるを否まず。漆黒の髪，白皙の面，眉秀で鼻隆く尺に余る美髯は髯々として胸を蔽ふ。黒斜子五紋の羽織に仙台平の袴，流として演壇に立つところ如何にも立派なる風采也。
　内村鑑三は決して美男子に非ず。余は内村の顔面を見る毎に，ミゼラブル中のジャンベルト〈ユゴー作『レ・ミゼラブル』の主人公〉を忍ばざる能わず。其の骨張りたる長き面には一種陰嶮粛殺の明漲り深く凹める眼は暗中に盗児の行動を窺ふ如く燗として凄き光あり。
　海老名の眉の何時も下に垂れて慈悲忍辱の相を顕わし，其の口元には絶えず微笑を含むに引更へて，内村の面は常に曇りて眉宇の間，青眼に突着けられたる刀尖に対する如し。

VI. 他者の海老名評

譬うれば海老名の顔面は金持の楽隠居の如く，内村のそれは借金に苦しむ事業失敗家に似たり。而して余は海老名の面の派手なるを好まずして内村の面の渋きを愛す。

八

両者顔面の比較は直ちにその性格の比較也。海老名は円満の好紳士也。彼は大なる雅量を有す。彼は交際家也。異端邪宗の坊主とも交際し，革命の夢想家とも握手し政治家にも実業家にも大学の教授にも帯剣の軍人にもハイカラにも海老茶にも有ゆる方面の人々にも万遍なく愛嬌を振まく。而して彼等は皆彼に推服して『海老名先生は好人物なり』との讃辞を惜まず，啻に人に接するに於て円満なるのみならず。彼の説くところ神道も僧教もユニテリアンも社会主義者も乃至カント〈1724-1804〉もヘーゲル〈1770-1831〉もフィヒテ〈1762-1814〉もシュライエルマヘル〈1768-1834〉も，悉く摂取し来らずんば已まず。斯くの如くして海老名の門戸は益々広し。

内村鑑三に至りては絶対的にこれと反す。彼ほど偏狭なるは無かる可く，彼ほど喧嘩早きは無かる可く，彼ほど交際嫌いなるは無かる可し。何人と握手するも必ず喧嘩して別れ，何事業を起す事あるも彼は必ず仲間中と衝突して去る。高等学校を去りしが如き，独立雑誌の倒れたる際の如き，万朝報退社の如き，随処に彼は磨滅し難き圭角の稜々たるものを現わす。蓋先天的に然るもの也。

海老名は日本の社会を独歩す可き雄弁家也。これ実に彼の風采と相待つて独特の天稟にして，彼自身も此の長所を認めてこれが活用を怠るものに非ず。内村の弁も亦決して拙なりと云ふ可からず。然れども夫子自身は演説を嫌う事蛇蝎の如く，時に奇矯の語を吐て曰わく『雄弁家とは俳優に毛の生えた位の者也』と。

内村が主宰せし独立雑誌の倒れたるは一種のクエッションにして門外漢の窺知するところにあらざるも，雑誌発行の目的がしかく善美なりしに引換へ，没落の原因は甚だ醜悪なりし事だけは明か也。彼と事を共にしたりし西川光次郎〈1876-1940〉の如きは，この時よりして彼を仇敵の如く悪める也，彼自身も此の事件を以て一生の痛恨事として悶ゆるが如く，常に

繰返して已まず。その当時友に捨てられ世に容れられず。さすが偏狭傲岸なる彼も悄乎として一夕海老名の寓を訪ひ哀情を語りて晩餐を共にせん事を請いし事ありと云ふ。孤独に傲りし彼も落寞の中には尚社交の捨て難きを味ひしたるべし、斯かる際に於て海老名の雅量は彼を慰む可く吝なるものに非ず。内村自らも心情に於ては深く海老名に服するを自白する也。

要するに海老名は博くして内村は深し。前者は笑い後者は泣く。海と鑑との性格を合一融和し得ばここに千古に卓絶する宗教的人格を作り得べしと余は思ふ。

九

『地には平安、人には恩沢』てふ愛の宗教は一面に於て『刃を出さんが為に来れり』てふ戦の宗教たらざる可からず。則宗教的戦士としての海老名内村を論ぜん。

単に人物として海は強く鑑は法なり。而も宗教的戦士としての内村は遥かに海老名に優る。

海老名も自ら戦の人を以て居る。彼は奮闘を叫び勝利の福音を唱へ猛然として宗教界に獅子吼せんとするの意気を有す。然れども彼の戦は常に俯して敵を射るの戦也。舷を洗うの波濤は高しと雖も彼の背後には常に順風の帆を孕ますものある也。例へば彼の立場を作り彼の名を成せし三位一体説破壊の戦の如き、当時の宣教師的基督教社会をして戦慄せしめしは事実也。当時に於て耶蘇の牧師として宣教師的基督教に弓を引くは自ら糧食を断つに斉し、この点吾人も亦同情を惜まずと雖も、怜悧なる彼海老名は一方に於てアメリカ的基督教と絶縁してこれを敵とすると共に一方に於て日本固有の神道及び武士道の強盛なる勢力を借れり、基督教を註釈するに平田篤胤〈1776-1843〉を以てし、これを潤色するに武士道を以てす。是に於て乎、アメリカ的基督教と戦いし所以は適々日本固有の歴史的神道勢力の同情を彼に集中する所以となりたり。

勿論この武士道的基督教の建設が押川、松村の輩によつて成されず、彼の手によつて成されし事に於て彼の人物を認めざる能わずと雖もこの戦は決して純美なる宗教的のものに非ず。一を損じて十を得たる極めて割の善き戦也。斯くの如くして海老名は今日の成功を博し得たり。あゝ彼もまた

VI. 他者の海老名評

エゴイズムの一人にして法衣の下に胸金物の外れて見ゆる入道相国の亜流か。

此れに反して殊勝なるは内村の戦いぶり也。内村の戦は兎に角宗教家らしき態度を離れず。彼の戦は多くの場合に於て政略的分子を加味せず。勿論彼の行動の中には我と云う分子と宗教と云ふ分子と充分なる融和契合無く、動もすれば我の憤と神の怒とを混同し去る恐無きにあらずと雖も、その宗教家らしきに至りては策士肌政客流の海老名輩と日を同じゆうして語るべきに非ず。

恐らく日本に於て内村鑑三ほど精神的苦闘を経来れるものは無かる可し。即ち基督教の純主張と当世流行の忠君愛国説との暗間を明解すべく空前の難問題は彼の肩上に落ち来りたれば也。天下に愚論として未だ井上哲次郎の『教育と宗教の衝突』の如き愚論は有るまじ、而して愚論の勢力を得たる事も亦彼の如きは無かる可し。日本に於て忠君愛国なる一語は絶対無上のオーソリチーなるが如し。一度此の語の曲用に遇へば如何なる研究も如何なる論議も口を開く事すら能わず。親鸞〈1173-1262〉も日蓮〈1222-1282〉も此名の下に非ずんば布教を為し能はざる也。近く田中知学〈1861-1939〉の如き上流社会に布教の希望を起すに当り先ず教育勅語の註解を作らずんば已ましめざるものなり。

記憶せよ、内村鑑三はこれが為に乱臣賊子の名を買えり。海老名が此の順調に乗じ今日一種の本地垂迹説を唱うると比して、何ぞ其異相反せるの甚だしき。一は正直、一は老獪、余は内村の失意を憫んで海老名の成功を憎まずんば非ず。

この段の消息に至っては後世或は内村の為に気を吐くものあらむ。予は今日わず。唯曾て内村が吐けりし痛烈なる一語を補わむ。曰わく『宗教が皇室と接近したる時はその宗教的生命の亡びたる時也』と。下し得て何等痛絶烈絶の語ぞ。滔々たる天下幾万の宗教家中斯くの如き辛辣の言を為し得るものは一内村鑑三あるのみ。

非戦論に於て彼は乱臣賊子の上塗りを為せり。世の瞶々者流今更の如く彼を議すれど吾人は非戦論を唱ふる内村に於て益々彼が立場を明白にせる宗教家的勇気に服す。宗教的戦士らしき態度に於て内村は少くとも古今に

絶す。海老名の如きは遥かに及ばざる也。

十

吾人は両者の対評の蔭に猶自家の吐く可き気焔の多くを蔵す。而(しか)も今はただ少しく如何なる方向に両者の行動が相外(あいはず)れ行くかを見て已まぬ(や)。

海老名は水晶球の琢(みが)くに随つて愈々(いよいよ)玲瓏を極むる如く、内村は方解石(ほうかいせき)の割るに応じて愈々(いよいよ)多角を増すに似たり。而(しか)して日露戦争後愈々益々(いよいよ)其の甚だしきを加(くわ)う可(べ)し。

見よ、内村が『日露戦争に賛成するは日本国の滅亡に賛成するなり』と呼号して万朝報を出でたる時は、海老名が本郷会堂に堂々として『戦争美』を説教せし時に非ずや。海老名が戦争以来益々其の気焔を高めて『大日本魂はロゴスの顕現也』と説く時、内村は聖書之研究のクリスマス号に『非戦論者に非(あら)んば基督降誕祭を祝するの資格無し』と絶叫せるに非ずや。

斯くの如くして海老名の本郷会堂と内村の角筈櫟林とは今の宗教界に於て最も面白き対象を成す。」

(4) 山路愛山

「

　　　　　　　　（一）

我等(われら)は仔細(しさい)ありて耶蘇教会(やそけうくわい)に於ける諸先輩(しょせんぱい)に親(した)しく接(せつ)したる機会(きくわい)多(おお)かりき。いで其人々(そのひとびと)に就(つい)て我等(われら)の与(あた)へられたる感覚(かんかく)を記(しる)して見(み)ん。

〈植村評〉

　　　　　（二）

何(なん)と言(い)ひても日本(にほん)耶蘇教会(やそけうくわい)の大立者(おおだてもの)は植村正久君(うえむらまさひさくん)と、海老名彈正君(えびなだんじやうくん)なり。

植村君(うえむらくん)は純乎(じゅんこ)として純なる江戸兒(えどっこ)にて、其肌合(そのはだあひ)には三分(さんぶ)の侠骨(けふこつ)あり。直情径行(ちよくじやうけいかう)、掩(おほ)ふ所(ところ)なく、隠(かく)す所(ところ)なく思(おも)ふ存分(ぞんぶん)に振舞(ふるま)ふ我儘者(わがままもの)なり。客(きやく)が来(く)れば直(す)ぐに鮨(すし)だの天麩羅(てんぷら)などのを奢(おご)つて歓待(くわんたい)すると云(い)ふ気象(きしよう)なり。

始(はじ)めて六合雑誌(りくごう)を出(いだ)したる時分(じぶん)は猶ほ君(きみ)の青年時代(せいねんじだい)なりしが、君(きみ)は原稿(げんかう)を規則(きそく)正(ただ)しく期限通(きげんどほ)りに書(か)かず、勿論前(もちろんまへ)から支度(したく)して置(お)くなどゝ云(い)ふ老実(らうじつ)なる行方(ゆきかた)に非(あら)ず。愈(いよ)よ日限(にちげん)が切迫(せつぱく)するとて仲間(なかま)より迫(せま)られ、然(しか)らばと云(い)ひて渋々筆(しぶしぶふで)を取(と)る其代(そのかは)りに徹夜(てつや)をしても間(ま)に合(あ)はせると云ふ不規則(ふきそく)の人(ひと)なり

しが，其文章と云ひ，思想と云ひ，誠に奇抜のものにて其頃の文壇には耶蘇教会の内外を問はず，誠に抜群絶類のものなりき。

されば謙堂〈ペンネーム〉と云ふ氏の文名は其頃大に都下を壓し，氏の書きたる真理一班など云ふ書物は青年の好愛したる善き読物にして，我等などは其書を手にしたる時，天来の気ありて我身を襲ひしが如く感じ，一夜読み通して遂に寝ぬること能はざりき。氏の頭は科学的に非ず。論理の精密，解剖の明晰など云ふことは氏の長所に非ず。されど氏は論理を超越し，解剖を軽蔑するに足るべき一種の深き心を有す。此心は詩の如く，預言の如く，歌の如く，氏の心の底より湧き来りて直ちに読者の心に徹す。

されば或人の如きは植村の頭は論理的に非ず，直覚的なりと云ひたり。氏は太りたるいがぐり頭の丸き男にて，半天を着せたらば江戸の大工の棟梁とでも云ふべき風采なれども，氏の眼光には異彩なきに非ず。

言語はどもる方にて，演説は三宅博士同様，岩を破つて水を出すやうなる訥弁なり。聴いて居ながらもどかしくなる様なる訥弁なり。さりながら其訥弁の中に氏の天才は閃きて時として雲間に神龍の片鱗を見るが如き感じなきに非ず。善く聞くものには生涯忘れ難き印象を与ふ。岩本善治氏〈巖本善治・1863-1943〉が女学雑誌を発行し居りし頃は日曜日毎に氏の説教を聞き，それにて頭脳を養ひたりと云ふ。氏の演説には結晶したる真理あり。岩本氏の如き文才ある人が，それを和らげ，砂糖と，味醂を掛けて味を付けたれば女学雑誌の売れ行きたるも尤もなり。

氏は又日本評論と云ふ雑誌を出したり。此雑誌の生命は短かゝりしかども読者に与へたる興味は短からず。我等の如きも此雑誌に感化せられたること多きを自覚す。氏は人好のせざる人に非ず。青年の背中を叩いて笑談を云ふ無邪気なる氏の風采は何処までも大なる小児にして或る意味より云へば餓鬼大将なり。さりながら氏は一面に於ては執拗なる党派的戦争の闘将なり。敵に対しては極めて意地悪るき人なり。喧嘩の名人なり。此点に於ては宗教界の氏は猶ほ政治界の犬養毅〈1855-1932〉氏の如し。何処までも党派的なり。何処までも執拗なり。

今日日本にて三十年来一日の如く所謂正統教会の教理を固執し，之を其

学問，識見にて堤防し，世と戦つて屈せざるものは唯だ氏と内村鑑三氏とあるのみ。然るに此頑固なる植村君の脳髄は決して頑固に非ず。君は読書家なり。殆ど書淫とも云ふべき程の読書家なり。君は自由神学の立場を解せざる人にも非ず。近世の思想に対して盲目なる人にも非ず。自由神学を唱ふる人の知りたる程の事は君も遠の昔に知り居るなり。君は趣味の広き人にて政治を語れば政治も分り，社会問題を語れば社会問題も分り，迂闊の様にて常識を備へ，仙人の様にて俗人なり。俗人の様にて仙人なり。

其稠人広座の間に在りながら，無頓着なる顔つきして，時々警句を放ちて，人を驚かし，或は人を笑はする様子を見れは機心既に擲ち去り，隠居放言を以て，自ら快とする狷介の男子とも見ゆれども，其党派を作り，反対者を追求する有様を見れば一種の策士なり。

何れにしても君は多くの矛盾を有する人なり。従つて今の基督教会中に在りては，たしかに非凡の性格なり。今日の日本にて正統教会など云ふものは其思想の上より言へば誠に孤城落日の勢なれども，唯君ありて猶ほ其旗色を改めざるが故に，正統教会も亦猶ほ生色を存するなり。君や一人を以て正統教会の長城たりと謂つべし。

〈海老名評〉　　　　（三）
植村君が正統教会の驍将たると相対して自由基督教の総大将と目すべきは海老名彈正君なり。海老名君は年は随分取り居らるれども，基督教界の勇将として名を成したるは比較的近年の事なり。教会も始めは海老名君をさほどの人物とも思はず，君の議論も余り敬意を払つて聴かれたる方には非ず。

海老名君は思想に於ては小崎弘道君〈1856-1938〉の弟子に過ぎずと思ふものも多かりき。実際海老名君は晩成の人にて，小崎君などを思想の案内者としたる時節もありし様なり。されど海老名君の思想は年々進歩し，君の学問も年と共に長じ，君が時世に触れ時勢を解する識見も追々開け来れり。但し君が本郷教会に牧師たる位置も此進歩を助けたるに与つて力あるは勿論なり。

VI. 他者の海老名評

　植村君は番町教会に拠り，海老名君は本郷教会に拠る。番町教会は紳士の教会にして本郷教会は書生の教会なり。本郷教会の如き書生の中心に立ちて，海老名君の如く動き易く感じ易く，他人より益を受け易き心が時代の潮流に感じ，新思想の鼓吹者となりしは敢て怪むに足らず。植村君の脳髄は内より生長するものなり。独力の研究を以て独力の発明をなし，他人に無頓着にして其信ずる所を守るは植村君の長所なり。植村君は信州の田舎に置くも，朝鮮の山の中に置くも書物さへあてがひ置ければ植村君たり得べし。

　海老名君は之に異なり。君は最も多く周囲に感化せらる。君は小崎君と遊べば小崎君に感化せられ，横井君〈1857-1927〉と遊べば横井君に感化せられ，善く他人の長所を取つて之を醇化す。君は其心に於て極めて謙遜なり。君の眼中には事理の研究に於ては総ての人は同等なり。君の心は流動せる蠟の如し。余りに強く一定の説を固執せず。故に君は今日に於ても君の最も善しと感じたる方向に向つて常に其説を変化す。

　君は神道は耶蘇教と同じ根底に立つものなりと説き試みんとしたることもあり。武士道と耶蘇教とを混じ，耶蘇教は武士道を聖化したるものなりとやうに見たることもあり。帝国主義と耶蘇教の並行し得べき点を発見せんとしたることもあり。グリーン〈1836-1882〉，王陽明〈1472-1528〉，物徂徠〈荻生徂徠（1666-1728）〉，見神論，自然主義，社会主義，プラグマチズム，凡そ君の心の前に現はれたる総ての思想に対し君は何等かの感動なきを得ず。而して君の思想は此感動に依りて何等かの変化を経ざるは無し。此の如き流動体の脳髄を有する君が自由神学者の泰斗たること敢て怪むに足らざるなり。

　されど今日において自由神学者の泰斗たらんとせば猶ほ欠くべからざる一性格あり。他なし天性の敬虔なり。而して此の点に於ては君は最も著しき特質を有す。横井時雄君と金森通倫〈1857-1945〉氏は嘗て自由思想の驍将なりき。されど此二君は其脳髄は余りに流動的なりしが故に自由神学より，一転して深き懐疑に陥り，一は余りに現実なる事実の上に立たんと欲したるが故に自由神学より，事実上の唯物論者となり，貯金の奨励演説に依りて日本全国を巡り行く巡礼者となれり。

独り海老名君は之に異なれり。君は天性の宗教家なり。君は思想の極めて自由なると共に常に神に対する崇拝敬畏の念を有す。君は懐疑の雲に鎖されながら，雲の彼方に猶ほ神ありと信じて之を拝まんと欲す。君の心は此点に於て極めて宗教的なり。是れ君が自由神学の泰斗として一世に雄なる所以なり。世に自由神学を唱ふる人は多し。日本ユニテリアン教会に於て毎日曜に講演を試むる，ユニテリアン諸教会の紳士のごときは直ちに自由神学を以て招牌とするものなり。
　されど我等は不幸にして諸君の事業に宗教家としての精彩を見ること能はず。そは諸君の宗教に於ける知識は勿論時代の最高なる標準に達したるものなるべけれども，諸君の情は宗教家たること能はざればなり。海老名君は此点に於て何人にも勝れり。君は智識に於ては寧ろ新しきを追ひ過ぐる人とも言ふべけれども情に於ては二十年，三十年，依然たる宗教家なり。君の成功は蓋し是に依る。

（四）

　植村君は訥弁なり。海老名君は雄弁なり。植村君は直情径行なり。他人に対しても気に入らぬ時は木で鼻をこすりたるが如き挨拶をして平気なる人なり。海老名君は調子の善き人なり。誰にでも相手になりて其人の気に入りそうなる御世辞を言ひ得る人なり。
　植村君の聲は粗なり。海老名君の聲は朗々として玉を転ずるが如し。植村君の容貌は何処までも野人なり。海老名君の容貌は何処までも堂々たる紳士なり。

〈内村評〉　　　　（五）
　植村君と，海老名君とを数へたる我等は之と対立すべきものとして内村君を数へざるを得ず。学問の根底あること，文章の人を動かす力とを以て論じたらば或は内村君を以て教界独歩とすべきに似たり。
　内村君の文章は実に日本文学の逸品なり。我等は内村君の文章を読むごとに敬畏の念より寧ろ一種の嫉妬に動かさる。いまいましい奴だ，何して斯んなに面白く書けるかとは我等の内村君の文章に対する感覚なり。君は自ら文章家たるを自覚せず。自ら文章家たるを以て任ぜず。されど君の

VI. 他者の海老名評

　文章は自己の心を以て人の心に刻むものなり。我等は君の文章を読みたる後、恰も鉄槌を以て頭を叩かれたるが如く感ず。君はたしかに文壇の勇将なり。
　されど君は畢竟天才なり。君は決して人間の中に立ちて自己を修練したる人に非ず。しか言はんには君は必ず怒るべし。君は怒て言ふべし。余は品性の人たらんを欲す。天才の子と呼ばるゝを欲せずと。さる苦情は君の口より出でたりと覚ゆ。さりながら君よ。君の如く世と離れ、寧ろ世と絶ちて独り門下生とのみ交るものが所謂高く小児と古文を談ずる一種の天才癖を養ひ易きは已むを得ざることなり。我等は君が其閑居を出で、俗界に投じ、俗人と交はりて更に至大なる心の戦争を為し了るまでは君を目するに天才の人を以てせざるを得ず。
　君の顔には一種の恐ろしき威厳あり。されど君の会話には実に一種の痴気あり。君の自ら信ずること甚だ厚し。殆んど天下皆酔ひ我れ独り醒たりと言ふものゝ如し。君果して独醒め、天下果して皆酔へる乎。論語に曰く友あり遠方より来ると。君が人を信ぜずして自ら信ずること決して中行と謂ふことを得ざるなり。

〈本多評〉　　　（六）
　日本メソジスト教会の監督本多庸一君〈1848-1912〉は耶蘇教会の人望家なり。如何なる場合にも君は調和の機関なり。人々皆血を湧かしたる激烈なる争論の場合にも一たび君の声を聴けば人心は稍々和らぐことを感ずるなり。教会の議論家中には時として君の所為に不快を感じ、今度は是非本多を論破し呉んとの意気込にて君を訪ふものあるも、君は笑つて之を迎へ、善き調子に其心を慰撫し、争論に及ばずして立去らしむること多しと云ふ。
　割合に気むづかしき人の多き耶蘇教会に於て君の如き通人を見るは不思議なりと謂つべし。君は曾て日本の耶蘇教会に継子根性多しとて嘆息したることあり。国家に対しても日本の耶蘇教徒は継子根性を有し、白人宣教師に対しても日本の耶蘇教徒は継子根性を有す、それではならぬ、もつと素直になれと言ふは君の説なり。君は君の朋友なる日本耶蘇

教会の諸先輩を以て余に政略を解せず、余りに融通の利かざる人々多しとて心苦しく思ふものゝ如し。東奥の辺地に育ちたる人としては君の品性は誠に通人なりと謂つべし。

さり乍ら君の様に圓くては余り圓くて捉へ所なき恐れなきに非ず。君は日本に在る三派のメソジスト教会を合併して、二万に近き信徒を有する日本メソジスト教会を作り其最初の監督となりたり。されど日本メソジスト教会は今日にても金銭上に於て諸事外国の世話になり居るなり。其機関学校たる青山学院、関西学院を始め男女の諸学校は悉く外国人の金にて維持するものなり。各地の教会も外国人の立てたるもの、外国伝道会社の所有に属するもの多く、機関新聞の発行は勿論、伝道師の給金すら外国伝道会社の補助を待つもの多し。

是は誠に意気地なきことなり。日本帝国は貧乏なれども、耶蘇教の伝道者たらんもの、若し我は必ず我国人に依りて衣食すべしと決心したらば其日より教会の独立は成るべきなり。本多君も夫程の道理は弁へざる人に非るべけれども君は今日まで教会の独立自治に向つて何等な所なく、只管外国伝道会社の機嫌を取り居れるのみなりとて内々苦情を言ふ人多し。

さりながら君あればこそ兎も角も面倒なる三派の合同は成り、気むづかしき宗教家も一致し静かに、しかしながら不退の精神を以て教会は其事業を進めつゝあるなり。君は学者に非ず。君は文章家に非ず。日本の思想界に寄与すべきものとしては君は誇るべき何物をも有せず。されど君は模範的紳士なり。寛弘にして何人をも容れ得る度量ある君子なり。

金銭に対しては極めて淡泊なる古武士なり。就中最も感ずべきは君の愛国心なり。耶蘇教会の諸豪中に於て君は最も政治に興味を有する人なり。君の注意は常に世界の日本に在り。君の講壇に於ける雄弁には尊皇愛国の精神躍如として日本の青年に深き訓戒を与ふるを見る。此点に於ては君は古武士なり。志士の魁首なり。君は必しも、柔和の人に非ず。君は武士道と愛国心に於ては極めて多感なり。たゞ柔和の外皮を以て之を包めるのみ。

日本メソジスト教会の有志者は何人も君の優柔不断を困りしものなりと

は思はざるはなし。何人も君の外国伝道会社に対する態度が余りに平和に過ぎたりと思はざるなし。されど教会独立の大事を決行し、日本の精神界に勇ましき戦闘を試みんとせば君を頂くに非れば不可なりとは何人も黙会して異存なき所なり。君は誠に士心を得たりと謂べし。」

(5) 田辺元

「キリスト教に対する私の関係は、回顧すると今から四十年以上の昔に遡る。私は明治三十四〈1901〉年一高に入学した。当時既に日清戦争〈1894-95〉の勝利に依る国民自信の確立と、大陸進出の端緒を握った民族の発展に伴ふ事業の活況とに起因する一般の青年の活発なる希望とその活動慾、に対する反動として起ったところの、これ等の外面生活に対する批判と懐疑、更に自己内心の要求に従ひ、精神の自由解放を求めて、みづから人生の目的を探求し、存在の意味を自覚しようと欲する精神的気運が、一高には動いて居た。自治寮謳歌の形式的団結主義は既に批判せられ、これに代って個人主義ヒュマニズムが勢力を得つつあったのである。このような自由主義的ヒュマニズムの台頭は、夙にヨーロッパに於て近代資本主義の勃興に伴ふ主要な傾向であったこといふまでもない。両者は一方に於て互に誘発促進する積極的関係をもつと同時に、他方に於ては却て交互疎外の消極的関係に立ち、批判懐疑と反対解放との否定的対立を示したのである。日清戦争以後日露戦争以前の、日本のヒュマニズム乃至精神主義の傾向も、産業資本主義の発達に伴ふ自由主義の結実であったと同時に、自由主義の自立徹底を求める要求が、却てその社会的基盤たる資本主義的産業主義に対する批判と懐疑とにまで進まずに居なかった結果なのである。そのやうなわけで、当時の一高には、一方では社会の要求に応ずる大学の専門的職業教育に対する予備として学校の課するところの正課に専ら力を注ぐ大多数の生徒と、他方では、精神主義追求のために学校の課業を犠牲にして人生問題に没頭する比較的少数の生徒とがあった。もちろん両者が截然と分れて居たといふのではなく、事実上は多かれ少なかれ両方に跨がる者が大部分であつたといはれる。私自身の如きも、当時理科の生徒として数物の学科に追はれながら、時間の余裕が許す範囲に於て、思想文学に

熱中したのであるから、明にこの中間派に属したわけである。しかし生徒の型としては、両者は相対立してゐたこと争ひがたく、夫々に徹底せる代表者を有したことも隠れない事実である。ところでそのやうな精神主義の指導原理となったのが、当時なほ清沢氏〈清沢満之・1863-1903〉門下の浩々洞同人の仏教運動や近角常観氏〈1870-1941〉の求道学舎の活動などがあったにも拘らず、青年のヒュマニズム的要求に一層よく応ずるものとして、同じくヒュマニズムと共に西洋近代精神の産物たるプロテスタント・キリスト教であったことは、もとより当然にして怪しむを要しない。それには当時日本のキリスト教界に、内村鑑三〈1861-1930〉、植村正久〈1857-1925〉、海老名彈正三〈1856-1937〉氏の如き有力な人が居って、その結果キリスト教の影響力が大きかったといふこともある。その前後の一高生の中、精神主義の要求が徹底的に強くして純粋であった少数の人は、角笛に内村氏の教を求め、堅実なる信仰と共にキリスト教に関する学識を要求する人は番丁教会の植村氏に就き、更に比較的多数の人は、壱岐坂教会に海老名氏の説教を聴いたやうであった。そして私より一二年後の文科生には、キリスト教の熱烈なる信仰をもって、敢然当時の一高の皆寄宿制度を攻撃し、それが人間の自由なる魂を束縛する桎梏なることを曝露する勇気ある人〈魚住影雄・1883-1910〉も出たのである。信ずるにせよ信ぜざるにせよ、キリスト教はこの時代の一高青年にとって退っ引きならぬ問題であったといはれる。私もまた、この時以来キリスト教をみづからの対決すべき問題として負はされた。爾後四十余年キリスト教との対決は、私の課題であったわけである。」

(6) 賀川豊彦
「海老名弾正の精神生活
　　　迷信の砕氷船

氷結せる時代を打破するには大きな砕氷船を必要とする。徳川三百年の封建社会を打破する大きな砕氷船が幾つかあつた。

その一は勤王思想であり、またそれと同時に幕府の朱子学に対する王陽明〈1472-1528〉の思想系統――即ち長州にては吉田松陰〈1830-

1859〉思想となり，薩摩にては西郷南洲〈西郷隆盛・1827-1877〉の思想となり，熊本にては横井小楠〈1809-1869〉先生の実行派として大きな砕氷の目的を果した。だがそうした砕氷船も新しい時代を生かすための動力としては欠くるところがあつた。即ち日本が天を仰いで世界に乗り出すという，進歩的な力となるには欠くるところが多かつた。ここに海老名弾正が，筑後柳川の田舎の小藩から召された神の使徒として，吾国の民衆の迷信を砕氷せねばならぬ役目を負わされた意義がある。

　海老名弾正は安政三〈1856〉年筑後柳川に生れた。父は休也，母は駒，弾正は幼名を喜三郎と呼ぶ。未だ吾国の結氷時代で幕府は眠り，多くの民衆も多くは深い眠りに落ちていた。

　だが醒めていた西郷，吉田，横井等は勤王の旗を揚げて幕府に突進した。その頃未だ幼かつた喜三郎は，最も恐れられていた当時の左翼即ち横井の一派に学んだ。

　後に彼は熊本藩公が明治四〈1871〉年米人キャプテン・ジェーンズを招聘して創立した洋学校に学び，明治九〈1876〉年四月三日ジェーンズよりキリストの洗礼を受けた。私は海老名の伝記を読み，思想を検討して学ぶ点が四つあつた。

　　　　　生命がけの信仰

　第一は生命がけで天地万物の創造主に従がつて行こうとする，熱烈な信仰である。

　第二は生命がけで砕氷的使命を果した事，信仰を神秘化せず，倫理的良心の信仰とし，武士として生れた彼が生涯良心ある武士としてキリストの道を歩み通した事である。

　第三は更に彼がその良心をキリストに持つて行つたこと，即ち，神と人間の良心が隔絶し相離れていたものを繋ぐため，十字架のキリストを発見し，あらゆる迫害に耐えて敢然としてキリストに従つた事である。勿論その態度については教会内部にさえ反対者がある。然し彼が飽迄も意識するところを生命がけで歩んだ態度に対して私は，百万遍帽子を脱いで敬意を表する者である。

　第四は彼がキリストに依つての意識を国家意識として把握したことであ

る。

　彼は日本人である故に，キリストの弟子であるが故に，祖国日本をより愛せねばならなかつた。ここにこそ，砕氷的使命を帯ぶる者としての自覚があたえられたのである。

　喜三郎は十歳にして実母を失つた。父は四十四才の時二十二歳の後妻を迎えたが，不幸にして後妻は強度のヒステリーから，『先妻の幽霊が出る』というては，短刀を抜いて蚊帳(かや)の周囲を幻影を追つて狂い廻つた。

　旧幕時代の伝統的因習の堪えぬとき，継母の病気や死をめぐつて喜三郎は宗教的に目醒(めざ)めつつあつた。幼少の頃から朱子学の理智を重んずる教育を授かつた為め，吾国古来の淫祠邪教(いんしじゃきょう)や迷信的信仰に満足し得なかつた。

　更にキャプテン・ジェーンズのような立派な軍人に接し，数学を学び，地理を学び，更に自然科学を学ぶに及んで，徳川時代の封建的因習や社会に不満を覚えた。十六歳の頃天文学を学び，当時良く読まれた自然科学を愛読した。

　彼は『宇宙の神秘に接し，自然科学という新しい学問を通して切実なる神霊に接した気持ちがした』といつている。之が普通の宗教感情の持主と違うところである。ジェーンズから自然科学を学ぶにつれて，万物の創造主が宇宙の根本実在者(こんぽんじつざいしゃ)であると知り始めた。しかしジェーンズは少しも宗教について語らなかつた。たゞある時礼拝をするからといつて喜三郎に呼びかけた。

　喜三郎は喜んでジェーンズについて行つた。礼拝当時幾人かの学生のうち只一人，喜三郎だけはジェーンズの宗教を以心伝心に感得した。だが未だ彼はキリスト教的宗教に入ろうとはしなかつた。儒教の影響が強かつたので，祈りについて偏見を持つていた。

　ある日曜のこと，ジェーンズは『祈禱するから起立せよ』と命じた。しかし喜三郎は躊躇(ちゅうちょ)し起立を拒んだ。祈る気もないのに立つのは先生を欺くのだ。しかし命令に背(そむ)くわけにもいかず彼は激しく苦悶した。その時忽然(こつぜん)として神に感謝する気になつた。神に感謝するのは当然である。親の恩に感謝し，君恩に報(むく)いんとする者が，何ぞ神に感謝せざるべき。彼はかく悟つたとき遅れて一人立ち上り，はじめて感謝の祈を捧げた。その夜ジ

ェーンズのは粛然として『祈禱は我々の職分(しょくぶん)である。創造者に対する義務である』と語つた。祈りが天の父に対する職分であるならば膝を折り，骨を砕いて祈らねばならぬと悟り，それ以来心から祈りを始めたのである。

彼は天の父に降参した。一度降参するや，封建時代の大名に対する家来のごとく，海老名弾正は神に忠節を尽した。だが今こういえば何んでもないが，漸く明治六(ようや)〈1873〉年，切支丹邪宗門(きりしたんじゃしゅうもん)の禁止除去されて一年余，未だ世人はキリストを信じようとはしなかつた。

かかる時誤解も迫害も恐れず，熊本藩で進んで洗礼を希望する者のでたことは，氷結に対する砕氷の役目を果(はた)したものである。

政治運動にせよ，化学の研究にせよ，あらゆる運動や発見の第一人者や開拓者の辛苦は，血涙を以(も)つてのみよく綴(いわ)ることができるのである。況んや旧幕時代において，あらゆる人々が切支丹邪宗門として蛇の如く呪つた時代に，死を賭(と)してキリストに従つて行こうとした喜三郎の心中は誠に悲壮なものがあつた。

殺されてもよい！　神に凡(すべ)てを捧げた喜三郎の神中心の生涯が始められた。

明治九〈1876〉年，同志四十余名と共に熊本市花岡山上に血盟を結び，彼等はよろこんでキリストに従つて行こうと，更にまた日本全国にキリストの精神を伝え，神中心の生活を日本人に呼びかけようと決心した。その驚くべき決意は他人に促(うなが)されたのでもない。喜三郎自身の胸中に沸きでた已(や)むに止まれぬ衝動であつた。これが血盟運動となつたのである。吾々は所謂花岡山血盟(はなおかやまけつめい)の一文を読んで必ずしも美しいとは思わぬ。しかし，その精神の盛んなるには感嘆せざるを得ない。

この真面目な青年達が外来宗教の裡(うち)に絶対の真理を発見し，この思想を取り入れなければ，因循姑息(いんじゅんこそく)な封建制度を打開し得ぬを知り勿論死を賭(と)して立ち上がつたのである。

　　　　死線を越えて

迫害は起こつた。血盟後十カ月，神風連(じんぷうれん)の暴動が突発し，鎮台(ちんだい)を焼き知事を殺した。これを考えると，今日吾々が少し許りの干渉や圧迫に委縮することは先輩に対して恥づかしい。最も迫害をうけたのは横井時雄(よこいときお)であつ

た。時雄の父は小楠、海老名弾正の夫人みや子は小楠の長女である。小楠は明治五〈これは誤りで、明治二年〉年京都で暗殺された。それは小楠が切支丹邪宗門を信奉し、これを伝播せんとしている恐れがありとの誤解からであつた。それ故もし時雄がキリスト教を信ずるならば、小楠はキリストを信じていたといわれても弁解はできない。それで小楠夫人は『時雄がキリスト教を信ずるならば、母は申訳のため自害する』と言明し、時雄に転向を迫つた。

時雄が進退谷まつているとき、横井一家の悲劇を耳にして馳せつけた喜三郎は、一睡もせずに大運動しこの危機を救つた。勿論手打ちにされることに決定した人もあつた。勘当される位は軽い方であつた。当時と今日とを比べてみるならば雲泥の差がある。基督教は三大宗教として公認され、戦時中にも極端な右翼の人々が迫害めいたことをいつたが、国法はこれに反対した。

ある時九州に東京から伝道に行き、ある会場で集会をしていたとき、ある会の人々が集会を妨害した。ところがそこへ憲兵が来て集会を保護してくれた。翌日会の人々はそこの牧師に陳謝した。

キリスト教の説教を妨害するならば、憲兵が保護してくれるような時代に委縮したというならばおかしい。海老名弾正が七十年前生命がけで信じた頃に比べて赤面の至りである。

海老名弾正の宗教については汎神論であるとか、無神論であるとか色々の批評がある。しかしそんなことはどうでも良い、生命がけでついて行こうとした砕氷船の出発に敬意を捧げるのである。今日必要なのはその生命がけで砕氷船の役目を果す信仰の勇者である。

新しい時代には新しい氷結がある。第一次大戦に大勝利を得た為に新しい慢心の氷結が生じ、第二次対戦には前古未曽有の敗戦にあい、道徳は頽廃し、ここに新しい氷結が生じた。

結氷打破の生命力

哺乳動物は骨が内側にあるから生長が速い。しかし甲殻類は反対に骨が外側にあるから、生長せんとするならば堅い外側の骨を打ち破らねばならない。それで甲殻類の生長は進歩が遅いのである。もし日本が思想的に結

氷するならば行詰る。『幸福なるかな柔和なる者』（マタイ五・五）とキリストが教えているが，吾等は常に内側から生長する生命力をもって時代の結氷を打ち砕き，天に向つてのび上る弾力性のある生活を持たねばならぬ。

これを弾正に学ぶのである。更に彼が神を父として神中心の生活を遂げようとした気持である。

明治時代の思想界を見ると本能主義を説いた者は評判が良い。高山樗牛〈1871-1902〉はニイチェズムを説き，明治三十八〈1905〉年から四十年頃は自然主義を，そして大正時代はダダイズム，昭和の初め頃までは共産主義が勢力を占め敗戦後はその力をほしいままにしていた。要するに意識の目覚めを後回しにして唯物本能主義，人間の本能というものを肯定し天と隔離した思想が謳歌されたのである。そして文学もただ黙つてついて行つた。意識に目覚めて天に従つて行こうとする反駁がなかつた。日本人は天に対して敏感であると共に，従つて行こうとせぬ妙な癖がある。で，桓武天皇〈737-806〉の御代に天帝を祭つたが，その後天の宗教は行方不明となり，中江藤樹〈1608-1648〉は天の神を中心として太乙神教を創設した。太乙はラテン語の神から来たもので，中江藤樹の思想は明らかにキリスト・イエスの影響をうけたに違いない。だが日本では天の思想が阻まれ，陽明学派は天を抜きにした心学に終つた。

天を忘れた者は必ず堕落する。バビロン，ギリシャ，印度，ローマは天を忘れて堕落し遂に亡んでしまつた。

　　　　　　神に魅いられた海老名弾正

青年男女が天を忘れて，人間中心の生活を送るならば必ず堕落するのである。

喜三郎は殺されても良い。天の宗教を伝えたいと決心した。彼の宗教は良心運動の宗教であつた。厳格な武士の家庭に育ち，厳格な横井小楠に教育され，更に厳格なキャプテン・ジェーンズを通してキリスト教を知らしめられた弾正は，十五歳にして自由に英語を話し，十六歳にして洗礼をうけ，燃ゆる熱情を傾けて天下国家を語つた。彼は一生涯を通して良心生活を送つた。『四十年間聖霊の導きに従い，刻々に神から離れた意識を持た

なかつた』と書いている。神に魅いられた刻々の生活に喜びを発見した。フランスのルナンがスピノザを評して『神に酔える人』という有名な言葉を送つているが、海老名の生活を読むとき、神に浸潤した人という気がする。印度の宗教詩人カビールは『吾々は神に浸つている。池の中の魚のように神から離れ得ない』と歌つたが、海老名は神に捉えられ刻々、神に呼吸をしていた。これは理屈でも哲学でもない。神と彼との直接関係、体験が理論全部を貫ぬいている。その、神に浸つた人、神に魅いられた人は良心的でなければならぬ。日本の宗教は仏に成ると倫理がなくなる。より宗教的人物がより良心的でない。残念ながら親鸞〈しんらん〉〈1173-1262〉然り、蓮如〈れんによ〉〈1415-1499〉然り〈しか〉、そこに真宗の腐敗が起つたのである。

喜三郎は神に浸透すると共に良心的にせられた。彼はキリストにより良心を鋭くせられるほど神に懺悔した。神が生きかえつて来るためには神の前に一度死んだ者とせられなければならない。彼の理想が高ければ高い程罪を深く懺悔〈ざんげ〉した。

　　　　　智慧を無にしても神に捧げる

二十一歳の夏同志社神学科の学生として夏期伝道の為め上州安中〈じようしゅうあんなか〉に派された。安中における海老名の伝道は大成功を収めた。しかしこの伝道のため払つた過度の努力と苦心のため彼の健康は害せられ、殊に眼の衰弱甚だしく失明同様となり、読書することを禁じられた。浮田和民〈うきたかずたみ〉〈1859-1946〉は海老名のために英語を読み、ノートを写し、手を引くようにして彼の勉学を援けた。智識に鋭い彼は智識力の劣り行くことを悲しんだ。しかし彼は聖旨であるならば智識をさえ神に祭るという決心をもち、苦悩の裡に懺悔した。政治家や軍人への野心を捨て一筋に神に従う決心をした者が、知慧に対する憧れ〈あこがれ〉さえ捨てねばならぬとは、神は余り非道い〈ひどい〉！　残酷である！　と神を呪うた。しかし神に従うためには自我を棄てねばならない。

青年は皆智力の進歩発達を望むであろう。喜三郎も熱烈に智恵を求めた。それ故、神が『智慧も俺にくれ』と要求したとき、彼は『否』と答えて新しい罪を発見し、智力をさえ投げ捨て、神に降参した。こゝに海老名は新しく生れ代つた。

私も大正十三〈1924〉年失明し，四十四日間東京小石川の須田病院に入院したが，海老名のような煩悶はしなかつた．相当の宗教経験をしていたので，失明しても良いという決心ができていた．
　十五歳にしてプロクターの天文学を英語で読んだ程の喜三郎が，失明せんとして煩んだことは同情できる．しかしそれさえ棄てて神に従おうとしたところに，海老名の宗教が生れたのである．
　シュラエイエルマヘル〈1768-1834〉の宗教論には『宗教は，無限絶対の神に対する，絶対の信頼である．あらゆる教条も伝説も形態が本質ではなく，神に対する絶対の信頼が本質である』といつている．

　　　　　海老名の歴史観
　海老名弾正の宗教思想はシュライエルマヘルに良く似ている．私は教義の不必要を論ずる者ではない．私は時代は必ずしも進歩せず，逆転し後退する場合が多いと考える．
　時代が好転する場合，宗教意識の水準が高まり，宗教意識が後退し時代が逆転するときは教条となつて現わあれる．
　しかし教条を全部否定する必要はない．吾々は無意識的部分を必要とする．教条はこの無意識的部分を規定するものである．
　海老名弾正は全部を意識的に取ろうとした．この点私は稍々(やや)彼と思想を異にする．それは時代が後退する場合は吾々の理性のみで判断できぬものがある．だが海老名が持つていた使命は氷結した時代を打破することであつたから，理智を重んじ教義を否定した．
　しかし私はたとえ此の点で気持は違つていても彼に同情と尊敬を持ち得る．
　彼は信奉せる神学思想を三位一体(さんみいったい)に就いても初めの程は独逸の自由神学思想であつた．が後には稍々緩和せられ三位一体を認めている．
　贖罪(しょくざい)に関しても私とは違つている．海老名は楽天的な歴史観を持つていた．徳川の封建思想を打破つて行つた生命がけの体当り，武士の良心をキリストに捧げて日本人に天を教え人格的な愛の神を教えた．キリストを意識すると共に所謂日本主義的基督教(キリストきょう)神学の新建設をしたいという気持は解る．

彼は西洋に負うところ誠に多いが宗教は体験を尊ぶ。
　『バルト〈1886-1968〉が如何に神学を論じても，人間が生れ代り得なければ駄目だ』と海老名はいつた。海老名の体験は生れ代りであつた。因循姑息な封建思想を脱ぎ棄てて生れ代ろうとする意識——これは西洋直入の神学ではない。『吾々は神の子として生れ代り得る』という気持，之は何人も否定し得ない真理である。
　私は海老名の如く武士の子ではない。私は芸妓の子，売られた女の子として生れた。私は弾正と全然違つた宗教経験を持つている。私は素直に神の子となり得ない。天の救いがなければ生きて行かれなくなつた。私は海老名の宗教では満足し得ない。私は血を信ずる。キリストの血！　十字架より滴る贖罪の血潮，この神が血を流して救つてやるという宗教を私は信ずるのである。従つて海老名弾正と贖罪愛の信仰については全然違つている。しかし彼が真剣にキリストに生きようとした気持は本音である。それ故私は彼に充分の敬意を持つている。偽りのない人格を尊敬する。
　海老名弾正に欠けていた点は彼が余りにも楽天的なことである。彼はフィヒテ〈1762-1814〉に学び，ヘーゲル〈1770-1831〉の流れを汲んで楽天的歴史観を有していた。ヘーゲルの歴史観は私には甘すぎる。あらゆる時代に理念を織り込もうとしている。何んでも正反合に合せようとする無理の哲学である。

神呼び給う，献身せよ！

　私達は罪の子，世界人類は罪悪の子であると考えるとき，私は海老名と違つた歴史観を持つ。海老名弾正の時代は華やかな時代であつた。明治の黎明期に世に出で，明治の盛大に発展し，大正の国際連盟華やかな時代に活動した。海老名は仕合せな人であつた。
　しかし私は悲しい。私の胸中深く，暗い憶いが存在する。私は世界の悩みを見るとき，たゞキリストを通して神が人類の罪悪を赦し，再創造してくれるとの希望を信ずるのみである。
　神が今若き青年に呼びかけている。立ち上れ！　と。
　八十年前海老名を捉え給いし神は，新しい時代の結氷を打破すべき勇士を招いている。明治三十七年，十五歳にして呼び出されてより五十年，

この非常なる時代を迎えて，海老名亡く，小崎を，植村を，石井十次（いしいじゅうじ）〈1865-1914〉を送り，私もまた老いた。

　しかし，時代は変つた。新日本の建設のため宇宙修繕のキリストを信じて起ち上らねばならぬ！」

(7) 河上肇

　「私はバイブルを読んで非常に強い刺戟を受けた。それは論語や孟子などを読んで得たのとは全く品質の違つたもので，これまで如何なる書物からも私の曾（かつ）て得なかつたところのものである。(略)

　『人もし汝の右の頬をうたば，左をも向けよ。なんぢを訟（うった）へて下着を取らんとする者には，上衣をも取らせよ。人もし汝に一里（り）行くことを強ひなば，共に二里ゆけ。なんぢに請ふ者にあたへ，借らんとする者を拒むな。』私には，かうした至上命令が，経済学の研究に突き進まんとしてゐる途上に立ち塞（ふさ）がつて，私を遮（さえぎ）つてゐるもののやうに感ぜられて来た。私が身を立てようとして選んだ経済学の研究といふ此の道は，結局のところ，ただ一身の名利を追求する方向に進んでゐるに過ぎず，それは絶対的非利己主義の方向と正に相反するものであると思へて来た。(略)

　私はかうした疑問を抱いて街頭を乞食の如くさ迷うた。九段の阪下にあつた近角常観（ちかずみじょうかん）〈1870-1941〉氏の求道学舎へ説教を聴きに行つたこともある。救世軍（きゅうせいぐん）の集まりにも出掛けて行つて，山室軍平（やまむろぐんぺい）〈1872-1940〉氏の説教を聴いたこともある。なかんづく海老名弾正氏の説教を本郷教会に聴きに行つた日の印象は，今でもはつきり記憶に残つてゐる。私はその日初めて氏の風貌に接することが出来た。異様に剥げ上がつた狭い額（ママ），細長い皺むだ顔，長く伸ばされた黒いあごひげ，底力のある錆びた音声，長身痩躯（ちょうしんそうく），黒の紋付に仙台平（せんだいひら）の袴，それは一見して市井（しせい）の俗人と区別される風采であつたが，私には何よりもその服装が邪魔になつた。『なんぢに請ふ者にあたへ，借らんとする者を拒むな』といふことを文字通りに実行してゐたら，誰もがこんな立派な服装をして居られるものでないと思つたからである。」

(8) 山口金作

「先生の特色とするところは，日本人として基督教を見直し，考へ直し而(しか)して独立の見地に立つて之を信じ且熱心宣伝せられたことにある。元来先生は容易に他人のいふままに従ふことのできぬ人であつた（是も日本人らしいところであると思ふ）又信ぜぬことをも信ずるが如くにいひ能(あた)はぬ人であつた。従つて先生は疑へるだけは疑ひ，而して自己の思想を独創的にうち立てることをつとめた人である。

尚世間には先生を以て容易に新しき思想に感染する人であるかの如く考へているものもあるらしいが最も誤つている，先生は容易に新しき思想に動される人でなかつた。先生は常に新しき思想を求めていられた。其が為に英書のみならず，独乙(ドイツ)の書をも読(よま)んとして，たしか四十歳を過ぎてから独乙語を学ばれなどした。

其れで先生は比較的鈍(にぶ)い思想上の歩みをして来た人である。所謂(いわゆる)新神学についても既に又後輩について学ぶことなども少しも恥とはせられなかつた。然(しか)し其程先生は新しき思想を求めながらも，其新しき思想をうけ入れることには非常に遅かつた人である。先生は新思想をうけ取る前には，先づ前の思想との関係を考へ，自分の心をよく整理しておくことを必要とせられた。先生は心に矛盾をもつことのできぬ人であつた。又急に強き角度の転向をもなし得ぬ人であつたらしい。金森通倫氏〈1857-1945〉横井時雄氏〈1857-1927〉等が早くから唱へいられた其あとに於て漸(ようや)く先生は其主張者となられたのである。ところが先生よりの先きの人々は皆躓(つまず)き，あとの鳥が先きになるたとへの如く，あとから鈍(にぶ)い歩みをして来た先生が其真先きに立たれるに至つたのである。つまり先生の歩みは遅かつたなれど確実であつた。

尚先生は理性の人たると共に強き感情の人であつた。従つて又神秘な経験を重んずる人であつた。先生は幼年の頃より，特殊な信仰的実験を有していられた。先生の告白によると，先生の父上が敬虔熱心な太陽崇拝者であつた。其(そ)れで先生は先づ其感化をうけられた。

先生の神学は凡(すべ)て右の経験に基くのである。先生は旧約の預言者の書を愛読せられた，是(これ)は先生の信仰及性格が此(この)預言者に似たところがあつた為

であらう。又先生は初代の教父哲学に大なる興味をもつていられた。是は其ロゴス哲学が，先生の思想に合するところがあつた為であらう。然れど一層熱心にパウロ，アウガン，ルーテル等につき学ばれた。

　是は先生が神の尊厳と共に回心の神秘的経験を重んぜられたからである，先生は所謂正統派の神学に服従することのできぬ人であつたが，其は決してパウロ，ルーテル等を棄つる為ではなかつた。先生の意見によれば所謂正統派神学は，是等の人々の思想の形式に捕はれて居り，其真経験に達して居らぬといふのである。従つて先生は自ら聖書に忠なるものパウロ，アウガスチン，ルーテルの精神に忠なるものとして，自己の神学を主張せられた。カルヴインにつきても同様で先生自己は最もよく其真精神を捕へていると思つていられたらしい。

　先生は又日本の宗教的精神中には一神教を慕ふ傾向ありとなし，基督者こそ日本精神の真髄を捕へているものとせられた。是が先生の所謂『新日本精神論』である。」

Ⅶ. 『読売新聞』『朝日新聞』記者による海老名の演説振り

VII. 『読売新聞』『朝日新聞』記者による海老名の演説振り

(1) 『読売新聞』

　氏の説教振は第一に其朗々たる音声が美い。第二に風采が如何にも好い。背も高し、房々したる美事なる鬚髯には近来多少の白毛を交へて一段の崇高を加へ、右の眉の上の大きな黒子までが何となく容厳を添えて居る。説方も最初は諄々と理性に訴へて、最後に自身の確信を述べられ、他の意志を動かす事に重きを置かれる。尤も初めて聴く人には、氏の説教なり講話なりが、冒頭が非常に長く、中頃で少しタルミを生ずる気味があるので、退屈して倦怠を来す事もあるやうだが、さて最後の一段となると、卓励風発、言ふに言はれぬ旨味があり、非常に人を感発せしむるのである。故に氏の弁舌の大眼目は最後の一段にあるのだ。

　氏の態度に就いては、別に是と云つて癖もないやうだが、唯、説が妙所に進み、體を揺かし手を挙げらるゝ場合に、五本の指が悉く開く。西洋人は重に指と指とを堅く相接して居るやうだが、日本人は兎角指を拡げる。氏も又何方かと云へば指を拡げられる方であるが、此外に癖と云ふものは少しもない。唯、體を少し前に屈し過ぎはせぬかと思はれる所があるのみだが、概して姿勢に癖のない方である。

　氏も今では第一流の牧師で、海老名か植村かと称はれる程の声望家であるから、弁舌も所謂円熟の老境に進んだとは云ふものゝ、其昔、正統派から異端視され、継子扱ひをされたり、又例の安中時代に、基督教同盟会などで演説した時分の方が、単に弁舌の上から云へば、何うも活気があつたやうに思ふ。安中時代の氏の弁舌は、艶々しい派手な所があり、気概に満ちて、何となく生々して居つたから、聴いて居ては余程興味を感じたのである。然し氏が一時熊本から帰京された時分は、弁舌が田舎臭くて是では迚も東京へは向くまいと思はれた程だが、今では其様な痕跡は無論消失せて了まつた。

　夫に氏は教会其他から依頼されて、説教なり講話なりをされるに、夫を恩に着せる風がある。ヤレ「今日は川越まで往つて居つたのだが、態々帰つて来た」とか「今日は非常に多忙の処を特に繰り合はして来た」とか云ふ事を必ず最初に述べられる。それは全く御多忙に相違ないのであらう

が，いつもいつも冒頭に其御断りが出ると，知らぬ者は何だか恩に着せるやうで妙に感ずるのである。
〈ここから11月6日分〉
　氏の演説は，所謂愛国的で，国体と基督教との調和を計ると云ふ考で居らるゝやうだ。夫故加藤〈加藤弘之（1836-1916）〉博士の新著に対しての一撃は（雑誌太陽所載）実に巧みであつた。現に去る三日青年会の演説に於て，博士の議論を攻撃し，又は嘲笑した手腕は，頗る妙を極めた。是等は氏の最も得意とせらるゝ所である。又其の演説を聴くと，氏は基督の Deity を否定して Divinity を信ぜらるゝが如く見える。然し是等高尚複雑なる教理は我々門外漢の覗知すべき所ではないから，詳しく言ふ事は出来ぬ。
　氏と植村氏とを比較すると，植村氏は割合に雄弁でもなく，又訥弁でもない。宗教的感情に深く，文学趣味に富んで居らるゝから，言語が詩的である。然かも非常に信念を重んぜらるゝかのやうに見える。所が海老名氏は別段文学者でもないから，説教や講話が詩的ではないけれども，一種の思索がある。何方かと云へば思想に長けて居らるゝやうで，自然それが弁舌の上に現はれるのである。
　余も随分説教を聴いては見たが，名物に旨物なしで，大抵の説教では何も得ずして帰ることもあるが，氏の説教に限つて，いつも何かしら一種得る所ある如く感ぜらるゝのである。其辺もあらうが，氏の崇拝者は重に学生である。就中大学生に信仰者を多く有つて居らるゝのは嬉しい次第である。
　氏の演説は，雄弁法に適ふとか，又は言語を斯う云ふ風に組立つるとか云ふ，形式に拘泥せられず，唯，熱心に演説を為るのであるから，少しも作為の迹が見えず，少しも癖がなく，又議論の佳境に至る時は疾風枯葉を捲く底の慨がある。それに一体日本人の演説は，初め声を太くし，終りを細くする，所謂尻下りであるから，兎角に声の拍子抜けがる。西洋人は，初め細く終りが太く，尻上りで，譬へば『斯くの如く社会の腐敗したのは（以下大声にて）如何なる原因であるか』と云ふ調子だから，声に力がある。従つて自然人に印象を與へる。所が氏の弁舌は丁度西洋風で，威厳あ

る態度で、頗る尻上りに述はれるので、言語に力が籠るのである。確かに氏は斯界第一流の弁者であらう。
　夫に氏は人を褒めるのが上手だ。全体人を謗る事の上手な人は多くあるが、人を褒めるに上手な人は少ないものであるが、氏はなかなか御世辞が旨い。人を褒めると云ふ事は、世を渡るの必要条件であつて、萬事成功の基となる。氏は他の些細なる功も大に賞賛するから、会員諸氏は喜んで氏の為めに忠勤を励むのであらう。氏の教会の今日あるは、或は其辺の気味合ひなきにしもあらざるべしだ。演説の上でも滅多に他を攻撃さるゝやうな事はない。
　氏は哲学家的口調の所もあるが、無論冷やかな所はない、頭脳を有せる預言者風である。今や氏も老熟の境に入り、時としては全で老爺の子孫を訓戒する如き調子も見える。これが即ち氏の本領であらう。
　然し氏にも欠点はある。それは冒頭の長過ぎる事である。以前日曜の説教などは大抵一時間半を費したものだが、今では一時間位で済む事になつた。それでもまだまだ冒頭が長過ぎる、下手は説教長かるべからず、上手なりとて長きを要せず、演説の失敗は往々これに基因するものである。地方などでは、氏の説教を皆まで聴かず、中途で立つ者すらあると云ふのは、実に残念ではないか。故に出来得るならば、今少し序文は簡潔にしたならば、完璧に近いだらうと思ふ。要するに果物の成熟はやがて腐敗を生ずるので、氏が演説の円熟も、若し老朽の源因たらずんば幸である。氏、年歯正に五十、猶壮なり、乞ふ奮励して層一層の大成を期せられむ事を、偏に希ふ次第である。」

(2)『朝日新聞』

「萎靡沈滞せる今の基督教界に青年の信仰を繋いでゐる牧師は先づ唯の二人と云て可からう。一は牛込の植村正久氏で他は海老名彈正氏である。海老名氏の進取的な、奮闘的な、新しい頭脳を持つて基督教を解剖した思想も素よりその崇拝を受くる一原因ではあるが併しそれはそれとして、氏の雄弁も亦非常な力を持つてゐる。氏の雄弁は、これを何処から得たか、その歴史を語るのは興味のあることだ。

氏は元熊本洋学校の出身で，横井時雄〈1857-1927〉，浮田和民〈1859-1946〉，宮川経輝〈1857-1936〉，金森通倫〈1857-1945〉，市原盛宏〈1858-1915〉等の諸氏とは同窓であつた。中でも宮川氏の如きは最も熱心に演説の稽古をしたが，市原氏も亦得難き能弁の才を持つてゐた。此の洋学校は明治四〈1871〉年に起つて九〈1876〉年まで継続したが，その頃はまだ吾邦には演説といふものがなかつたけれど，校長の大尉ゼンス氏が『やがて日本にも演説をせねばならぬ時節が来る。諸君は早くその稽古をして萬一の場合にまごつかぬ様にせねばならぬ，と云つて頻りに演説の奨励をしたので，学生の面々はダニエル，ウエブスタアを始めその他色々の有名な英米のスピーチを暗誦した。洋学校で演説をやり始めた時には福沢翁〈福沢諭吉（1834-1901）〉の慶應義塾でもまだ夫を始めて居なかつた。恁くして海老名氏等は，天皇陛下が九州へ行幸せられた時御前で英語のデクラメーションを試み御耳に入る位熟練してゐた。

大尉ゼンスの感化は非常なもので，海老名，横井，宮川等熊本学派の諸氏は皆其影響を受けたのである。ゼンス大尉は米人で，南北戦争が済むと，直吾邦に渡来して，熊本で洋学校を開いたが中々人格の高い人で，学生に対して熱烈な宗教的感化を与へた。其頃からして海老名氏はウエブスタアの『ツルー，エロクエンス』の中に在る『愛国心は能弁なり，献身犠牲は能弁なり』といふ文句や『徳こそ能弁なれ』と云ふ賢語やを権威として精神修養に重きを措いてゐた。

氏は，理想的雄弁に就きて語つて曰く『真の雄弁は人格によつて産み出される。即ち雄弁の第一義は精神で，如何程口が達者でも内容が貧弱では何にもならぬ。内容さへ充実して居れば弁は訥でも構はない。或る場合には，訥弁の雄弁に優ることがある。三宅雪嶺〈1860-1945〉氏などはその一人である。第二義は，論理的でなければならぬと云ふ事だ。論理に合はなければ幾何綺麗に云つても聴衆は感動せぬ。第三義は，修辞的でなければならぬと云ふ事で，詞藻が豊富でなく修辞が圓美でなければ，感動は深くない。併し，かう三拍子の揃つた雄弁家は，まだ日本にはない』。

氏は，更に演説前の準備に就て語らく，『昔は演説すべき題目を捉へて夫を研究し，夫々思考したものだが，今は，平素から準備してゐる。

題目を捉へて、始めて研究したりする様なことでは、迚も駄目だ。故に私は此頃は平素から考へて置いて読書、見聞の際に注意して案を立て順序を整へる事にして居る。併し、是丈では駄目だ。希望を云へば、演説する前に一度書いて置き度いと思ふ。始めざツと書いて置いて目を通して訂正を加へ、直した上にも直して疵のないものにし、それを何度も何度も繰返し読んで暗誦し、十分腹へ這入る程練習をすれば申分がない。一體、日本人には、口の立つ人が少い。西洋人が二十分で云ひ終ることを、日本人は一時間も費らねば話されぬ。西洋人は咽喉や舌も可いのであらうが、併し練習を積んだ結果あんなに成つたので有らうと思ふ』云々。

〈ここから2月24日の（下）〉

日曜毎に本郷教会の窓から洩れて出る氏の弁舌を聞いたものは、恐らくその音声が一種の楽調を帯びてゐるのを発見したで有らう。氏の声は一語一語響が明瞭で、恰度口から一粒づつ続けさまに吐き出されるやうである。之は全く始めに当つて発音に注意した結果で熊本洋学校時代の英語演説が薬に成つてゐるのである。何故氏の語句があんなに明瞭なのかと云ふに、母音よりも子音に重きを置き、語尾に力を入れて言ふからである。のみならず、氏の音声は、一種のツレモロ〈イタリア語で、震えるの意味〉でその震えを帯びた、ビブレーションの多い、堂内に響き渡る声音は、よく荘重崇厳の感を与へ聴衆をして覚えず、襟を正さしめ、情が迫れば、血管を収縮せしめ、心臓を鼓動せしめる妙力を持つてゐる。宗教演説は、是非憑うなければ成らぬ。

『誰も注意してない様であるが、純粋の日本語を活かして使ふことを考へねばならぬ。私は成るべく、日本固有の言葉を使ふことにし、時には漢語も交へるが、意味の疑はしいものや同音異議のものは、決して用ひない事に決めて居る。ガイコクゴガクコウと云ふ様な耳障りな蛮音は、世界各国何処にもない。何も苦んで漢語など用ひなくとも、日本には日本純粋の柔かい、雅びた正しい言葉がある。是を巧みに用ひれば、理想的の詞句が出来るに相違ない。言葉その物と文章の間に、差異のなき迄に進めば、演説は先づ完全なものと言つて可からう。日本人は、文を耳で考へずに、目のみで考へるのが、若し耳から文をとるやうにしたならば、両者は融然

として和合換会するであらう。金鉄鏘々たりと云つては何の妙味もない。然るにこれを支那読にすると、金鉄シヤンシヤンで、始めて擬声的形容詞だと云ふことが分る。

　演説には成る可く好調子の言語を選ばねばならぬ。語呂の悪い調子の好くない言葉は幾何上手に操つても、流暢に聞えない。殊に言葉には、思想に適合した響のあるものが有るから、恐ろしい時には恐ろしい音、喜ばしい時には、喜ばしい音を用ひることにすると、効果が非常に強い。一體日本人の声は悪い。朗らかなところが更にない。西洋人は概して発声機関が良いのであらうが、何うも日本人より音楽的で演説を聞いても気持がよい。

　次に注意すべきは、演説家の態度である。私は今こそ苦心もしないが、洋学校時代には、皆と共に色々と苦心をして、身振りの稽古をしたものだ。又ゼンス大尉も熱心に教へて呉れたので、多少会得する所もあつたが、多年経験の結果、それが表情的でなければならぬと云ふことを知つた。水を呑んだり、手を臍の下で組合せたり、両手を後に廻して服を抱へたり、無闇にテーブルを叩いたり、自分一人無性矢鱈に熱烈に成つたりしてはならぬ。要するに品性を養ふて、人格を高くし、機に臨み変に応じて語るところの思想に適した挙動をすることが肝心である。

　併し天来の感興が来なければ、真の雄弁は得られるものでない。私などは訥弁家であるけれど、動もすれば、インスピレーションが来て、口云はざらんと欲するも能はざる場合がある。又何うしても感興が湧かない為めに、如何程口をもぐもぐさしても言葉の出て来ない事がある。

　一體日本人は、雄弁に成らうと思つて外部から稽古するが、是は大した間違で内部から自然に出て来るやうにならねば成らぬ。場数を踏めば上手に成ると云ふものもあるが、場数を踏む丈では、門附と一所で力がない。思想の修養と言辞の練習と相俟つて始めて真の雄弁は産み出されるのだ』。

　然り此処迄は、誰も考へ得るところである。併し海老名氏の及び難い処は、その索引的眼光である。演壇に於ける氏の眼を見たものは、ウエブスタアの所謂『ビーミング、フロム、ジ、アイス』に思ひ到るであらう。命令する時、彼の眼が如何に鋭く輝くかを見よ。慰藉の言葉を洩らす時、

彼の眼の如何に優しくきらめくかを見よ。憂ふる時瞬き，喜ぶ時溶け，神に感謝して炯々爛々として，高き高き天の火の裡に燃ゆるが如きを見よ。語られる思想以外，吐かるゝ言葉以外，こゝに力あり，権威あり，信仰あり，チャーミングな両眼こそは，実に氏の演説中に発見せられる最大最強の力である。」

Ⅷ. 海老名みや子の回想

「○同志社に来る以前。

　私は明治十〈1877〉年九月，兄（横井時雄）に伴はれて同志社に参つたのであります。私は其当時築地の海岸女学校で学んでをりました。東京には，私の記憶によれば，女学校と言ふ可きものが三つありました。一つは官立の女子師範学校（お茶の水高等女子師範の前身）で，他の二つは宣教師の手によつて立てられたメソジスト派に属する海岸女学校とプレスビテリアン派に属する新栄女学校であります。海岸女学校は，今の青山女学院の前身で，新栄女学校は，女子学院の前身で，殆ど同時代に建設されたものであると思ひます。同志社に最関係深い故元良〈元良勇次郎・1858-1912〉博士の未亡人や小崎弘道夫人などは此海岸女学校出身で私が此学校に学んだ時代の同窓であります。

　此他に，横浜の二百十二番と神戸の神戸女学校（神戸女学院の前身），日本全国を通して，片手の指を屈する丈けであつたと思ひます。尚，其校舎や設備や授業法など，どんなものであつたかと申しますと，決して当時の寺小屋の様なものでなく，相当に学校らしく整つたものでありました。

　一寸海岸女学校を例にして見ましやう。家は無論西洋建で畳敷きではありましたが，少数の教室もあり寄宿舎もありました。女教師の部屋は全部西洋風の設備で，不完全ながら西洋の生活を其のまゝして居られたのでございます。最も面白いことは，生徒の食事のことでありまして，椅子テーブルで，ナイフ，フォークを以て日本の御飯をいたゞくのでございます。時々はスチュウ〈シチュー〉の様な御料理が出ることがありましたが，おかげでナイフ，フォークを使ふお稽古にはなりました。

　授業の点に於ては，今と比べてはお話しになりませんが，英語の先生，漢文の先生，習ひたければ，オルガンも教へて下さる。それにお裁縫やあみものまでありますから，マア一通りの教育が出来るわけです。不完全ながらも，数学，地理，理科なども知つて居ますから，女と言ふものはやつと手紙が書けるものだとされて居た時代に比しては大した相違であると言はねばなりませぬ。

　其当時女学校で学ぶ者は，よほどの変りものか，若しくは，家庭が非常

に進歩主義で、世間の思はくなどを顧ず、大決心を以て娘の教育を断行すると言つた工合に、見えやほまれの為ではありませんから、従つて学ぶ娘達も真剣でありました。

先づ、ざつと此位の設備のある学校を去つて、まだ殆んど形ちもなして居ない（女学校としては）同志社に転じ様と言ふ決心をなさしめたのは、兄の勧めによつて漠然ながら大に感奮する所があつたからであります。

○同志社に来る。

元来、私は儒教の家に生れたものでありますから、知らず知らず其精神に養はれて、子供心にも修養と言ふことに多大の興味をもつて居たのでありますが、十二三才の頃初めて、丁度日曜学校の子供が教へられる様に、宇宙にただひとりの神様がある。其神様は万物をお作りになつてそれを治めて居らつしやる。人間は其神様を信じて其思召に従つて行かねばならぬと言ふことを兄からきかされました。其時私は、ア、不思議なことだ、神とか仏とか言ふことは凡て迷信として教へられて居たのは今兄の口より神様と言ふことをきくのに、如何にも妙なことである。しかし、父を失つて以来兄を絶対に信頼して居た私には兄の言をきゝ捨てにすることは出来ません。

其一回の話で無論はつきりと理解される筈はありませんが、それ以来常に其問題は深く私の脳裡にきざまれました。それが年とともに次第に生長して、母や其の他の意見に従ひ、儒教によつて我精神を研く可きか、又は兄と同じ信仰に生く可きか、と言ふことは、私の十四五の折、朝夕心を悩ました大問題でありました。

然るに、不思議にも東京を去るに当つて其問題をはつきりと決心致しました。私は基督教を信ずべきである、信仰あつてこそ儒教の精神修養も全ふせらるゝのである、家庭や親類や社会からどんな障碍や反対があつてもつき通して行ふと言ふ固い決心は、愈々同志社行を断行するに致らしめたのであります。

其時兄は開成学校（帝国大学）に学んでをりましたが、兄の外に其親友の山崎為徳氏や和田正幾氏も共に同志社に行くことになりました。何れも大学内にて大に望を属された此三人の青年が大学を去つて、同志社に行く

と言ふことは加藤総長〈加藤弘之（1836-1916）〉を始め，誰も彼も反対したのであります。自分のあらゆる学問の便利をも擲ち，先輩の反対や勧告も容れず，只管同志社行を決行されたと言ふには，其所に非常なる理由がなくてはなりません。其当時私は其理由を理解する程の能力はもつてをりませんでしたが，其意気の盛んなる，新島先生〈新島襄・1843-1890〉を中心として同志社に対する大なる抱負は，此青年達をして勇ましく出発させたことゝ思ひます。

現に岩手県水沢町日高小路，舞野一雄（山崎為徳氏の同母妹の嫁ぎし人の子）が蔵せらるる，粗末な唐紙に認められた山崎為徳氏の開成学校を去るに臨んで友に送られた書翰は当時の氏等の心もちを語るものと思はれますから，其書の写しを左に掲げて御覧を願度いと存じます。

　　　斉藤君帰京之砌尊書一通被下落手候處尊兄御家内中及ヒ宿許其他岩谷堂邊ニテモ更ニ異ナル事無之候由大慶之事ニ候私義モ無異今夏休業中ハ更ニ旅行モ不始始終今日迄モ東京ニ罷在候時ニ御承知ノ通リ私義ハ先年開成学校入校ノ許可ヲ受ケ当今本科化学下級ヲ経候ニ付自今二年間修業仕候ヘハ卒業之場合ニ到ルヘキノ處私ニハ元来化学ニ志ガ向ワズシテ迚モ此ヲ卒業スルノ見込モ無之候ニ付ハ莫大ノ官金ヲ費シテ尚二年大学ニ居学スルヨリハ判然去校シ志ニ向フ所ロニ従事スルハ私一身ニ取リテモ国家ノ為メニモ宜敷キ事ト存ジ候故ヲ以テ青森ノ親ノ方ニモ野田氏ニモ右ノ決意ヲ縷々申　述　候處親方ニテハ更ニ意義ナシ野田氏ニテモ半途中絶致スハ甚不好事ナレドモ退校ヲ留ムルナド之事秋毫モ之無由書面ニテ申　来　候ニ終ニ大学校ニ退校之願書ヲ指出シ数十日チ経テ去ル八月三十一日ニ許可ヲ受候抑　人　間ノ心（又ハ魂トモ云フ）ハ大分シテ見レバ二部分ヲ以テ成ル一ハ智恵ナリ二ハ徳ノ力ナリ。「智力」ハ宇宙萬物ノ理ヲ窮ムルノ力ナリ。方今東京大学校ニテ教ユル化学ト云ヒ，法学ト云ヒ，工学鉱山，或ハ地質動物植物学ト云ヒ，皆多ハ窮理ノ学ナリ。「徳力」トハ，上ハ上帝天地萬物ヲ創造宰主スルノ真神ヲ敬愛シ，下ハ人間ニ交際シ，人倫ノ道ヲ盡シ隣愛ノ道ヲ行フノ力ヲ云フ。人間タル者ハ，徳ト智ト皆両ナガラ求ムヘキ者ナリ。徳智ハ，譬ヘハ両足ノ如シ。足ガ

病ミ，或ハ無キ時ハ，一寸モ進行スル事能ハス。徳智ノ欠クル時ハ，人間タルノ職ヲ盡ス能ワス，其理一ナリ。東京大学ニハ，教師ヲ数千里外〈外国〉ヨリ雇ヒ，莫大価ノ器械ヲ求メ，数百ノ生徒ヲ日本中ヨリ集メ，壮麗ナル学舎ヲ建立シ，数多ノ学科ヲ置キ，数万ノ書籍ヲ求メ，誠ニ日本第一ノ学校ニシテ，人々ハ日本第一トスレトモ，其内情ヲ見レハ，事ガ齊ワス，生徒ノ学業ハ甚ダ高キニ非ス。而シテ生徒ノ品行ハ甚タ悪シ。其根ヲ求ムルニ，此学校ニテハ，智ヲ本ニシ，徳ヲ末ニシ，智ヲ尊メ徳ヲ賎シメバナリ。何ゾ此大学校ノミナランヤ，日本他ノ学校モ此風アリ。

〈山崎〉為徳已ニ此事ヲ知ル。独リ〈山崎〉為徳一人ノ事ニ付キ大ナル恐アルノミナラス，全日本人ノ為メ恐ルヽ所ナリ。故ニ此学校ヲ去リ，〈山崎〉為徳一人ノ徳ヲ修ムルヲ務メザルヲ得ス。即チ，私一人ノ為ノミナラス，又外人ノ為メニ，徳ノ高尚ニ赴クニ盡力センガ為メナリ。

已ニ述ヘシ如ク，徳ハ一ニ上帝造物主真ニ関シ，二ニ人間交際人倫ニ関ス。人倫ノ事ハ孔子ノ道ニ稍明ナルニ似タレトモ（神道ニモ仏教ニモ人倫ノ道ハ無シ），上帝ヲ敬愛スルノ道ハ，神仏孔ノ三教ニ明ナラス。仏ニハ色々アレトモ，学者ノ信スヘキ者ニ非サルナリ。然ラハ則チ天帝ノ意ヲ知ラントスルニハ，孔仏神三教ノ外ニ求メサルヲ得ス。〈山崎〉為徳萬国ヲ見ルニ，耶蘇基督教ニ如ク者ナシ（天主教ダノ，又ハ「ローマカトリック」教ハ，皆耶蘇教ノ真意ニ違ヒ，偶像ヲ用ユ，取ルニ足ラス）。

私義已ニ耶蘇教ヲ真トシ，之ニ付テ天帝敬愛ノ道ヲ学ハントス。西京ニ学校アリ。耶蘇教ヲ学フニ宜シ。故ニ，大学ヲ去リ，西京ニ行キ，三年間モ此教ノ真意ヲ得ント欲ス。

此等ノ事ハ父為義方ニハ勿論，野田氏初メ其他常ニ親信ノ人々ニ〈山崎〉為徳カ申述候事ニシテ，今〈山崎〉為徳ハ学校退去ノ許可ヲ受ケ，来ル五日東京ヲ出発セントスル当リ，尊兄ニモ念ノ為メ，西遊スルノ所以ヲ申上ンガ為メ，即チ早々此長文ヲ書セリ。実ニ文ヲ華美スルニ暇アラズ，其意ヲ達スルヲ要スルノミ。　頓首敬白。

明　十〈1877〉
　　九月二日　　　山崎為徳
　　舞野　尊兄

○**途中。**
　東京から京都は，今日の東京から京都ではありません。汽船はありましたが，何故か其れをとらずして，東海道旅行をとつたのです。それも私と言ふ足弱があつた為でございましやうか。横浜から清水港（しみずこう）まで汽船に乗りました。生憎（あいにく）にも，大嵐にあいまして，小さな汽船は木の葉の様にゆられ，デツキに陣とつた我々一行は，雨と海水とを頭から浴びてずぶぬれになつて，誰も彼も酔つて了（しま）ひました。

　和田〈正幾〉さんの如きは，もう再び船には乗らない，決して洋行もしないと言はれた程の苦しみを致しました。かくして，はうはうの体で清水港につき衣服を乾（かわか）しなどして一夜とどまり，それから人力車（じんりきしゃ）にゆられて，五六日目に京都につきました。何処であつたか，宿について一夜とまりました。

　其比（そのころ）の京都は，今とは凡（すべ）てが違つてをりました。第一，婦人の髪の結び方が東京とは丸で違つて居ました。油をこてこてつけ，高づととかいつて，なれないものには非常に異様に見えました。宿の女中の言語も，殆んどきゝとれず，十五六までの娘達が，皆紅（あか）い大ぶきの着物を着て歩いている様子は，マア何んと不思議に見えたでしやう。

　東西の都（みやこ）が，かくも風俗を異にして居るかと，何んだか不思議な所に来た様で，其夜は淋しい感がしたことを記憶して居ます。序（ついで）ながら申ますが，此の髪の結びぶりが，それから数年の後にすつかり改革されて，東京と同なじになつて了（しま）ひましたが，それを思ふ毎に京都人は極めて保守主義であるが，又思ひ切つて断行する勇気をもつて居ることに敬服させられます。

○**新島先生との初対面。**
　扨（さて）翌朝兄につれられて，新島先生のお宅をお訪ね致しました。其比（そのころ）先生の御宅は寺町通頭町にありました。先生も奥様も御宅でお目にかかりました。

新島先生に対する私の初めての印象は，誠に感銘深い，親しさの身に沁む様なものでありました。それは先生の面影が，私を小さい時から一方ならず可愛がつてくれた叔父（実は従兄横井佐平太）に其まゝの様に思はれたからであります。此人も丁度新島先生と相前後して洋行し，米国にあること九年にして帰朝し，数年ならずして病を得て死去致しました。それは私の十三の年であつたと思ひます。

　父に別れたのはあまりに幼くて，はつきりした記憶もない位でありますが〈父の小楠は，みや子が6歳の時，京都で暗殺された〉此人には第二の父とも言はれる程の温情を感じて居ました。折々夢にすら見て居りましたのに，其風采と言ひ年配と言ひ，長らく米国で受けられた教養所謂リファインメント〈洗練された態度〉は，彷彿として其人を思ひ起させ，懐しきの情禁じ難いものがありました。それから，奥様につれられて女学校に参りました。

○同志社女学校の前身。

　同志社には，当時まだ女学校と称すべき学校らしい学校は無かつたのであります。然し，その前身とも見るべきものが，現在の御所の境内の東部広場（大きな樹木のある邉り）に，柳原伯邸跡を借りて，営まれつつありました。

　それは，実に古い家で，其処にデビス先生及び其家族とミス・スタークウエザーと言ふ女教師の宅があります。その女教師の応接間とも教場とも云ふべき一部屋を中心にして，畳をひいた縁側に私どもは寝起きもし，勉強もしました。

　其処に起居してゐた，所謂寄宿生は四人で，下村孝太郎氏〈1861-1937〉の姉君と妹さん，本間はる子，大西しづ子であり，通学生としては，高松せん子，其他二人，以上に私が這入つて七人の生徒でありました。今は其中の通学生の一人であつた山鹿氏夫人と私とを除いて皆，身まかれてしまいました。

　其の寄宿舎に於ける私共の生活は，スタークウエザー先生の監督の下で，自炊をしてゐたのであります。色々の失敗談もあります。私は其處で生れて始めて御飯をたいた。或る時土曜日に買物をすることを忘れて，

安息日〈日曜日〉朝から，米と砂糖しかなく，それをなめて過したことなどもありました。又牛肉の丸煮を焦してしまつて，友達からしかられたが，先生からは勉強に餘念がなかつたからであると慰められたことがありました。

　〇**私の同志社での生活。**

　間もなく，私は新島先生のお宅にひきとられて，二階に山本覚馬氏（1828-1892）の娘みね子〈後に，兄の時雄と結婚し，病死〉，と一緒に暮しました。先生の御両親と姉君とがおられ，その人々と私たちは食事を共にしました。

　私は小さい時分から，熊本の洋学校や東京の学校で已に英語を学んでゐましたので，他の人々より，学課が進んでゐたので，山本みね子と二人許されて，男子の学校に通つて，其處で授業をうけました。そのクラスには，徳富猪一郎〈徳富蘇峰・1863-1957〉，大西祝〈1864-1900〉，堀金太郎〈堀貞一・1861-1943〉先生等の如きがゐられました。この様に私の生活は，全部女学校で造られたのではありませんから，女学校のことについて，昔を語ることは私は適当でないかも知れません。

　授業は悉く英語を以てされました。当時，教科書も英語より他にありません。私は新島先生から物理，金森先生から代数，山崎為徳先生から歴史，修辞学等習ひました。

　かくて私は，明治十〈1877〉年の暮れに新島先生宅に於て，先生から洗礼をうけました。

　〇**同志社女学校。**

　同志社女学校は，明治十一〈1878〉年始めから現在の場所に建築がはじめられたと記憶します。私は途中病気をしたので，国に帰つてゐましたが，病がいえて，京都に帰つたら校舎が出来，其他萬端の設備が稍そろつた女学校らしい女学校が出来て，生徒も三十五人から四十名位は這入つて来てゐました。ミス・スタークウエザーの外に，ミス・パーメリーも居られました。其当時の外人の先生として今も健在で居られるのは此先生のみで，現在近江ミツションに働いて居られます。明治十二〈1879〉年の秋には，宮川経輝，加藤勇次郎氏等も先生となられてゐました。

然し私は，上述の如く男学校に通ひましたので，女学校の授業等については，詳しく申上げることは出来ません。

○寄宿舎生活。

初めての舎監は，山本覚馬先生の母君で七十四歳のおばあさんでありましたが，此方(このかた)は仲々しつかりした御老人でありました。主として生徒を監督し，取締つたのは，矢張りミス・スタークウエザーであつた。此人は親切な行きとどいた，且つ合理的な頭を働かしてする日常生活方法を指導され訓育されたことは，今でも感謝してゐます。仕事は凡て一週間当番でつづけて致しましたが，例へばランプの掃除の如きも，ガラスに対する私たちの掃除するについての本当の観念の土台を築いてくれました。即ちガラスはごく少しの曇りも，ふいて，ふいて，ふきとつてしまふのであつて，普通に唯，ゴミを拂つておく丈(だ)けではいけないと言ふことの如き，其習慣をもたない日本人にはよい教方(おしえかた)でありました。

その頃女学校に這入(はいっ)て来てゐる人々は，世の多くの娘の裡(うち)の極めて珍しい例外的の者ばかりであつて，皆萬難を排し，常人とは異(こと)つた抱負をもち，異つたコースをとつて来てゐるのであつたから，そのひき締つた空気が何んとなく感ぜられました。

記憶に残つてゐるのは，其の頃寄宿舎で行はれた集りで歌つたところの英語の讃美歌であります。歌の音律(メロデイ)にからまつて残る，さまざまの出来事や，あの家族的な空気や，誰れ彼れの娘らしい顔や，聲であります。私は今でもそれを歌(な)ふ時は，昔の当時のことが眼の前に彷彿(ほうふつ)として浮んで参ります。　（一九二五年，一〇，一五　能勢記）

IX. ジェーンズ再任の際の演説草稿

IX. ジェーンズ再任の際の演説草稿

「予(よ)職務を接続し三年の業水泡(ぎょうすいほう)に属せざるを知るは実に予が大慶なり。初め予米国にあり貴国に招かるゝに及びてや，予之を決するに二ケ月の久(ひさ)しきを以(もっ)てす。何となれば事大に任重く米国にての教師の任(ことだい)(にんおも)とは又大に異(またおおい)なり，第一学校を創業(そうぎょう)するを要すればなり。

貴国に入るに及び其学校の形勢を聞き，或は之(これ)を目撃するに予大に失望する所あり。然(しか)れども当校を開き実際に当るに及び，事予が聞見(ことよ)(ぶんけん)する所と相違し，実に予が望足(のぞみた)れりと云ふべし。第一当校の生徒過半英の語音に達(せいとかはん)する米国にて同歯(どうし)〈同じ年齢〉の青年生に比すとも聊(いささ)か劣ることなし。

且つ予数年米国陸軍校にありて同校生徒進歩の景況(けいきょう)を熟知するに，当校生徒学に就(つ)く以還(いかん)〈以来〉歳月の長からざるに比(ひ)すれば，学業に進歩し知識を開発(さら)(こと)したる更に異なるなし。当校生徒其の進歩の速(すみや)かなる所以(ゆえん)のものを原(さぐ)るに，初め業を創(はじめ)るや所謂(いわゆる)高きに登るは卑(ひく)きよりするの理に倣(なら)ひ，初歩に反りて基本を固(よ)ふせしに由るなるべし，元来是れ予が説にして凡(およ)そ生徒の学に就く一に之(これ)に因らずんばあるべからず。

予往々(ようおう)他県学校の廃絶するを聞き，甚(はなは)だ之(これ)を憂(うれ)ふ。思ふに是れ本を務め(こ)(もと)(つと)ざるに因(よ)るならんか。初めに反りイロハより生徒を教導するは，人の好(かえ)まざる所なり。去りながら予大に力を此に尽し，益(よおおい)其肝要なるを知るなり。米国文運(ぶんうん)〈学問〉の盛なる実に之(これ)に基(もとづ)けり。而(しか)して彼の国(くに)の此(ここ)に至る数十年の久(ひさ)しきを経て，人民漸(よう)く本(もと)を務むるの肝要なるを知れり。貴国にても敢(あえ)て初めより洪大(こうだい)なるを欲せず。勉(つとめ)て力(ちから)を根本に入れ，イロハより教導すべし。然(しか)らざれば，決して日本に公教(こうきょう)（公教は教育普及の意，宗教の事に非ず。以下皆同）の道盛(みちかん)なること能(あた)はず。基礎一たび成るに及んでは，盛大になすこと最(もっと)も易(やす)しとす。乃(すなわ)ち今日の小学を中学とし，中学を大学となす，何の難き事(かた)(こと)か之(こ)れ有(あ)らん。

開校以来予聊(いささ)か微力を尽し，且つ生徒の勉励(べんれい)により漸(よう)く初歩の難を過ぎ今日に至れり。而(しか)して予不肖ながら最も務めし所は，生徒をして各知を磨(かくち)(みが)き徳(とく)を積(つ)ましむるにあり。且つ鉱山製造貿易の諸業起(おこ)し，以(もっ)て聊(いささ)か国家の益を為さしむるは，是れ予の望む所なり。

今度学校延期に付き，生徒之(これ)を喜悦(きえつ)するは，予(よ)が三年間の教導(きょうどう)無益なら

ず。
　又た徒に今日まで歳月を費さゞりし証なり。而して三年前に定めたる学則も実際に行わるゝを得たり。此余が望み足れりと云ふべし。
　今予何故に粉骨砕身以て生徒を教導するや，何故に予他事を捨てゝ一に教育に従事するを望むや，と諸君或は疑あらん。謂ふ之を述べん。
　第一には，予生徒進歩の速かなるを見て，大に教ゆるに力を得たり。第二は，歳月逝に従ひ，生徒及び国人を愛するの情益深くなればなり。第三には，当校開校以来予益教育の国家に大益あるを悟ればなり。而して近年各国大に此事を悟り，争て教育を布んとなす，実に万古未曾有の改革にして，予亦教師の任にあるは大悦の至りなり。予此改革の大意を下に述べ以て諸君の一覧に供す。
　教育の事たる大なるかな。人之れに由て初めて人職を尽し，国是れに由て富強に，政府之に因て安然たり。豈に又人事に大益ある，斯くの如き者あらんや。然らば則ち愚聊か俛焉として此の職に従事せしも，亦何ぞ怪むに足らんや。教育の大効を見んと欲せは，先づ文運盛なる諸国の実情を探ぐるに如くはなし。
　公教の大益を悟り，之れを実際に行ひしは合衆国以て始とす。蓋し人民無学なれば，共和政治の国体一日も存すること能はざればなり。初め米国独立せしに当てや人民寡く国極めて貧なりと雖も，爾来人民挙て公教に注意し益々此道を起せしに因り此国駿々乎として文化に進み，方今〈現在〉に至りて，人民凡そ四千万実に堂々たる一大国たり。
　十年前奴隷の事起り，南北間四年の戦争及びしや，元より北方は文学盛に，南方は之に乏しきを以て，遂に北方勝利を得て，奴隷の大害随て除かる。フレデレツキ大王の普〈普魯西の略・プロイセンの英語名〉国に王たるや夙とに公教の大益あるを識り，初め此国に学校を興せり，中間隅ま那破倫一世の乱に遇ひ，一時廃絶に属すと雖も，其後再び此の道を起し方今に至り公教の道又全備せりといふべし。
　仏国は之に反し，一世那破倫〈ナポレオン1世・1769-1821〉覇業を開きしより，専ら武備〈軍備〉に力を用ひ，国民挙て兵たり，三世那破倫〈ナポレオン3世・1808-1873〉伯父の業を継ぎ，逆政を施し暴を以て下を制

し,更らに公教の道に注意せず,全国中僅かに陸軍学校あるを見るのみ。今や万国挙て文化に進むの時,斯く覇術を以て下民〈人民〉を束縛せしの害ある普仏戦争の景況を見て瞭然たり。乃ち四年前仏帝一小事に託し猥りに普と戦を開きし,又教育無学に勝ち数旬を待たず仏軍大に敗れ普兵進んで「パリス」王城を囲むに至る。是に於てか仏国和を請ひ償ふ所の金員五億余に至ると。此金五十年間欧州中学校の費に充るに足れりと云ふ。

是れより氏は進んで,少数者を教育して多数者の教育を忽にする時は,其の少数者の教育も用を為す能はざる所以を論じ,東洋諸国が普通学の布及に着手しつゝあるを説き,更らに進んで欧州諸国が公教普及の実際を陳べ,公教の一国全体の進歩を利し,国力を強ふする者たるを示し,独り之に止らずして,凡ての発明乃ち蒸気電信鉄道の大発明より,其の他農工商に関する発明等,皆な悉く教育の結果なるを論じ遂に左の如く論結し大に教育の忽諸に附すべからざるを示せり。

問ふ国の以て宝とするは何ぞや。土地の広大豊饒なるを以て宝とするか,曰く否人ありて耕さずんば何の用か之あらん。然らば,則ち政府の領する近海及び海港を以て宝とするか。曰否,人間才知を磨きて貿易を為し,以て之を用ひずんば何の宝か之あらん。然らば則ち国の鉱山を以て宝とするか。曰く固より鉱山は宝なれ共,人間才知を磨きて之を堀り以て製せずんば何の用かあらん。既に国の宝は土地草木鉱山海港等に非ざれば,之何にあるか諸君必ず云ん人なりと。

予謂ふ然らず,何ぞ必しも人にあらん。夫れ蛮夷〈野蛮人〉は土地を耕さず,貿易せず,山林に木の実を取り食と為し,禽獣の皮を以て服とし,唯飢餓の憂を防ぐのみ。然れども彼も人なり。

方今欧米諸国に数百万の遊民あり。国の益を為さゞるのみならず,却て之が害を為し,以て国の衰微を醸す。彼英国の如き,貧院にある者一百万人。乞食罪人等,又一百万。皆口を糊すること能はざる窮民にて他人の扶助を仰ぐ者なり。是れ真に公教の道無きの致す所とす。

又数年前,普軍 仏国に進入せしに当てや「パリス」都城に同様の遊民,また飢餓に迫りし者数万人ありしと云ふ。此等元より一文不通の者なれば,普仏合戦中却て自国の害を為せしや最も甚だしとす。彼等悪党を結

び，猥りに政府の命に背き，尽く「パリス」府中の有名なる高塔大廈を倒し，或は之を焚き人を殺すこと草を刈るが如く。剰へ政府を覆し，国の大権を奪ひ，遂に宇内〈世界〉に名高き「パリス」城をして大半灰燼とならしむ其暴行想ふべし。是を以て観れば国の宝は又何ぞ必しも人にあらんや。

　国の以て宝とするところ以て富強とする所は，人民の徳にあり知にあり此二つの者備り，而て後国寧し，徳なくして富ある時は，却て国の害となり，知なくして強兵なるときは，之を用ゆるに謬る。是れ万古不易の金言にして，古今の歴史に照々たり。

　嗚呼日本の人民自国の富強ならんことを欲せば，能く此語を記して知徳を以て国の基礎となさば，何ぞ成らざる事之れあらんや。人民の多きを恃む勿れ。印度は三億万の人口あれ共，英国の配下にあること，茲に百余年の久しきに及べり。土地の豊饒なるを恃む勿れ。西班牙は天然極めて豊饒なる国なれ共，公教の道に乏き故，人民至つて暗昧にして，方今土留古の外欧州中最も貧弱の国とす。之に反して瑞西国は山陵多く土地豊饒ならず，且つ欧州の中心にありて海港なく，運送の便極めて悪しと雖も公教の道能く開け，都下富貴の人民より僻村貧賤の農夫に至るまで，更に無学の人を見ず。是によりて四隣の大国数盛衰興亡の変に遇ふと雖も，此国更に靡くの色なく，人民能く其権利を得て，共和の政体を存し，堂々として中央に独立する者，茲に四百余年なりと云ふ。欧州政学者も此国の盛大なるを見て，又公教の欠くべからざるを知れり。

　人となりて其国を愛するは当然の事なり。然るに愛国とは何を愛するを云ふや。土地草木を愛するを云ふにあらず。所謂愛国の士は其国人を愛するを云ふ。嗚呼人の上に立ち政を為し，以て国を助けんとする者は多く愚民を憐み，之を教導せんと欲する者世間何ぞそれ少きや。今強敵あり来て，日本の海岸を侵せば，衆人挙て之を防ぎ死を以て許すべし。彼敵豈敢て貴国に横行するを得んや。然るに今日本内に外寇よりも尚恐るべき敵あり。衆人何ぞ出て防禦せざるや。

　無学則ち是なり。国家の治乱興亡実に之に基く。国をして貧弱ならしむるも無学なり。人民をして塗炭の苦に陥らしむるも亦無学なり。鉱山開け

ず製作起らざるも無学の為(な)す所なり。産物起らず交易盛ならざるも，無学の為(な)す所なり。如此(このごと)き大敵国内に蔓(まん)延し大害を為すと苟(いえど)も，志(こころざし)ある者晏(あん)然(ぜん)として傍観すべきか。誰か人民を憐(あわれ)むの情を発せざる者あらんや。敵に対し国家の為め命を授(さず)くる者を志士と云ひ勇士と云ふ。況(いわん)や此大敵を拒(くじ)き，以(もっ)て人民倒懸(じんみんとうけん)の苦を除(のぞ)かば，豈(あに)之(これ)を仁者と謂はざるべけんや。嗚呼(ああ)古今幾度の戦闘徒(いたずら)に土地を荒し骨を野に暴(ほうこん)すことを為さず，力を尽して此大敵を防ぐがば，方今開化の品位数等の上にあらんこと想ふべし。又た軍に費やしたる幾億万の大金を以(もっ)て愚民の愚を救ふに用ひば，其功の大なる知るべきなり。哀(かなしいかな)哉宇(うない)内の人民今漸(ようや)く無学の害を悟れるを。

教育は，人民の幸福を増し，無学は人民に禍害(かがい)を与ふ。教育は国の魂魄(こんぱく)にして，無学は国の大病なり大難なり。教育は国を強ふし無学は国を弱くす。

教育は固陋(ころう)の風習を去り，無学は人の悪情を煽動し，怨(うらみ)を結ぶ。教育は国の品位を進め，無学は之が進歩を防ぐ。教育は働き無学は怠る。

教育は土地を耕(たがや)し，製作を起し，交易を盛にし，無学は此等の諸業をして衰微に赴かしむ。教育は病院を設け人民の病を治療し，無学は牢獄を建て人民をして之に入らしむ。教育は貧院を設け，啞子(あし)〈言葉を話すことが出来ない人〉に談話を教へ聾(ろう)に聞くことを教へ，盲目に目を与ふ。無学は市街に此等(これら)の窮民を充てて益(ますます)其数を益(ま)す。教育は徳を積み，知を磨き業を修め，無学は愚人を造り，小人を生(い)ず。無学其子(なんじ)に謂ふ，汝我が学び得たる外(そのこ)は学ぶこと勿れ，我が為す如く為し，我が業を業とせよ。教育其子を戒めて曰(いわ)く，勉(つと)めよ哉勉(かな)めよ哉汝(なんじ)能(よ)く人道を尽し，美名を天下に挙(あ)げよ，我が老後の楽(たのしみ)何(なに)を以(もっ)てか之(これ)に加へん。

無学は旧来の器械を用ひ，之を改むるの術を知らず。教育は日に之を新にし，益(ますます)精巧を加ふ。無学は進まず動かず，而(しかし)て物(もの)進まず動かざれば，腐敗し死亡す。教育は故を温(ふるき)て新(あたらめ)を知り，益々(ますますこれ)之を窮(きわ)め之(これ)を明(あきらか)にす。

無学は流れざる堀水(ほりみず)の如し。其水を飲まば毒となり，其臭を嗅げば病となる。教育は山中に湧き出る清泉の如く，其水の美なる水晶に似たり。文明に進むの水車を転し，智徳を耕すの田地を濕(しめら)し，以(もっ)て人間欠くべからざるの大幸を生ず。

誰か斯く大幸大益ある教育を拒む者あらんや。誰か之を拒み以て無学の暗夜に居るを願はんや。之を為す者は，国の敵なり，民の仇たり。如此き人は愛国の士に非ずして，子孫と雖も其行跡を聞て，之を愧るに至るべし。
　此に反して恵を施し，貧者を憐み。専ら人民の開化を進めんと欲する人は，所謂真の仁者にして，其死去するに当ても，衆人挙て之を悲しみ之を惜まん。旧知事公の此校を接続〈継続〉せらるゝ又此の如し。汝等生徒此鴻恩〈大恩〉を奉謝するの道他なし。各徳芸を修め一身を擲ち以て邦家開化の進歩を助くるにあるのみ。当校の善悪の如きは，予が云ふ所に非ず。生徒功を奏するや否やを以て知るべし。今予職務の閑暇此書を記し，以て当校接続するを祝すと云爾。」

Ⅹ．海老名・実母の祖父・足達八郎父子の豪傑振り

X. 海老名・実母の祖父・足達八郎父子の豪傑振り

〈足達八郎〉「足達八郎幼にして父を喪い家甚だ貧し。母苦心之を煦育す。足達氏は藩祖道雪〈立花道雪〉公時代よりの家臣にして君公の馬前に勲績を顕はし戦死せしもの3・4人，実に名家の子孫とす。父源兵衛は電撃抜刀流の剣客なり。他国に武者修行に出でし時，姓名を変じて藤島七三郎と称す。故に七三郎の名肥筑〈肥後・筑紫〉の剣客に知らるるに至れり。

八郎弱冠より武芸を嗜み長じて景流居会及抜刀術の蘊奥を極め，遂に居会槍術の両師範となる。八郎閑あれば朝夕必ず居会刀を打振り真剣の用法を試む。橙子を空中に投げ上げ其落つるとき抜打ち又は切付けて以て両分し，或は蜻蛉の石上に止まるものを抜打ちにて両断して石上に刃痕を留めず。或は盲目〈盲人〉の頭上に橙子を置き之を割りても毛髪を少しも落さざる如きの妙域に達せしと云ふ。

八郎の母久しく病床に就き起臥自由ならず。八郎慰撫看護甚だ務む。郷党其孝心を賞す。享和元〈1801〉年の春医師の勧告により母の病所を治せんが為自ら母を負い肥後国杖立の温泉に入浴す。同所の旅館豊後屋は従来よりの関係あるを以て復び往きて之に投宿す。其家主八郎の慇懃にして孝心深きを知るを以て歓待他よりも異なる所あり。

時に同館に肥前〈一部は現在の佐賀，一部は長崎〉の士岩原藤兵衛，中村権衛，山下外記之進，乾官蔵，江口太輔，武富甚兵衛及び筑前〈現在の福岡県北西部〉の士梶原喜大夫等あり。一夕岩原其の同志と謀り八郎を恥かしめんとす。依つて八郎が旅館の太刀掛けの上段に掛け居たるものを最下段に移し己の刀を以て窃かに上段に置く。八郎夜中母を負い室に入るとき，上段の刀を取りて枕辺に置く。隣室岩原等，八郎の持ち行くを見るや大声を揚げて刀の紛失せし事を語る。八郎驚きて見れば他人の刀なり。依って直に之を持参し，其刀を間違えたる次第を述べて深く之を謝す。岩原大いに怒り罵って曰　武士は如何に酒に酔ふとも，我が魂たる太刀を取違える如き不覚なし。況や素面に於いておや。思うに足下盗心ありて之を取りしならん。腰抜け武士とは夫れ足下の如き者を云ふならんと。

八郎悠然として曰　拙者たとい死せることあるも人の太刀を盗むの如き

腐心ある者にあらず。予が刀は祖先戦場に用いて銘剣なれば，よし此以上
の名刀あるも人の手に譲るべき刀にあらず。全く暗夜の為，自分の掛置き
たる所のものを持ち来りしまでなり。併し取違えたる罪は深く謝するを以
て宜しく寛如せよと。岩原等益々激怒し倶に嘲笑罵詈を極む。

東隣にある梶原之を聞き，自ら出でて調停を試む。岩原少しも之を聞か
ず。謂って曰　足下彼の盗賊を哀れまば，足下も倶に寸断せんと。於是八
郎彼の悪口宥恕し難きを知り告げて曰かくなりし上は武士の意地引く可ら
ず，潔く勝負を決せんと，岩原等冷笑して之を甘諾す。依って梶原の周旋
により，公然肥後藩に日時を期して果し合をなすことを届出づ。

彼の梶原は福岡の大目付役にして槍術の練達せし人なり，八郎梶原を徳
とし深く謝する所あり。又就いて槍術の奥儀を受く。此事肥後に達する
や，熊本の剣客斎藤宇内其藩令により検視役となり杖立に来る。宇内又同
情を八郎に寄せ益する所あり。期来るや八郎水に浴して身を清くし，髪を
梳り，春日八幡の両神に武運を祈り，静然として朝食を喫すること数椀
依って斎藤，梶原2氏と決別の盃をなし倶に鱛を祝す。出づるに臨んで梶
原は己の秘蔵せし槍を八郎に与へて曰　兼ての約束を履行し，此槍を君に
贈ると。八郎深く感謝して曰　足下の厚意何物か之に加へんや，必ず之を
以て名を成んと。於是白の肌着の上に黒紋付の小袖を重ね，野袴を著け
両刀を横へ大槍を提げ悠々として旅館を出づ。梶原も同じく野袴を著け
助太刀として同行す。

場に至れば右は下城亀房ケ石亥投西里の山綿互し，左は杖立の川流に
沿ひ10間四方の竹矢来を拵へ其左右を双方の控所とす。矢来の中一段高
き所に肥後の領主の紋付きたる幔幕を打張り検視の役人厳然として整列
す。矢來垣の外は遠近より群集し其幾千と云ふを知らず。就中肥前に此事
急報せらるるや，同藩の若侍40余人来りて，岩原等の後なる矢來外に腕
ぬきさすりて見物せり。合図に太鼓打つや双方場に顕る，岩原等6人一同
に抜き伴れて跳りかからんとする斎藤検視謂って曰　1人に6人かかるは
卑怯未練なり。宜しく尋常に1人かかりて勝負をなせよと。乾官蔵長槍を
打振り突き来るを，八郎早くも繰り出す槍先は深くも其胴腹を貫通せり。
次に武富甚兵衛太刀を上段に振りかざし打ち込み来るを，八郎其咽喉を目

掛けて「エイ」と突きしに「ぐさ」と突通したり。次に岩原藤兵衛遺憾に堪へず。奮然として場に出で，兼て武芸の達人として世に知られ居れば，八郎を睨んで汝小癪なと云ひ様，槍を「スゴイテ」突きこみ突きこみあびせければ，八郎も稍々危く見えたるが受身となり右に外し火花を散らして戦いしが岩原の疲れたるを見て取りしや一層の勇気を顕し進みかかりて突き込めば，岩原鋭き槍尖を受け損じて，少しく額に中りたれば岩原は槍を投げ捨て，獅子奮迅の勢で太刀を抜き放ちて飛びかかれば，八郎は得意の早業に抜く手も見せず，重代の銘刀寧広を以て美事大袈裟に切り落したり。八郎大音揚げて曰 1人づつでは間緩し。皆な来れと呼はれば山下外記之進，中村権兵衛かかり来るを，八郎は中村が切込むを「ヒラリ」と替わしながら，居会の早業抜打にて青竹割りに斬り落したり。矢来外の40余人は，矢來を押し破りて入来るを，八郎片端より4・5人斬り落せば，残る武士は場外へ逃げ去りけり。依って八郎は検視の役人に厚く礼を述べ，梶原と倶に豊後屋に帰れり。之を杖立騒動と云ふ。

此評判両肥両筑の間に喧伝せられて，八郎の英名大いに顕れたり。八郎国に帰るや藩主召し出して大いに之を褒賞せり。且つ謂って曰 汝が得意の居会を見せよと。於是杉箸20本を畳の端に立て之を抜き打ちに斬りしに畳の表少しも異状なく瞬間に箸は割れて40本とはなれり。其の斬りては鞘に納め，納めては斬る早業は皆感賞せざるものなし。文化12〈1815〉年御蔵目付役に転ず。八郎の中島御蔵に往来するや，常に路傍の柳枝を携ふる杖にて抜打切付を以て之を折りしゆえ柳枝1つも全きものなし。

1日某所に犬の熟眠せしものあり，八郎刀を以て其の毛を斫りて散らせしも犬の皮に触れざるを以て犬は依然として熟眠し其毛を斬れしを覚えず。八郎の英名立つや人々教を受けんことを慾し，其家に至れば八郎家にあるも，人をして謂はしめて曰 八郎不在なりと。4・5回も熱心に来るものあれば，八郎面会しその心得を聞き始めて教授せしと云ふ。文政4年〈1821〉年正月23日，病で卒す。享年45。」

〈茂兵衛〉 足達茂兵衛，幼名を松之助と云ふ。剣客八郎の子なり。人と為り豪邁不覊膂力等輩に過絶す。権貴に屈せず。法網に畏れず往往罪に

触るることありて閉門禁錮に遇ふと雖少も意に介せず。幼より父に学びて武芸を修め長じて景流居合電撃抜刀流及び水泳術に練達す。加藤善右衛門，大石七太夫，渡辺小十郎，由布五兵衛等と意気相投合し互に武芸を砥励し志気振興を以て自ら任とす。

　茂兵衛矢部山中より幼猪生擒し来りて之を家に飼育す。其怒吼邁進の状貌を見て以て大いに娯む。猪を撫して曰　人予を呼んで猪武者と云ふ。予汝に得る所ありと。然るに後年に至り度々柵を破り近隣を騒がし抑制し難きを以て之を屠殺せり。茂兵衛8才の時父に従ひ杖立に入浴す。八郎敵数人と戦ふや茂兵衛従僕の肩上にあって之を見る。八郎1人を殺すごとに雀躍して又父勝ちたりと連呼して少しも恐るる所なし。

　又幼時笠間惟房に就いて書を学ばしむるや茂兵衛1度聞けば必ず記憶す。一日惟房の講釈を聞き帰りて其の講釈の言葉遣ひに至るまで悉く真似して少しも過つ所なし。八郎之を奇とす。曰　此子書を読ましめば反って身を害せんと。是れより一切読書を禁ぜしむ。

　18才のとき大石七太夫と寒田氏の道場に於て仕合をなす。始め茂兵衛抜打にて小手を取り次に七太夫喉を衝いて勝を取りしに其後互に獅子奮迅の勢を顕はし凡そ半時間の長に至るも勝負決せずして相止む。是れより互に親友となり，益々武芸を励む。

　一夕茂兵衛七太夫と中島村に邂逅す。倶に酒店に就き冷酒を1升枡に盛り茂兵衛飲み干して七太夫に出す。時に生魚あかめ魚を購ひ皿に塩を持ち来らしめ鱗をも落さず臓腑を取らず其儘塩を付け魚頭より1疋を尽せり。七太夫之を下物として飲みて返杯。倶に数升を傾け柳河に来りて平然として撃剣をなせしと云ふ。

　茂兵衛酒を飲み興ずれば魚骨器を噛み砕きて食ふと雖少しも胃腸を害せず。或る日市中に入歯師某来りて歯抜薬を売らんが為大刀を抜くこと易々たり。茂兵衛之を見て大いに奇とし己の大刀を彼に与えて曰　汝の大刀を抜く事大いに感服せり。よく之を抜き得るやと某氏の刀抜き得ざるを以て答ふ。茂兵衛曰　然らば汝が言ふ如く少々の痛を覚へず抜歯し得るやと某曰　それは受合ひ除去するを得るなりと。茂兵衛曰　然らば予が歯を取り呉れよと，某に就いて其旅寓に往く旅寓の主人大いに驚き某に語って曰

御客は当地豪傑の足達茂兵衛殿なり。痛むことなく歯を引抜くと声言して之に違はば其返報に君が首を抜くこと位は易々たらん，何ぞ此迷惑なる御客を誘きしやと。某大いに恐れ出て茂兵衛に謝して曰　只今薬品欠乏し居るを以て明朝更に来寓し給へよ。然るに態々御来寓の栄を得たるを以て1酒を献ぜんと歓待甚だ務む。茂兵衛盃洗に酒を注がしめ之を鯨飲し鯛の頭骨を噛み砕き某に其後尾を与へて曰く，之を食せよ。某恐怖して食せず。茂兵衛明朝を約して帰るや，入歯師急に旅装をなし其夜間に柳河を去り他に転ぜしと云ふ。

又其の晩秋，徳益村の農民堀を干し将に魚を取らんとするとき1士鰻掻を以て其堀に入り来るものあり。村民其無礼を憤り之を叱る。1士曰　猟は相互なり，少しく予に分与せよ。村民多衆を頼み少しく暴言を発す。1士目を瞋らし謂って曰　汝等予を誰と思ふや予は足達茂兵衛なり。汝等20・30来るとも片端より汝等の頭を引抜き呉れんと大声一喝するや，村民大いに驚き或は水車より飛び下りて逃げ或は魚具を棄てて走りて影だも止むるなきに至る。翌日に至るも誰1人其堀を干す者なしと云ふ。往時郭内を繞回する数層の城濠を外川と称す。外川は藩主の許可なければ漁魚するすること能はず。故に外川筋は巨大の鯉鮒甚だ多し。殊に米多比隅は魚属の蟻する所なり。

一夜茂兵衛窃かに船より米多比隅に出でて投網をなす。鯉を穫ること10数尾時に御猟方と称する官吏某々等投網の音を聞き叱責せんが為め急に船を茂兵衛の船に近づく。茂兵衛躍りて其船に入る上役を後より抱き動くことを得ざらしむ。之を己の船に抱へ入れ下役に命じて己の宅に漕ぎ往かしめ強ひて其吏員を拉して家に誘ひ獲たる鯛魚を急に妻に命じて料理せしめ之を食せしむ。吏員辞するも手を取りて之を食はしむ。謂って曰　君等も既に此の美味を食せし以上は之を藩庁に訴ふること勿れと。吏員甚だ其答弁に困難せしと云ふ。

当時久しく徳川の治平に狎れ士も多く遊惰虚飾に流れて武芸修練を怠り濫りに黄白を散じて甲冑刀剣を美観にするの風あり。茂兵衛常に之を慨し驕奢を戒む。一日家老十時其邸に於て組下一統の武器改めを行ふ。茂兵衛自ら具足櫃を荷ひ其邸に至る。孰れも金色燦然たる甲冑を出して高評を得

んことを務む。茂兵衛の順番となるや検査官其櫃の蓋を取れば豈図らんや其内より現はれしは甲冑にあらずして1張の投網なり，座中の人々相見て啞然たり。十時其不礼不敬を叱す。茂兵衛神色自若として曰　閣下は甲冑の美々しきものを著くるを以て戦場に勝利を得んとするか，将又武芸の練達を以て勝利を得んとするか，今日閣下の奨励する所其道を得ざるを憾む。故に特に之を運び来れり。拙者身に甲冑を著けざるも此の投網と竹杖1本を持たば恐らくは明珍の甲冑を著けたるものと闘ふも敢へて辞せざる所なり。閣下宜しく熟慮する所あれよと。

又衆に謂って曰　予が言をして虚偽となさば誰にても甲冑を著け予に当れと身構へして座敷の中央に立ちたる態度は恰も夜叉怒るの状貌あり。皆辟易して甲冑自慢話も立ちどころに熄みたり。茂兵衛も同僚に其失言を謝して帰宅せり。十時某，色噴りて而して語黙せり。

本郡佃村字散田に庄平なるものあり。叢詞を信じ野狐の代人と称し加持祈禱をなし不当の利を収む。家中市人在々に至るまで迷信者甚だ多く其門前常に市をなして賽銭埋をなし供物山をなす剰さへ御籠りと称し夜間火を消し男女相混じて祠堂に通夜し風俗紊乱の聞へあり。茂兵衛，小十郎甚だ之に激し相議して曰　彼を長く領内に置かば風俗頽廃せんと。於是2人其部下の壮士数名を従へ各々撫て木棍1個を提げて庄平宅に趣く。呼んで曰　汝不義を働き良民を惑溺せしめ不当の寶物を貪り風俗を害す。依って天誅を加へて領内より追放すと。門戸祠堂瓦壁棟梁器物悉く破却し河中に投ず。信者は驚愕して奔り庄平は恐怖して他邦に遁走せり。十時某等是を聞き大いに之を憤る。

藩庁遂に茂兵衛小十郎の粗暴不法を責め蟄居を命ず。然るに其後迷信を除去せし廉を以て其禁を解かる。茂兵衛人と会飲するや常に酒数杯を傾く興に乗ずれば人を嘲弄罵言するの癖あり。一夜源五兵衛の気骨の少きを嘲る。源五兵衛怒りて家に帰る。茂兵衛床に入り未だ眠に就かず。源五兵衛太刀を提げ来りて茂兵衛を斬る。茂兵衛其来るを知るや急に蒲団を被り刀蒲団を斬るの刹那其体は転じて側に出て後より源五兵衛を抱き其の刀を奪ふ。於是再び酒を呼び談じ互に前非を謝せしと云ふ。

当時肥後熊本に豪傑組と称するものあり。茂兵衛常に之と往来す。一日

X．海老名・実母の祖父・足達八郎父子の豪傑振り

茂兵衛同志数輩と肥後に往き豪傑組木村建太宅を其宅に訪ふ。木村大いに喜び其同志数輩を招き倶に時事を談ずること数刻して置酒歓待す。時に1士あり恭しく問ひて曰く　足達先生は4足2足は御嗜みあるやと。茂兵衛曰く　涼台，俎，下駄，木履の類は食しませぬと。一座其即答意表の外出でしを感服せり。1士曰く　予が4足2足と申せしは，禽獣指せしなりと。茂兵衛曰く　獣類鳥類の如きは生きながら食ふも辞する所にあらずと。酒宴となるや丼に酒を注ぎ高下駄を浮べて之を輪番鯨飲し生卵を殻の儘に食し，伊勢蝦を頭より食する如き尋常人の為し得ざる所をなして以て自ら快とせり。

　会津藩の剣客某日本漫遊して我藩に来るものあり。時に大石は江都にありて敢て之に敵する者なし。茂兵衛時に臥床にあり甚だ柳藩の面目を失するを歎ず。依って其翌日病を務めて某と撃剣を試む。茂兵衛抜刀を以て1歩々々衝き進むや彼1刀を打出す事能はず。遂に道場の後に追い込めらる。彼れ参りと称し面を取りしに総身汗を蒙り茂兵衛に謝して曰く　予が大刀を打出すの余地なし，天下広きも足下の如き技能あるもの予未だ逢はざる所なりと。茂兵衛亦其不礼を謝す。

　嘗って七大夫東部の某侯に謁するや某侯問ひて曰く　貴藩に卿の右に出るものあるかと。七大夫曰く　電撃抜刀に茂兵衛なる者あり。其技臣の上にありと。某侯驚いて曰く　卿以上ならば天狗ならんと。これより人呼んで茂兵衛を小天狗と唱ふと云ふ。茂兵衛又兼ねて捕鼈に妙を得たり。一夕瀬高の某寺の放生池の鼈を生擒す。寺僧来りて大いに之を叱す。茂兵衛僧の手を握り鼈を其手の傍に出す。鼈目を瞋らし口を開き頸を出して僧を噛まんとす。僧顔色を失して戦慄す。茂兵衛曰く　鼈は此の如く懼べきものなり。故に予之を貰ふと。僧遂に之恐れて叱せず。茂兵衛強者に向ひては其態度甚だ強しと雖資性温厚にして下輩青年を愛撫す。故に其子弟に武芸を授くるや40余人己の面を抜かずして諄々として倦むことなし。下輩者の己に不敬不礼を加ふるものあるも常に之を恕して問はず。又父母に仕へて孝なり。

　曽って其母病に罹るや看護甚だ務む。或人さんしょ魚を食すれば，其母の病癒ゆることを告ぐ。茂兵衛数里の遠きを辞せず，度々山間澳谷に分け

入りて其魚を獲って之(これ)を母に侑(すすめ)めたり。近隣其の孝心(こうしん)に感ず。茂兵衛出渓中突然脳溢血(のういっけつ)に罹(かか)り死去す。時に嘉永5〈1852〉年8月10日なり。」

略伝（年表）

1856（安政3）年8月20日（太陽暦9月18日）	柳河藩（福岡県柳川市）家禄百石の武家の長男として誕生。喜三郎と命名。
1865（慶応1）年5月	母，死去。
1865（慶応1）年秋	藩校「伝習館」で漢学を学び始める。
1872（明治5）年1月	熊本洋学校入学試験に合格。一度帰省し，その後入学準備のため熊本に移住。
1872（明治5）年9月	熊本洋学校に2期生として入学。
1873（明治6）年9月	毎週土曜夜，ジェーンズ宅で始められた英語によるバイブルクラスに参加。
1875（明治8）年3月	バイブルクラスで，ジェーンズの祈禱の意義を聞き入信。
1876（明治9）年1月30日	花岡山での「奉教趣意書」に署名。
1876（明治9）年6月	ジェーンズより受洗。クリスチャン・ネーム「ヤコブ」。
1876（明治9）年6月	熊本洋学校卒業。
1876（明治9）年9月	同志社英学校入学。
1877（明治10）年夏休期間	群馬県安中に夏期伝道に行く。
1878（明治11）年2月	学業を中断して，安中伝道に赴き3月30日，新島襄を迎え「安中教会」創立。7月に同志社に帰校。
1878（明治11）年晩秋	第2の回心を経験。
1879（明治12）年6月	同志社英学校卒業。第1回卒業生。15名の卒

	業生は，熊本洋学校卒の1・2期生。
1879（明治12）年10月	安中教会伝道師に就任。
1879（明治12）年12月	新島襄などを迎え，安中教会で按手礼を受け牧師となる。
1881（明治14）年12月	父，柳川で死去。
1882（明治15）年8月	喜三郎から弾正に改名。
1882（明治15）年10月	横井小楠の娘で時雄の妹・横井美屋と結婚。
1884（明治17）年10月	前橋に移転し伝道。
1886（明治19）年10月	組合教会本部の決定により東京に移転。本郷に講義所を開設（本郷教会の前身）
1887（明治20）年7月	熊本に移転。1885年7月に創立された，講義所（草場町教会）を継承し牧師に就任。
1888（明治21）年4月	前年6月に開会した熊本英語学会を母胎として熊本英学校を設立，校長に就任。
1889（明治22）年11月	1887年12月に開会した熊本女学会を母胎として熊本女学校を設立，校長に就任。
1890（明治23）年10月	組合教会本部の決定により，日本基督伝道会社仮社長に就任。京都に移転。翌年4月に社長に就任。
1893（明治26）年9月	アメリカン・ボードからの独立を主張し，伝道会社社長選挙で落選。
1893（明治26）年9月	神戸教会牧師に就任。
1895（明治28）年10月	奈良で開催の組合教会教役者大会で，海老名が中心となり奈良宣言を採択。
1897（明治30）年5月	本郷教会牧師に就任。
1900（明治33）年7月	『新人』創刊，主筆。
1901（明治34）年9月	植村正久との間に，キリスト論論争，翌年五月頃まで。
1908（明治41）年5月	スコットランド・エジンバラで開催の第3回万国会衆教会大会に日本組合教会を代表して

	参加。これが初めての欧米旅行で12月に帰国。
1909（明治42）年4月	『新女界』創刊，主幹。
1915（大正4）年7月	夫妻で渡米。10月に帰国。
1919（大正8）年2月	夫妻で欧米旅行。翌年1月に帰国。
1920（大正9）年4月	本郷教会牧師を辞任し，同志社第8代総長に就任。
1928（昭和3）年11月	「御大典」中に御所に隣接の同志社の建物から出火した責任をとり辞任。総長在任は8年8ヶ月。
1929（昭和4）年4月	東京に移転。
1930（昭和5）年2月	本郷教会総会で名誉牧師に推薦・可決される。
1936（昭和11）年11月	夫妻乗り合わせた自動車の事故で負傷。
1937（昭和12）年	5月22日死去。80歳8ヶ月の生涯。

あとがき

　2019年は，海老名彈正の生誕163年，没後82年になる年である。海老名が日本における最初期のプロテスタント・キリスト教の受容者であり，代表的な指導者であることはキリスト教界では誰もが認めることであろう。特に，「横浜バンド」「熊本バンド」「札幌バンド」の，「熊本バンド」を代表する人物であるとして論じられることも多い。

　この書物でも紹介したように，生前には「内村の名前が出る時には，必ず海老名の名が出る」「植村の名前が出る時には，海老名が出る」と言われるほど著名であったが，現在ではこの言葉に違和感を覚える人は多いのではないかと思う。というのは，今日ではキリスト教界で内村鑑三・植村正久ほどに注目され・評価される人物ではないからである。たしかに，本書の「Ⅲ」で紹介したように，没後82年を経ても毎年のように海老名についての研究成果は発表されているので，完全に忘れられた人物ではない。

　わたしは，1983年に初めて海老名についての論文を発表して以来36年になる。もちろんその間ずっと海老名研究に専念していたわけでもないし，海老名を完全に理解していると自負する者ではない。しかし，これまでの海老名論に関する率直な感想は，あまりにも偏った海老名論が多いように思うことである。

　内村も植村も海老名とは神学的に対立したが，海老名を異端とかキリスト者でないとは言っていない。植村などは，海老名との神学論争の時にも神学の立場は違うものの，海老名を「宗教的の人」「霊的の人」高く評価している。ところが，現在の海老名論の中には，海老名は異端でキリスト教徒でないとの前提に立って海老名を論じているとしか思えないものがある。その証拠として，引用される言葉はほとんど孫引きの引用で，しかも

対立関係にあった人のものであることが多いように思えてならない。

　このような海老名論が横行する一つの大きな原因は，海老名には著作集・選集の類がないことに基因するのであろう。「著作集」の計画は，生前にすでにあり，吉野作造も協力することになっていたことは，拙著『海老名彈正』でもすでにふれたのでここではふれない。しかし没後82年になる現在も，著作集の出版の噂も可能性もないようである。

　わたしが，今回海老名の「著書・論文目録」を柱とする「関係資料」を刊行するのは，「著書・論文目録」が，「全集」に代わる次善のものと考えているからである。なんとか，海老名の著書・論文に直接触れて論じてもらいたいとの願いからである。

　わたしとしては，出来ることならさらに海老名の著書・論文を収集・補完して，より完全なものを将来に刊行するつもりであった。しかし，今年81歳を迎える年齢となり，加齢による体調の異変をいくつも体験し，いつ人生を閉じてもおかしくないことを痛感するに至り，今回刊行に踏み切った次第である。

　わたしが，今回2冊の海老名関連の書物を教文館から出版するにあたっては，出版部の髙木誠一氏のご理解とお世話をいただくことによって実現したものであり，心よりお礼申し上げたい。

《編集・解説者紹介》

關岡一成（せきおか・かずしげ）

1938年生まれ。三重県出身。
同志社大学大学院神学研究科博士課程単位取得満期退学。
現在，神戸市外国語大学名誉教授。
海老名弾正に関する論考　『海老名弾正――その生涯と思想』（教文館，2015年）。『日本の説教1　海老名弾正』（日本キリスト教団出版局，2003年），編集・解説を担当。『キリスト教と歴史』（新教出版社，1997年），「海老名弾正と天皇制」を執筆。渡瀬常吉著『海老名弾正先生』（復刻版）（大空社，1992年），解説を執筆。『「新人」「新女界」の研究』（人文書院，1999年），「海老名弾正の神学思想」を執筆。『韓国・朝鮮と向き合った36人の日本人』（明石書店。2002年），「海老名弾正」を執筆。その他，研究誌・雑誌に海老名関連の論文を多数執筆。

海老名彈正関係資料

2019年4月30日　初版発行

編　者　關岡一成
発行者　渡部　満
発行所　株式会社　教文館
〒104-0061　東京都中央区銀座4-5-1　電話03(3561)5549　FAX 03(5250)5107
URL　http://www.kyobunkwan.co.jp/publishing/
印刷所　モリモト印刷株式会社

配給元　日キ販　〒162-0814　東京都新宿区新小川町9-1
電話03(3260)5670　FAX 03(3260)5637

ISBN978-4-7642-7432-7　　　　　　　　　　　　　　Printed in Japan

©2019　　　　　　　　　　　　　　落丁・乱丁本はお取り替えいたします。

教文館の本

關岡一成

海老名彈正
その生涯と思想

A5判 574頁 6,000円

安中教会、本郷教会の牧師、同志社大学総長などを歴任し、雄弁と健筆によって、吉野作造をはじめ多くの同時代人を感化した海老名彈正。本書では膨大な史料と文献によって海老名の生涯をたどり、その思想の本質を明らかにする。

塩野和夫

近代化する九州を生きたキリスト教
熊本・宮崎・松山・福岡

A5判 272頁 4,200円

アメリカンボードの史料や宣教の記憶集団となった現地教会やキリスト教学校への調査をもとに、明治から大正にかけて九州・四国で活躍した宣教師や日本人キリスト者たちの伝道・牧会・教育への熱意と苦闘の足跡を辿る。

同志社大学人文科学研究所編

アメリカン・ボード宣教師
神戸・大阪・京都ステーションを中心に、1869～1890年

A5判 488頁 4,500円

明治初期にアメリカン・ボードから派遣された宣教師たちの活動を、宣教師とボード幹事との往復書簡を基本資料として精査し、在米ボード本部と個々の宣教師、当時の日本の教会や地域社会とのダイナミックな相互関係を明らかにする。

同志社大学人文科学研究所編

日本プロテスタント諸教派史の研究

A5判 526頁 6,500円

プロテスタント諸教派の歴史的概説と、ミッションとの関係や〈合同問題〉など主要なテーマを分析し、日本の教会の歴史と実態を明らかにする。各教会、教派史の専門家が、内外の資料を駆使して共同研究を重ねた貴重な成果!

鈴木範久

日本キリスト教史
年表で読む

A5判 504頁 4,600円

非キリスト教国・日本にキリスト教がもたらしたのは何であったのか。渡来から現代まで、国の宗教政策との関係と、文化史的・社会史的な影響とを両軸に据えて描く通史。巻末に詳細な年表110頁を収録。

武田清子

植村正久
その思想史的考察

B6判 244頁 2,500円

福音の本質を捉え、日本プロテスタント教会の礎石的存在ともなった植村正久は、日本人の人間観、社会観、歴史観を革新するためにどのような問題提起をしたのか。女性観、罪意識など具体的事例を通して近代思想史上に果たした役割を考察する。

鄭 炫汀

天皇制国家と女性
日本キリスト教史における木下尚江

A5判 412頁 4,200円

明治国家の天皇制による統制に真正面から対抗し、国体論や軍国主義を激烈に批判、また婦人参政権の実現を訴えた木下尚江。国家権力からの自由を主張し、理想と情熱に燃えて社会の進歩に身を投じた彼の思想的闘争の軌跡を辿る。

上記価格は本体価格(税抜)です。